城市轨道交通盾构隧道
关键工序施工指南

本书编委会　编著

中国建筑工业出版社

图书在版编目（CIP）数据

城市轨道交通盾构隧道关键工序施工指南/《城市轨道交通盾构隧道关键工序施工指南》编委会编著. —北京：中国建筑工业出版社，2019.3
ISBN 978-7-112-23126-3

Ⅰ. ①城…　Ⅱ. ①城…　Ⅲ. ①城市铁路-轨道交通-隧道 施工-盾 构 法-指 南　Ⅳ. ① U239.5-62 ②U455.43-62

中国版本图书馆 CIP 数据核字（2018）第 295967 号

本书以盾构施工过程为主线，对 19 项盾构施工关键工序进行了详细介绍，内容涵盖了地质补充勘探、地层加固、盾构设备使用与管理、管片生产与使用、隧道掘进施工等多个方面的盾构施工知识。全书图表丰富、内容容易理解，对盾构施工作业具有很好的借鉴作用。

本书可为我国城市轨道交通盾构施工管理人员、技术人员、作业人员提供参考和借鉴，也可作为高专院校师生的参考资料。

责任编辑：司　汉　李　阳　孙书妍
责任校对：党　蕾

城市轨道交通盾构隧道关键工序施工指南
本书编委会　编著
*
中国建筑工业出版社出版、发行（北京海淀三里河路 9 号）
各地新华书店、建筑书店经销
霸州市顺浩图文科技发展有限公司制版
北京建筑工业印刷厂印刷
*
开本：787×1092 毫米　1/16　印张：14¾　字数：367 千字
2019 年 3 月第一版　2019 年 3 月第一次印刷
定价：**45.00** 元
ISBN 978-7-112-23126-3
（33209）

本书编委会

主　任：杨庭友

副主任：余仁国

编　委（按姓氏笔画排列）：

马重刚	王　旭	王金胜	龙　宇	田桂青	曲贵阳
任志平	刘　刚	孙厚强	杜　飞	李　刚	李明军
李鹰宇	杨加勇	杨向华	肖正东	何凯罡	张　浩
张　能	张利平	陈　双	林　涛	赵阶勇	段军朝
高　展	高显江	郭程鹏	彭忠国	董天鸿	程景栋
谢　成	蔡友刚	颜学芬			

主　编：程景栋　段军朝　谢　成

副主编：任志平　杨向华　马重刚

主　审：赵阶勇　董天鸿

前　　言

随着城市化进程加快发展、城镇化建设不断推进，城市交通运输压力急剧增加，而建设快速高效的城市轨道交通是目前缓解交通、解决拥堵的主要途径，也是拉动经济、促进发展的一大动力，具备条件的大中城市均积极组织规划筹建。目前全国已有30多个城市正在进行城市轨道交通工程建设，运营里程和在建里程逐年持续增加，其规模稳居世界第一。

与此同时，城市轨道交通工程施工从业人员不断增加，而施工人员的专业知识和技能水平对工程质量和施工安全有着决定性的作用。要不断提升工程质量，保障施工安全，提高施工标准化水平，就需要不断强化现场管理人员及作业人员的专业技能，不断规范施工人员的作业行为。盾构法作为城市轨道交通区间工程施工的主要施工方法，对作业人员的专业性要求相对较高，本书依据现行国家规范、标准及相关专业参考文献、资料，结合实际地铁工程盾构施工现场情况，以盾构施工过程为主线，对盾构隧道区间地质补充勘察、洞门钢环安装、始发和到达端头地基加固、始发台座安装、始发反力架安装、盾构机下井组装与调试、负环管片安装与拆除、盾构机始发、盾构机接收、盾构机解体与吊装、盾构机带压作业、常压刀具更换、施工测量、盾构机维修保养管理、管片生产、管片成品检验与维护、管片选型与拼装、同步注浆、二次注浆共计19项盾构施工关键工序进行了详细介绍，内容涵盖了地质补勘、地层加固、盾构设备使用与管理、管片生产与使用、隧道掘进施工等多个方面，图表丰富、内容容易理解，数据真实、可供参考，对盾构施工现场作业具有很好的借鉴和指导作用。

本书在编写过程中，得到了中建三局集团有限公司、中建三局基础设施建设投资有限公司、中建三局集团有限公司成都分公司、中建铁投轨道交通有限公司等单位专家的大力支持与帮助，在此一并表示诚挚的感谢。

由于编者水平有限，在编写过程中难免有不妥和疏漏之处，敬请广大读者批评、指正。

目　　录

1 盾构隧道区间地质补充勘察

【施工目的】

为了进一步查明盾构隧道区间沿线地质情况，施工前应对地质资料进一步核对，并进行地质补充钻探和物探等工作，给盾构机设备选型、盾构隧道施工安全、盾构机顺利掘进施工和采取相应技术措施提供可靠的依据。

【施工依据】

1. 设计单位提供的盾构区间工程施工设计图纸、勘察单位提供的盾构区间详细勘察报告以及业主单位提供的沿线调查等资料。

2. 《岩土工程勘察规范》GB 50021—2001、《城市轨道交通岩土工程勘察规范》GB 50307—2012、《地下铁道工程施工质量验收标准》GB/T 50299—2018、《盾构法隧道施工及验收规范》GB 50446—2017 等国家现行施工及验收规范、质量技术标准。

1.1 地质补勘孔设计原则与技术要求

1.1.1 布孔原则

1. 地质补勘孔的布置应考虑在以下地段布孔：（1）沿线岩土分层界线起伏变化超过5m（尤其在隧道洞身范围内）；（2）可能含有承压水地段，盾构始发端、到达端位置和联络通道位置；（3）基岩上浮地段原勘探孔距超过10m的地段；（4）原勘探孔距超过50m的，地层有一定变化的地段；（5）部分钻孔没有穿过隧道底板的地段；（6）计划作为更换刀具的位置；（7）通过重要建（构）筑物地段以及需要桩基处理位置；（8）可能存在孤石地段；（9）可能存在土洞、溶洞等地段以及其他有必要地段等。

2. 在条件允许的情况下，补勘孔位置可布设在线路中心；而一般情况下，补勘孔位置不能布设在线路中心，应在隧道的左右两侧各布设1个补勘孔。

3. 在孤石地段，应尽量确保每条隧道纵向在5m范围内设置一个补勘孔，并在隧道外侧适当增设补勘孔，必要时应间隔1～2m布孔以探明孤石的具体位置和范围。

4. 在土洞、溶洞地段，钻孔应如下布置：平行隧道方向布置5列钻孔，分别在距离左右线隧道外侧3m处、区间隧道中线上和左右线区间隧道中间位置，每一列钻孔的孔距约为5m，钻孔基本成矩形布置。在探到有溶洞（需要处理的）的钻孔周围时，按照纵、横间距2m再次布置钻孔。钻到有溶洞的钻孔要求加深，应钻穿溶洞至底下2～3m。此外，在土洞、溶洞地段，还应辅以地质雷达、电磁波深孔CT探测等物理探测方法进行辅助探测。

1.1.2 技术要求

1. 进一步查明工程范围内岩土层的类型、深度、分布、物理力学性质，分析和评价地层的稳定性、均匀性等。

2. 查明原勘察中未查明的不良地质现象的特征和分布。

3. 查明不良地质现象对盾构施工有无直接危害和潜在威胁，划分对盾构施工有利、不利和危险的地段，并对地层进行综合工程地质评价。

4. 探明地下水埋藏条件、类型、水质的侵蚀性和地下水变化幅度等。

5. 提供钻孔平面布置图、工程地质剖面图、地质柱状图、试验成果表等成果资料。

1.2 地质补充勘探方法

一般情况下，补充勘探采用地质钻探的方法；特殊情况下可采用地质雷达探测、高密度电阻率法、电磁波深孔CT法等勘探方法。

1.2.1 地质钻探

地质钻探是地表下用钻头钻进地层的勘探方法。通过地质钻探能够鉴别钻进地层岩土性质，确定其埋藏深度与厚度；能够采取符合质量要求的试样；能够查明钻进深度范围内地下水的赋存情况等。

1. 钻探点位测放

钻探点采用全站仪测放。钻探点位应设置有编号的标志桩，开钻之前应按设计要求核对桩号及其实地位置，两者必须符合。因障碍改变钻探点位时，应将实际钻探位置及时标明在平面图上，注明与原桩位的偏差距离、方位和地面高差，必要时应重新测定点位。

2. 钻孔

钻孔口径应根据钻探目的和钻进工艺确定。采取原状土样的钻孔，口径不得小于91mm；仅需鉴别地层的钻孔，口径不宜小于36mm；在湿陷性黄土中，钻孔口径不宜小于150mm。

对要求鉴别地层和取样的钻孔，均应采用回转方式钻进，取得岩土样品。遇到卵石、漂石、碎石、块石等类地层不适用于回转钻进时，可改用振动回转方式钻进。钻进岩层宜采用金刚石钻头。对软质岩石及风化破碎岩石应采用双层岩芯管钻头钻进。在湿陷性黄土中应采用螺旋钻头钻进，亦可采用薄壁钻头锤击钻进。

3. 钻孔回填

钻孔完工后，采用普通混凝土水泥浆注浆封孔，并将地面补平以恢复原貌。所有钻孔必须回填密实（在隧道结构范围内的孔位应特别注意封堵），以避免盾构机掘进通过本段线路时同步注浆、二次注浆从钻孔中喷出。

1.2.2　地质雷达探测

地质雷达方法是通过发射天线向地下发射高频电磁波，通过接收天线接收反射回地面的电磁波，电磁波在地下介质中传播时遇到存在电性差异的界面时发生反射，根据接收到电磁波的波形、振幅强度和时间的变化特征推断地下介质的空间位置、结构、形态和埋藏深度的一种探测方法。地质雷达可用来划分地层、查明断层破碎带、滑坡面、岩溶、土洞、孤石，是一种比较先进的勘探方法。

1. 地质雷达的工作原理

地质雷达的探测原理（图1-1）与探空雷达相似，地质雷达是用一对天线进行工作的。由地面通过发射天线向地下发射一定主频的电磁脉冲波，电磁脉冲波在地层介质中传播时，当遇到地下地质体或介质分界面时发生波的反射和透射。被反射的电磁波返回地面，被放置在地表的接收天线接收，电脑接收从接收天线经电路和光缆传回的地下反射波信息（到达时间、相位、振幅、波长等）并记录下来，再通过信号叠加放大、滤波降噪、图像合成等数据加工处理手段，形成地下剖面的扫描图像。由于电磁波在介质中传播时，其路径、电磁波场强度以及波形将随所通过介质的电磁特性及其几何形态而发生变化。因此，根据接收到的电磁波特征，即波的旅行时间、幅度、频率和波形等，通过雷达图像的处理和分析，可确定地下界面或目标体的空间位置或结构特征。

2. 操作步骤

（1）组装设备。根据探测地层的埋深选用合适的天线（盾构地质补勘一般采用100MHz加强天线），将选定好的发射天线、接收天线、电缆与控制器连接在一起。

（2）数据采集。地质雷达组装完成后，依次配置好地质雷达的天线参数、采集参数。之后由1~2人在探测区域匀速、均衡移动雷达天线，进入数据采集步骤。数据采集完成

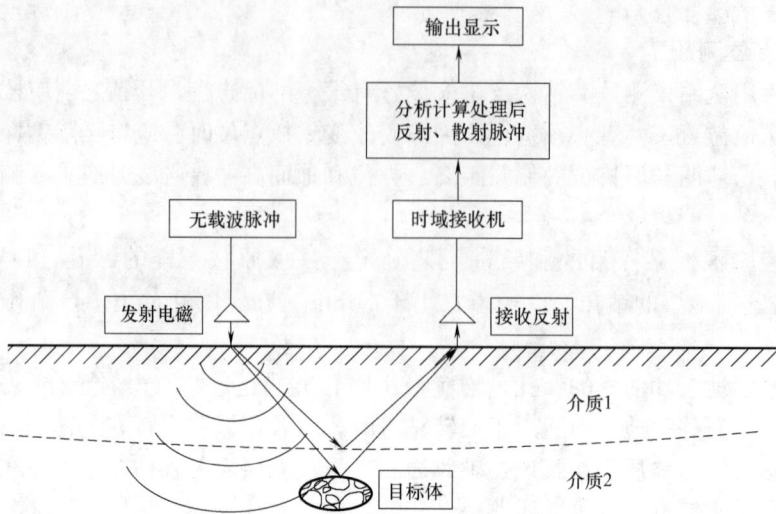

图1-1 地质雷达工作原理示意图

后，关闭电源，拆卸电缆和天线。

（3）数据分析。数据采集完成后，对雷达图像进行分析，从而对地层进行划分，查明地层中是否含有岩溶、土洞、孤石。

1.2.3 室内试验

室内试验是将现场勘探所取的岩石或土试样经封装后运至试验室进行拟定项目的试验，以揭示岩土的特性，进行分类定名和土层划分的一种试验方法。

1. 室内土工试验

（1）含水量与密度

含水量与密度是土的两个最基本的物理指标。含水量采用烘干法、酒精燃烧法等方法测量；密度采用环刀法、蜡封法测量；土粒相对密度采用比重瓶法、浮称法、虹吸筒法等方法测量。土的其他物理指标（如土的密度、孔隙比、干密度、饱和密度、饱和度等）均可由上述实测指标计算得出。

（2）液限与塑限

液限与塑限综合反映土的颗粒组成、矿物成分及土水相互作用。液限测定常用锥式液限仪测定，塑限则由搓条法测定。进一步计算得到土的塑性指数及液性指数。

（3）土的变形

土的变形指标主要包含土的压缩系数、压缩指数、压缩模量及土的固结系数。土的压缩系数、压缩指数及压缩模量由室内压缩-固结试验可以得到，土的固结系数常用试验方法有时间平方根法和时间对数法。

（4）土的抗剪强度计算指标

三轴压缩试验中的不固结不排水试验可以得出土的抗剪强度指标。

（5）土的动力性质参数

土的动力性质试验的方法通常有动直剪试验、动三轴试验、共振柱试验。动三轴试验除了可以测定土的动弹性模量、动阻尼比和动强度参数，还可测定饱和砂土的抗液化强度。共振柱试验是根据共振原理在一个圆柱形试样中进行振动，以测求试样的动剪切性模量和阻尼比等参数。

（6）标准贯入试验

标准贯入试验是用 63.5kg 的穿心锤，自 76cm 的高度自由落下，将长度 51cm、外径 5.1cm、内径 3.49cm 的对标准贯入器击入土中 30cm 所需的锤击数，称为标准贯入击数。

（7）其他

土的室内试验还可完成一系列特殊性的试验工作，如：黄土的湿陷试验、膨胀土的自由膨胀率和膨胀力测定以及酸碱度、可溶盐、有机质含量等试验。

2. 室内岩石试验

（1）含水量与密度

岩石的含水量、密度、颗粒相对密度的测定与土的试验的基本要点是相同的。上述三个指标是实测指标，其他物理指标可计算导出。

（2）单轴抗压强度

单轴抗压强度试验是岩石最主要的室内试验项目之一。通常取高度 100mm、直径 50mm 的圆柱形岩样在压力机上压至破坏，所得强度即单轴抗压强度。

在单轴抗压试验过程中，若测量试件的纵向变形 ε_x 与横向变形 ε_y，绘制应力与应变关系曲线（$\sigma\sim\varepsilon$ 曲线），还可求得岩石的变形参数-弹性模量 E 及泊松比 μ。

（3）抗剪强度试验

岩石的抗剪强度试验包括直剪试验、三轴试验。岩石的直剪试验与土的直剪试验相同，同样根据库伦表达式来确定岩石的抗剪强度参数。能加工成规则试样的岩石可采用三轴试验，其试验方法与土的三轴试验基本相同。

（4）抗拉试验

岩石的抗拉试验一般不采用直接施加拉应力的方法，通常是在一圆柱形试件的直径方向施加线性荷载，将试件沿直径方向压坏，根据弹性理论公式计算抗拉强度。

1.3 地质补充勘探成果

1.3.1 钻探现场记录

1. 钻探记录应在钻探进行过程中同时完成，记录内容应包括岩土描述及钻进过程两部分。

2. 钻探现场记录应按钻进回次逐项填写。在每个回次中发现变层时，应分行填写，不得将若干回次，或若干层合并一行记录。现场记录不得誊录转抄，误写之处可以划去，在旁边作更正，不得在原处涂抹修改。

3. 各类地层的描述内容应符合下列要求：

（1）碎石土：颗粒级配、粗颗粒形状、母岩成分、风化程度和起骨架作用状况，充填物的性质、湿度、充填程度，密实度，层理特征。

（2）砂土：颜色，颗粒级配，颗粒形状和矿物组成，黏性土含量，湿度，密实度，层理特征。

5

（3）粉土：颜色，颗粒级配，包含物，湿度，层理特征。

（4）黏性土：颜色，状态，包含物，结构及层理特征。

（5）岩石：颜色、主要矿物、结构、构造和风化程度。对沉积岩应描述颗粒大小、形状、胶结物成分和胶结程度；对岩浆岩和变质岩应描述矿物结晶大小和结晶程度；对岩体的描述应包括结构面、结构体特征和岩层厚度。

4. 岩土定名应符合现行岩土工程分类标准的规定。描述术语及记录符号均应符合国家现行有关标准的规定。鉴定描述以目测、手触方法为主，可辅以部分标准化、定量化的方法或仪器。

5. 钻进过程的记录内容应包含：使用的钻进方法、钻具名称、规格、护壁方式等；钻进的难易程度、进尺速度、操作手感、钻进参数的变化情况；孔内缩径、回淤、地下水位或冲洗液位及其变化等；取样及原位测试的编号、深度位置、取样工具名称规格、原位测试类型及其结果；岩芯采取率、RQD值等；其余异常情况等。

1.3.2 钻探成果

1. 钻探成果应包括：钻探现场记录、岩土芯样、钻孔的柱状图、钻探点坐标、高程数据等，详见表1-1。

钻孔的柱状图表　　　　　　　　　　　　　　　表 1-1

钻 孔 柱 状 图									
勘察单位：							第＿页　共＿页		
工程名称						设计结构底板标高			
里程				钻孔编号		钻孔类别			
孔口标高		坐标	$Y=$	开工日期		稳定水位			
孔口直径			$X=$	竣工日期		初见水位			
地层编号	时代成因	层底标高(m)	层底深度(m)	分层厚(m)	柱状图1:200	岩土描述及其特征	采取率(%)	RQD(%)	取样	标贯击数(击)
编录		制图		审核		日期			

2. 为便于对现场记录进行检查核对或进一步编录，勘探点应按要求保存岩土芯样。土芯存放于土芯盒或塑料袋内，每一回次至少留一块土芯。岩芯应全部存放在芯盒内，顺序排列，统一编号。岩土芯样应保存到钻探工作检查验收为止，亦可在检查验收之后拍摄岩土芯样的彩色照片。

3. 提交的补勘报告中土工参数应包括：岩土分层厚度、埋深、空隙比、渗透系数、液性指数、塑性指数和天然重度，以及岩石强度、岩性判别和石英含量等参数。

4. 最终成果要将补勘资料融入已有的详勘图中，形成新的详勘地质图。

1.4　勘探设备

勘探所需设备主要有以下几种：

1. 用于工程地质钻探的工程钻机及配套设备。
2. 探测地下管网的地下管道探测仪。
3. 测放钻孔孔位及高程的相关测量仪器。
4. 根据情况需进行地质雷达探测的相关设备。
5. 拍摄岩土芯样照片的相机。
6. 其他一些室内试验相关设备。

1.5　质量控制措施

1. 地质补勘工作应在进场后即着手开始，在盾构设备选型前完成地质补勘并提交补勘资料。如果隧道中包含孤石地段、土洞或溶洞，应加密补勘，以便详细了解地质情况，方便后续的调线调坡或土洞、溶洞注浆施工等。

2. 补勘工作开始前应编制详细的地质补勘方案，施工前需进行补勘方案评审，在评审会上对以上因素仔细讨论，然后再予以实施。

3. 准确测量补勘点的高程和平面位置，以便与附近详勘点联系起来。

4. 地质钻探期间，应详细记录钻孔过程中的变化情况，做到勘测结果准确无误。

5. 地质钻探钻进中应保持孔内水头压力等于或大于孔周地下水压，提钻时应能通过钻头向孔底通气通水，防止孔底土层由于负压、管涌而受到扰动破坏。

6. 地质钻探钻进过程中各项深度数据均应丈量获取，累计量测允许误差为±5cm。

7. 取出的试样应及时塑封。在土样封存、运输、开封以及进行土工试验时，都应注意避免扰动。严防振动、日晒、雨淋和冻结。

8. 地质雷达扫描探测应尽量选在凌晨进行，以减少车辆、人流对探测的干扰。移动雷达天线时，宜匀速、均衡，以获得良好的反射信号。

1.6　安全管理要求

1. 补勘施工前，对进场工人及时进行安全教育。

2. 进入勘探现场必须戴好安全帽，从事粉尘作业人员应戴防尘口罩，不准赤脚、穿拖鞋和易滑鞋上班作业。

3. 要特别注意交通安全。占道施工时，必须办理好相关占道打围手续，围挡必须挂上醒目的安全标志牌，并派专人监护，以提醒过往人员。

4. 地质钻探期间，在进行降钻具、强拉、打吊锤等高危险操作时，必须在醒目位置做好安全标识标牌，并派出专人员进行监督，预防无关人员进入现场。为保证安全，钻机的外露转动部位必须装上安全罩。

2 盾构隧道洞门钢环安装

【施工目的】

盾构机始发与接收时，洞门密封是防止地层泥水和背衬注浆砂浆外泄的重要措施，因此洞门密封装置安装是否牢固是关系盾构机顺利始发、接收的重要因素。故明确盾构隧道洞门钢环安装施工作业工艺流程、操作要点和相应的工艺、质量标准，有利于指导、规范其安装施工作业。

【施工依据】

主要依据《盾构法隧道施工及验收规范》GB 50446—2017、《地下铁道工程施工质量验收标准》GB/T 50299—2018、《钢结构工程施工质量验收规范》GB 50205—2001 等国家现行施工及验收规范、质量技术标准。

2.1 施工准备

2.1.1 技术准备

1. 从事焊接作业人员、起重机械作业人员、电工、钢结构施工人员等必须持证上岗。对所有施工人员进行岗前技术、安全培训，作业前进行技术交底。

2. 安装前对洞门中心标高、位置进行测量复核，确保钢环安装位置的准确性。

2.1.2 工程准备

1. 按工程结构图纸制作盾构钢环，钢环采用 25mm 厚的钢板制作而成，其内径为 $\phi6500mm$（适用于盾构直径 $\phi6250mm$，洞门钢环大样图如图 2-1 所示），其制作要求如下：

（1）环板内径允差 $+5\sim10mm$。

（2）环板宽度允差 $0\sim+3mm$。

（3）整个平面不平整度 $\pm5mm$。

（4）环板螺孔沿环向间隔 3°均布（弧长 172.7mm），相邻孔间距误差 $\leqslant2mm$。

（5）环板外露面均需涂红丹二度，此前须去除锈斑。

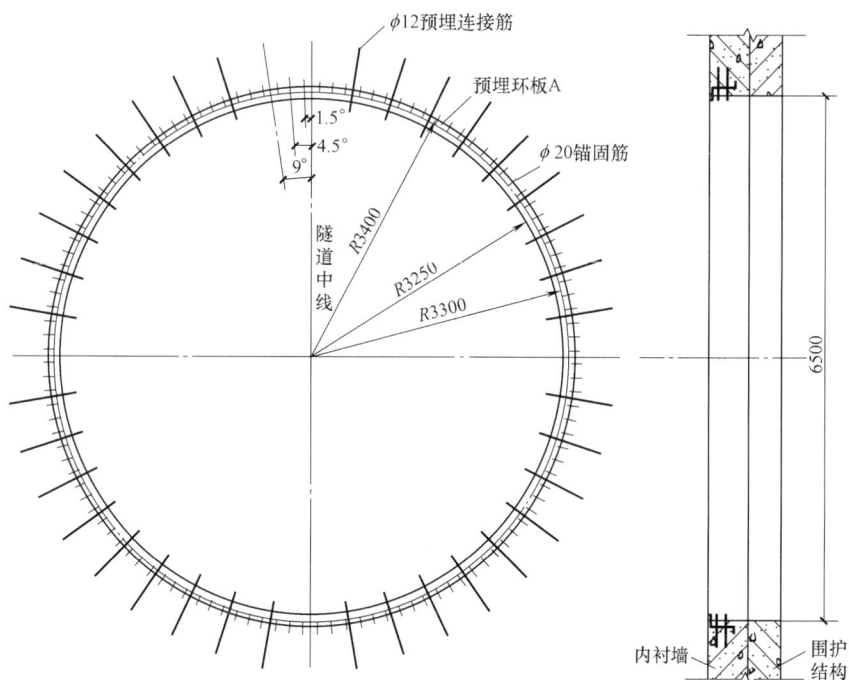

图 2-1　洞门钢环大样示意图

2. 由于运输和安装的需要，可将钢环分成四块等份制作，即每份为 90°圆弧，钢环内侧设"Z"形锚筋（图 2-2）与内衬墙钢筋焊接成整体。安装盾构钢环中必须与隧道中心相吻合。

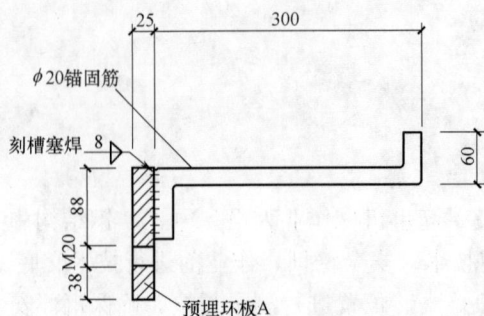

图 2-2　洞门钢环锚筋大样示意图

2.1.3　人员及设备配置

盾构洞门钢环安装所需人员配置及设备配置见表 2-1 和表 2-2。

洞门密封装置安装人员　　　　　　　　　　表 2-1

序号	工种	数量	备注
1	值班工程师	2	负责洞门密封装置安装工作协调、管理
2	安全员	2	负责安装安全工作的监督和管理
3	汽车吊司机	2	负环安装过程中的吊装
4	信号工	1	吊运作业指挥
5	司索工	2	吊运作业挂钩
6	电焊工	1	负责钢环安装过程中的电焊工作
7	杂工	5	负责洞门密封装置安装、加固等工作
8	合计	15	

洞门密封装置安装设备配置　　　　　　　　表 2-2

序号	名称	规格	单位	数量	备注
1	汽车吊	25t	台	1	钢环、密封装置吊运下井
2	空压机	V-0.6-10	台	1	钢环连接螺栓拧紧
3	电瓶车	100t	台	1	井下材料水平运输
4	钢丝绳	ϕ24mm	条	3	备用1条
5	卸扣	M-4W5 10t	个	3	备用1个
6	电焊机		台	1	
7	对讲机		台	3	
8	钢管	ϕ48.3mm×3.6mm	t	0.95	操作脚手架搭设
9	黄油		桶	若干	封堵螺栓孔,润滑

2.2 主要施工工艺、方法与技术措施

2.2.1 钢环安装施工工艺流程

洞门中心测量定位→钢环轮廓测量定位→下半环钢环下井拼装定位→支架托撑顶住、与端墙钢筋点焊固定→测量复核检查→下半环两块钢环接缝焊接→上半环钢环下井拼装定位→测量整环复核检查→上、下半环接缝焊接连接→安装完成。

2.2.2 钢环安装步骤

1. 分块吊运下井

分块钢环由汽车吊或者龙门吊逐块吊运下井，由于钢环表面无吊挂头，采用两个卸扣分别兜住钢环两端，然后吊运至井下。吊运过程中应有专人看护，防止钢环磕碰围护结构支撑从而引起变形或掉落。

2. 分块定位

分块定位前，测量人员应事先做好测量准备，确定好钢环中心十字线的位置（图 2-3）。

钢环块吊至井下后，先就位钢环一角至十字线水平方向，然后再就位底部，底部通过起吊提升来调整另一个角，待第一块就位后，进行平面位置复核，在复核结果良好的情况下用车站中板施工的满堂支架托撑顶住钢环（图 2-4），并将钢环和侧墙钢筋主筋之间点焊固定。

第二块钢环块就位后，检查下半环左右两角的高差，保证两角对齐，并用卷尺测量下半环开口的长度，保证钢环 $\phi6500\text{mm}$ 的内径。上半环定位主要是上半环第一块的位置确定，第一块安装时在初步固定后，测量顶部到下半环底部的距离，保证 $\phi6500\text{mm}$ 的内径，再用水平尺检查钢环外部翻板的竖直面的平整度，复查

图 2-3　钢环中心十字定位示意图

图 2-4　洞门钢环固定示意图

满足要求并固定好后，再安装最后一块。全部安装好后再对整个钢环的垂直度、内径、平面及竖直位置进行复核调整。

钢环定位安装后，焊接钢环后锚固钢筋，焊缝高度 8mm。

洞门螺栓孔需采取涂抹黄油的方式防止混凝土浇筑过程及后期施工过程中对其产生破坏。

2.2.3 延伸钢环与洞门密封装置安装

始发洞门采用安装延伸钢环的方式处理，洞门延长 60cm（该装置设有 M20 螺孔的 L 形预埋钢环 A，预埋板 A 上焊接有锚筋与主体结构相连），使盾构可以更早地进行注浆封堵工作，减少洞门盾构无法注浆掘进区域的长度，延伸环洞门中心与盾体轴心线保持同轴，避免密封胶环在脱离盾体到管环外径上的不一致，造成密封失控。同时在洞门延伸环上预留盾尾油脂注入孔，在刀盘抵达掌子面后通过预留注入孔注入盾尾油脂，填充盾壳与延伸环之间的间隙，从而确保降低盾构始发可能发生的涌水涌砂风险。

在盾构始发掘进时，为了防止土体孔隙水和回填注浆浆液沿着盾构机外壳向洞口方向流出，在延伸环的盾构机入口洞圈周围安装环型密封橡胶板止水装置，用螺栓将密封橡胶板、扇形压板栓连在延伸环上并进行密封。

当盾构机沿推进方向掘进时，带铰接的扇形压板被盾构机带动向隧道内转动，并支撑密封橡胶板，封闭在 φ6250mm 的盾体外径处，防止同步注浆浆液向始发井内流入。洞门密封装置安装时，需注意密封橡胶帘布及扇形压板的安装方向。密封橡胶帘布端头的凸起方向与盾构掘进方向相同。

1. 延伸钢环与洞门密封装置设计

延伸钢环长 60cm，由 1.2cm 厚 Q235 低碳钢板焊接而成，分 a、b、c、d 四块，块与块之间的连接及延伸钢环与洞门钢环之间的连接均采用 M20 螺栓连接。洞门延伸钢环设计如图 2-5 和图 2-6 所示。

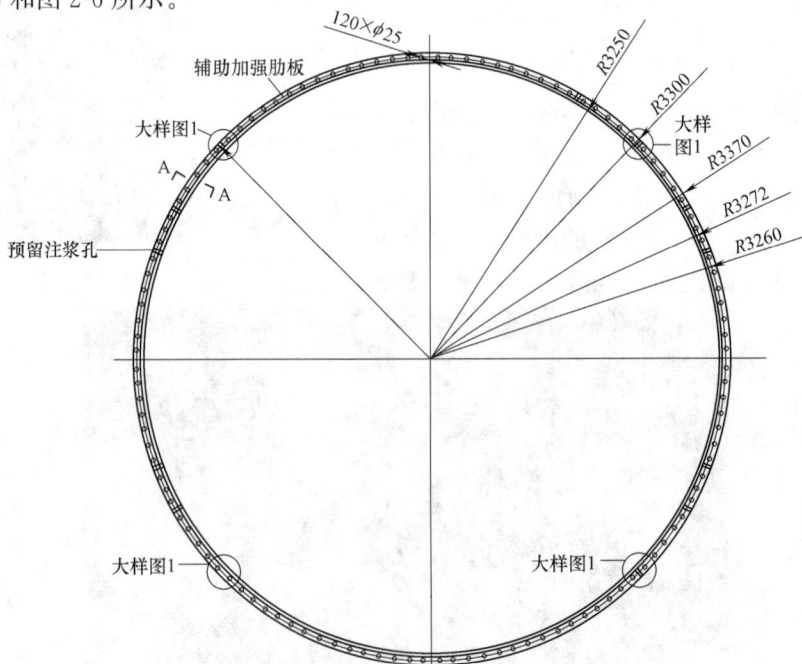

图 2-5 洞门延伸钢环设计示意图

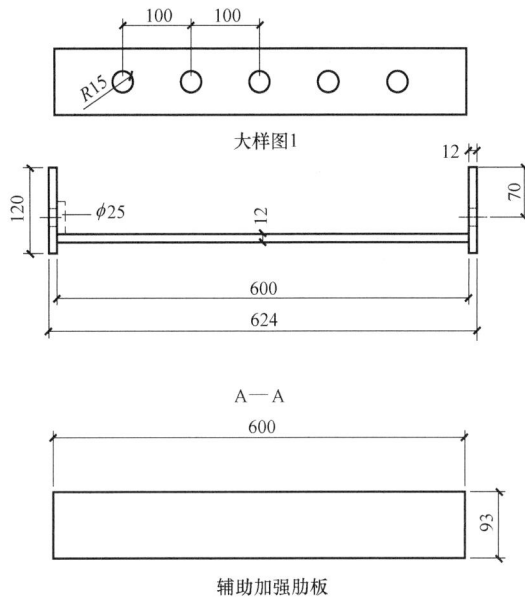

大样图1

A—A

辅助加强肋板

图 2-6 洞门延伸钢环局部大样图

洞门密封装置由环形密封橡胶板、固定环板 B、扇形压板组成,如图 2-7 所示。

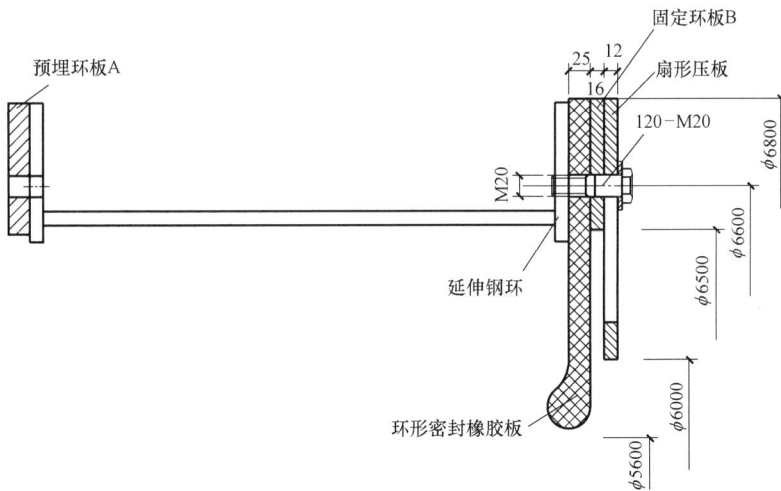

图 2-7 洞门密封装置大样图

环形密封橡胶板孔边,径向尼龙线密集排列,环向棉纱线稀疏排列,帘布橡胶板由模具分块压制,然后连接成一整框。橡胶板上钻孔,孔径 $\phi 24mm$,孔间距 3°均布,如图 2-8 和图 2-9 所示。

固定环板 B 宽 150mm,厚 16mm,螺栓孔径 $\phi 24mm$,按间距 3°均布,如图 2-10、图 2-11 所示。

翻板两个一组,一个洞门共需 60 组翻板,如图 2-12~图 2-14 所示。

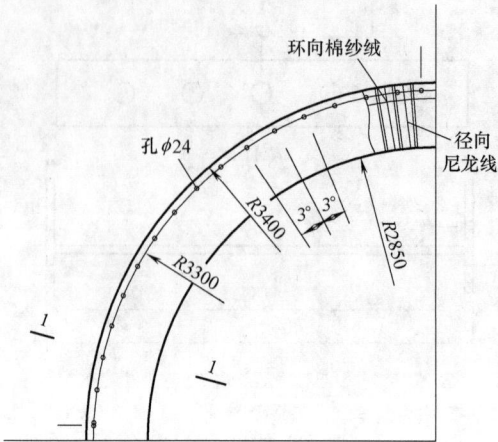

图 2-8 环形密封橡胶板大样图

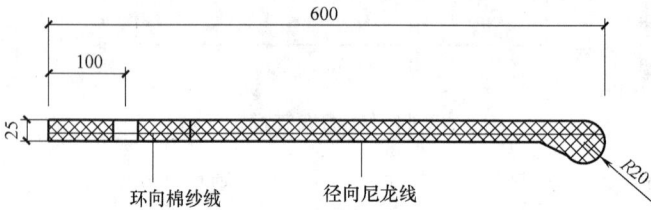

图 2-9 1—1 断面大样图

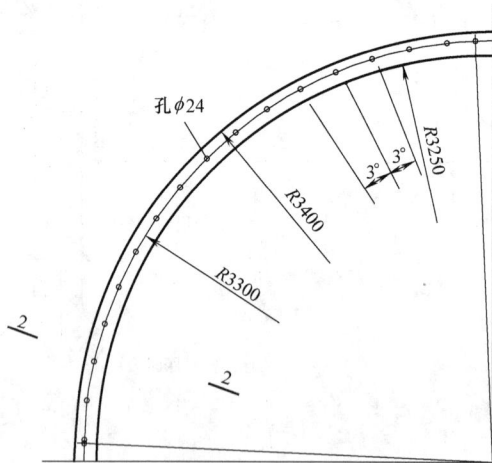

图 2-10 固定环板 B 大样图

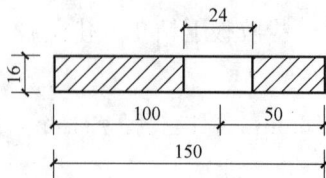

图 2-11 2—2 断面大样图

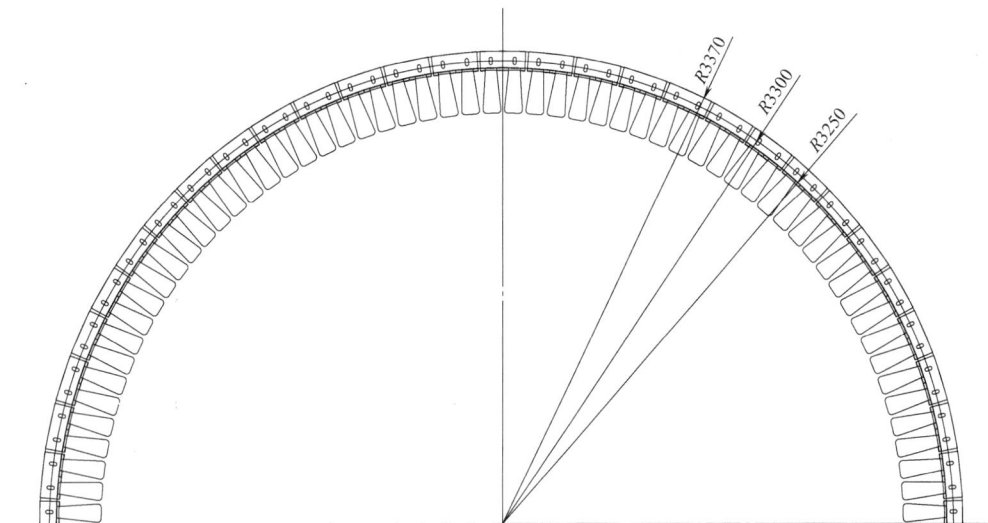

图 2-12　翻板布置图

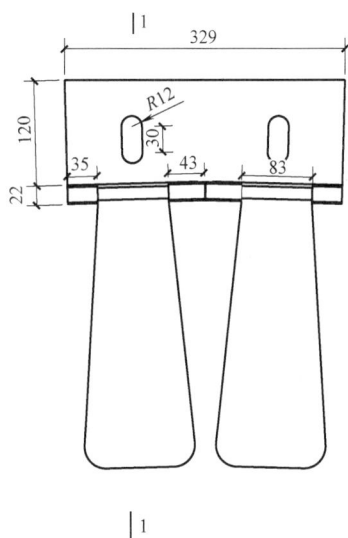

图 2-13　单块翻板

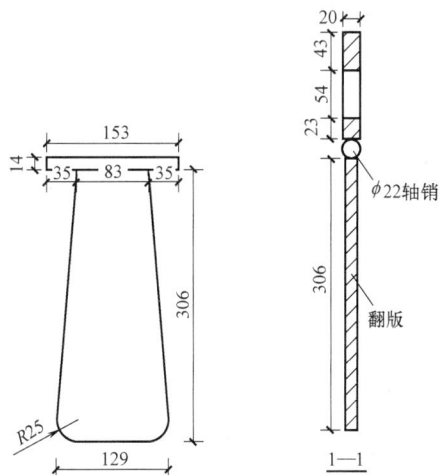

图 2-14　翻板详图

2. 延伸钢环安装流程及技术要求

（1）延伸钢环安装施工工艺流程如图 2-15 所示。

图 2-15　延伸钢环安装施工工艺流程图

（2）脚手架平台搭设如图 2-16 所示。脚手架钢管采用 $\phi48.3$mm、$\sigma=3.6$mm 无锈蚀、无裂纹钢管，平台搭设必须牢固。

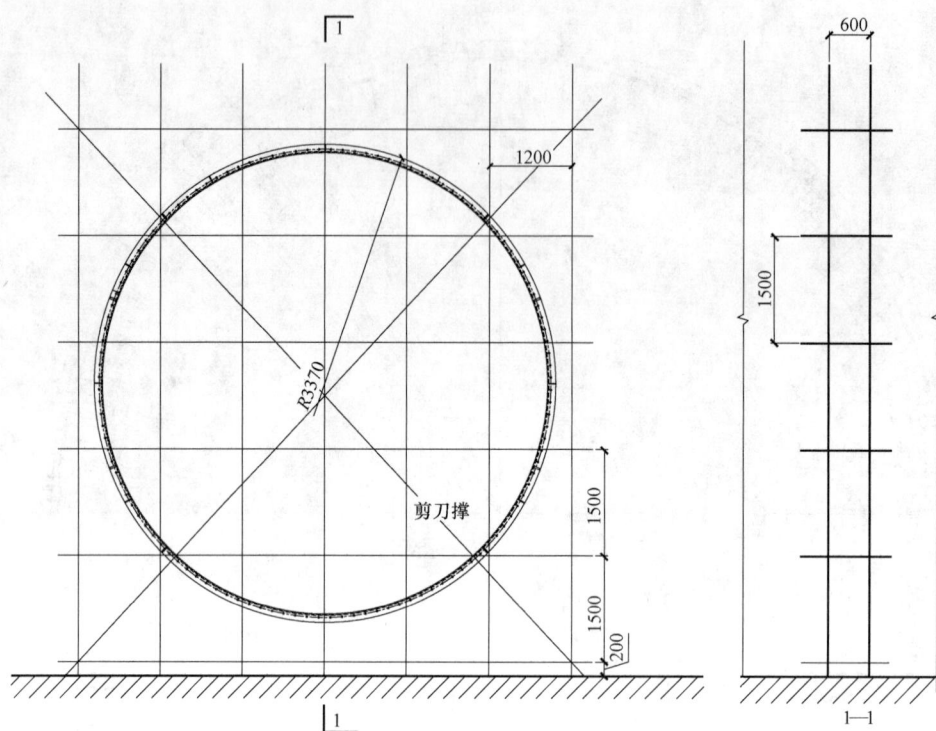

图 2-16 钢管脚手架搭设示意图

（3）利用脚手架钢管搭设的作业平台，及时清理预埋在洞门上钢环的螺栓孔，保证孔内无杂物，螺杆能顺利的旋入到预计位置。

（4）延伸钢环分四块进行现场拼装，具体拼装顺序如下：

1）下井前，先在钢环各连接面粘贴止水橡胶板，钢环底板（b 块）下井并与预埋钢环连接，用手拉葫芦拉紧延伸钢环与预埋钢环。调整钢环与预埋钢环的位置，对齐孔位，并用螺栓连接。

2）然后依序安装 a、c、d 块。

3）整环就位后复紧钢环块之间的螺栓及整环与洞门钢环之间的连接螺栓，并确定钢板安装牢固后，用型钢将底板（b 块）底部垫实，焊接牢固。

（5）安装帘布橡胶

将帘布橡胶板挂在 M20 螺栓上并将凸缘面向洞门侧。帘布橡胶板安装前，提前检查帘布橡胶板有无破损，若有则及时更换。安装时注意帘布橡胶板孔位与洞门预埋钢板孔位一一对应。

（6）安装环板 B 和折页压板

帘布橡胶板安装完后，再安装环板 B 和折页压板，注意保证折页压板沿环向均匀布置，中心线平行于该处径向。

（7）安装垫圈

折页压板安装完成后，再安装螺栓，并拧紧螺栓。

（8）盾构进洞时，刀盘涂抹黄油，防止刀盘旋转损坏洞门密封装置。盾构延伸钢环安装成型如图 2-17 所示。

图 2-17 盾构延伸钢环安装成型示意图

2.3 质量控制标准与控制要点

2.3.1 质量控制标准

1. 竖直公差要求：V 不得超过 $\pm 10\text{mm}$，如图 2-18 所示。

2. 水平公差要求：H 不得超过 $\pm 10\text{mm}$，如图 2-19 所示。

3. 防止圆度变形：内径误差不得超过 $\pm 10 \sim +20\text{mm}$（任意点检测），D（内径误差）＝理论直径－实测直径（竣工后直径）。

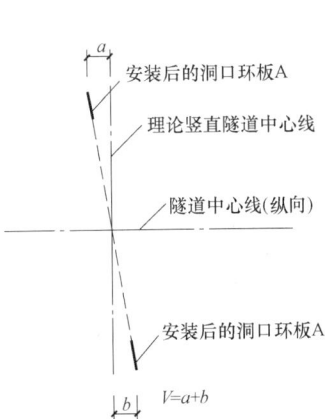

图 2-18 竖直公差示意图

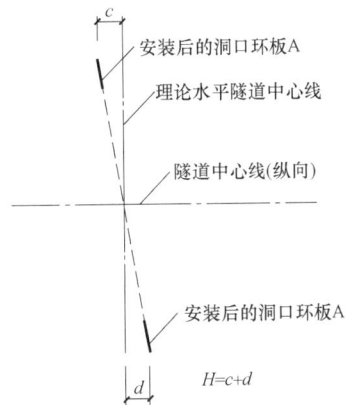

图 2-19 水平公差示意图

4. 环板中心（圆心）：竣工洞口环板中心与理论隧道中心误差，不得超过 10mm，如图 2-20 所示。

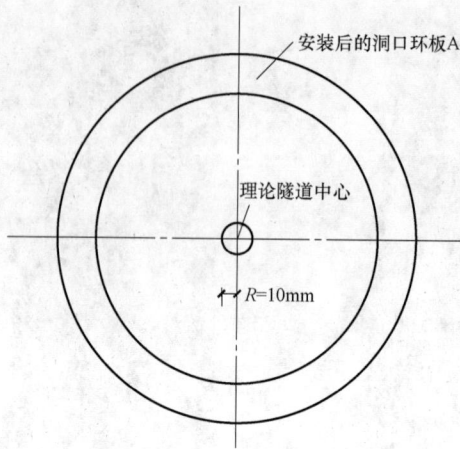

图 2-20　中心误差示意图

2.3.2　质量控制要点

1. 采用的钢板和焊条符合设计和规范的要求。
2. 焊工必须持证上岗，施工前需经过培训且考试合格。
3. 环板要定位准确，加强位置复核。
4. 焊接应牢固可靠。
5. 安装过程中应严格控制安装质量与精度。

2.4　安全管理要求

1. 由于钢环分块吊装下井在端头井口作业，井口周围应设置防护栏杆。
2. 整个作业过程中，由专职安全员进行全过程监督，杜绝安全事故隐患，确保人身安全。
3. 做好个人防护。进入施工现场所有人员戴好安全帽，从事电气焊作业的人员要使用面罩或护目镜，并佩带相应的劳动保护用品。高处作业应佩戴好安全带。
4. 对起重设备进行严格检查，吊索具使用合格产品，钢丝绳根据用途保证足够的安全系数，凡表面磨损、腐蚀、断丝超过标准的不得使用。要有防止脱钩的保险装置，卡环在使用时，应使销轴和环底受力。
5. 加强用电管理，配线、配箱符合要求。电焊机单独设开关，电焊机外壳做接零接地保护，一次线长度小于 5m，二次线长小于 30m，电焊机双线到位，焊接线无破损，绝缘良好，电焊机设置地点防潮、防雨、防砸。

3 盾构机始发和到达端头地基加固

【施工目的】

盾构机始发和到达时，工作面将处于开放状态且持续时间较长，地层的稳定与否直接影响盾构机始发和到达安全。对始发和到达端头地层加固，并确保加固效果满足设计和规范要求，防止出现工作面涌泥、涌砂、坍塌等情况的发生，确保盾构隧道施工安全顺利。

【施工依据】

1. 盾构区间工程施工设计图纸、盾构区间详细勘察报告、地质补充勘察报告、施工调查等资料。

2. 《地下铁道工程施工质量验收标准》GB/T 50299—2018、《盾构法隧道施工及验收规范》GB 50446—2017、《建筑地基工程施工质量验收标准》GB 50202—2018、《地下防水工程质量验收规范》GB 50208—2011 等国家现行施工及验收规范、质量技术标准。

3.1 端头加固方案设计

盾构端头加固体的强度、均匀性及止水性是施工控制的三个重要方面。加固效果应满足洞门破除后加固体能有效抵挡洞门处水土压力，有一定的强度、整体性和自稳能力，且能有效封堵地下渗水。端头土体加固方案设计应在对地质条件、地面环境和地下管线详细调查了解的基础上，充分考虑场地条件、施工工期等要求，经技术、经济比较后确定安全可靠的加固方案。在加固方案的选择上，无论采用哪种方案进行加固，必须要考虑在加固体和围护结构之间设孔注浆，以封堵加固体与围护之间的施工空隙，封堵可能存在的渗水通道。

3.1.1 端头加固范围

为保证洞门破除的安全和盾构机始发进入加固体（或到达时破开洞门）时端头土体的自稳性和止水性，盾构始发和到达端头需进行加固处理，其加固范围一般为隧道上下左右各 3m。始发端头加固长度为盾构机盾尾完全进入橡胶帘布时盾构机全部在加固体并且至少还有 2m 在加固体内；到达端头为盾构机破开土体露出刀盘时盾构机已经进入加固体 2m。同时要求在加固体与围护结构之间设置一排注浆孔，在盾构始发前，需进行注浆，封堵可能产生的施工空隙。

3.1.2 端头加固方法

目前常见的端头加固方法主要有：注浆法、深层搅拌桩、高压旋喷桩、冻结法等工法，各工法见表 3-1。

端头加固工法汇总表   表 3-1

工法名称	简述	工法特点	适用范围
注浆法	是将胶结材料配制成浆液并注入松散含砂或含水地层、含裂隙的岩层、溶洞、破碎带使其固化的施工方法。浆液凝结硬化后，起到胶结、堵塞作用，使地层稳固并隔断水源，以保证顺利施工	根据地层情况（砂层或淤泥质土），可在一根注浆管内采用不同的材料，选择不同注浆参数进行注浆作业。注入方向可随工程情况调整	适用于砂土、黏性土、淤泥土及人工填土等土质
深层搅拌桩	利用水泥作为固化剂，通过深层搅拌机械在地基将软土或沙等和固化剂强制拌和，使软基硬结而提高地基强度	1. 固化桩与原地基构成复合地基，改善承载力和变形模量； 2. 能自立支护挡土； 3. 桩体连接成壁后有隔水帷幕作用； 4. 施工中无振动，无噪声、无污染，对周边建构筑物和地下管线影响小； 5. 施工机具简单，操作方便，造价低	适用于处理淤泥、砂土、淤泥质土、泥炭土和粉土

工法名称	简述	工法特点	适用范围
高压旋喷桩	是以高压旋转的喷嘴将水泥浆喷入土层与土体混合,形成连续搭接的水泥加固体,在地基加固、提高地基承载力、改善土质进行护壁、挡土、隔水等起到很好的作用	1. 可指定加固某一深度的土层; 2. 可克服渗透系数很小的细颗粒土层中无法进行灌浆的土体加固; 3. 在间距狭小处可施工; 4. 结合定向旋喷法,可有效地形成垂直向、水平向或封闭式隔水墙; 5. 使用方便,移动灵活	适用于处理淤泥、淤泥质土、流塑、软塑或可塑黏性土、粉土、砂土、黄土、素填土和碎石土等地基
冻结法	利用人工制冷技术,使地层中的水结冰,把天然岩土变成冻土,增加其强度和稳定性,隔绝地下水与地下工程的联系,以便在冻结壁的保护下进行井筒或地下工程掘砌施工的特殊施工技术	1. 冻土帷幕的形状和强度可视施工现场条件、地质条件灵活布置和调整,冻土强度可达 5~10MPa,能有效提高工效; 2. 冻结法是一种环保型工法,对周围环境无污染,无异物进入土壤、噪音小,冻结结束后,冻结墙融化,不影响建筑物周围地下结构; 3. 冻结法用于桩基施工或其他工艺平行作业,能有效缩短工期	通常,当土体的含水量大于 2.5%,地下水含盐量不大于 3%,地下水流速不大于 40m/d 时,均可适用常规冻结法,当土层含水量大于 10% 和地下水流速不大于 7~9m/d 时,冻土扩展速度和冻结体形成的效果最佳

3.2 主要施工工艺、方法与技术措施

3.2.1 搅拌桩加固

1. 施工工艺流程

搅拌桩施工工艺流程如图 3-1 所示。

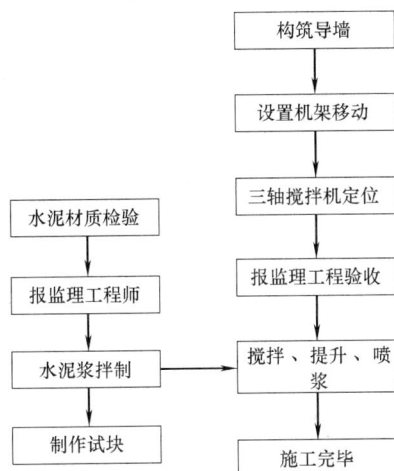

图 3-1 搅拌桩施工工艺流程示意图

2. 主要施工方法

（1）施工参数选择

为了保证施工质量，施工中必须加强主要技术参数的控制，并要求在施工现场做到挂牌施工，深搅桩主要技术参数参考值见表3-2。

三轴搅拌桩施工主要技术参数表（参考值） 表3-2

序号	技术参数项目	参数指标
1	水泥掺入比	18%
2	供浆流量	140～160L/min
3	浆液配比	水：水泥＝1.6～2.0：1
4	泵送压力	1.5～2.5MPa
5	下沉速度	＜100cm/min
6	提升速度	＜200cm/min
7	28d无侧限抗压强度	≥0.8MPa
8	水泥浆的比重	1.29～1.37
9	搅拌速度	两边搅拌头：26.0r/min，中间搅拌头：14.5r/min
10	每方被搅土体水泥用量	324kg

注：具体参数应根据土质及设计要求加固参数进行调整。

（2）桩位放样

根据提供的坐标基准点，按照设计图进行放样定位及高程引测工作，并做好永久及临时标志。

（3）导槽施工

导槽深度1m，采用挖掘机开挖。

（4）三轴深层搅拌桩钻进施工

1）桩位放样：由测量人员现场放出桩位，施工过程中桩位误差小于20mm。三轴搅拌桩采用单侧挤压式搭接，搭接250mm。

2）桩机就位：移动搅拌桩机到达作业位置，调整桩架垂直度达到3‰以内。桩机移位前必须仔细观察现场情况，发现障碍物应及时清除，桩机移动结束后认真检查定位情况并及时纠正。桩机应平稳、平整，每次移机后用水平尺或水准仪检测桩机平台的平整，并用线锤对立柱进行垂直定位观测以确保桩机的垂直度，并用经纬仪经常校核，经纬仪检测频率为每天至少1次，必要时请专业监理工程师到现场复测。三轴搅拌桩桩机定位后再进行定位复核，偏差值应小于20mm。

（5）桩机垂直度校正

桩架垂直度指示针可调整桩架垂直度，并用线锤经纬仪进行校核。每次施工前必须适当调节钻杆，使钻杆垂直度误差控制在3‰内。

（6）桩长控制标志

施工前应在钻杆上做好标记，控制搅拌桩桩长不得小于设计桩长，当桩长变化时擦去旧标记，做好新标记。

（7）水泥浆液拌制

水泥浆在搅拌桶中按规定的水灰比配制拌匀后排入存浆桶，再由2台泥浆泵抽吸加压后经过输浆管压至钻杆内注浆孔。为了保证供浆压力，供浆平台距离施工地点100m左右为宜。水泥浆液的水灰比严格控制在1.6～2.0。

（8）桩机钻杆下沉与提升

按照搅拌桩施工工艺要求，钻杆在下沉和提升时均需注入水泥浆液。钻杆下沉速度不大于1m/min，提升速度不大于2m/min，现场设专人跟踪检测、监督桩机下沉、提升搅拌速度，可在桩架上每隔1m设明显标记，用秒表测试钻杆速度以便及时调整钻机速度，以达到搅拌均匀的目的，在桩底部分适当持续搅拌注浆至少15s，确保水泥土搅拌桩的成桩均匀性并做好每次成桩的原始记录。

（9）注浆、搅拌、提升

开动灰浆泵，待纯水泥浆到达搅拌头后，按计算要求的速度提升搅拌头，边注浆、边搅拌、边提升，使水泥浆和原地基土充分拌和，直至提升到离地面50cm处或桩顶设计标高后再关闭灰浆泵。搅拌桩桩体应搅拌均匀，表面要密实、平整。桩顶凿除部分的水泥土也应上提注浆，确保桩体的连续性和桩体质量。

（10）三轴搅拌桩的咬合施工

三轴搅拌桩的搭接以及成形搅拌桩的垂直度补正是依靠搅拌桩单孔重复套钻来实现的，以确保搅拌桩的端头加固作用。三轴搅拌桩采用单侧挤压式搭接施工（图3-2）。

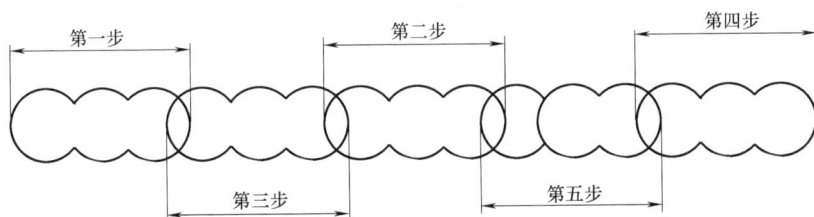

图 3-2 搅拌桩咬合施工工艺示意图

3. 施工要点

（1）开机前必须探明和清除一切地下障碍物，须回填的部位要分批回填夯实，以确保桩的质量。

（2）桩机行驶路轨和轨枕不得下沉，桩机垂直偏差不大于1％。

（3）水泥宜采用PO42.5级普通硅酸盐水泥，掺入比8％～16％，可根据情况掺入不同类型外加剂。

（4）严格控制注浆量和提升速度，防止出现夹心层或断浆情况。

（5）搅拌头两次提升的速度均应控制在2.5～3m/min，注浆泵出口压力控制在0.6MPa。

（6）桩与桩搭接时间不应大于24h，若超过，应在第二根桩施工时增加20％注浆量，同时降低提升速度；若相隔时间太长，第二根无法搭接，应在设计认可下采取局部补桩或注浆措施。

3.2.2 旋喷桩加固

1. 旋喷桩工艺流程

旋喷桩加固工艺流程如图 3-3 所示。

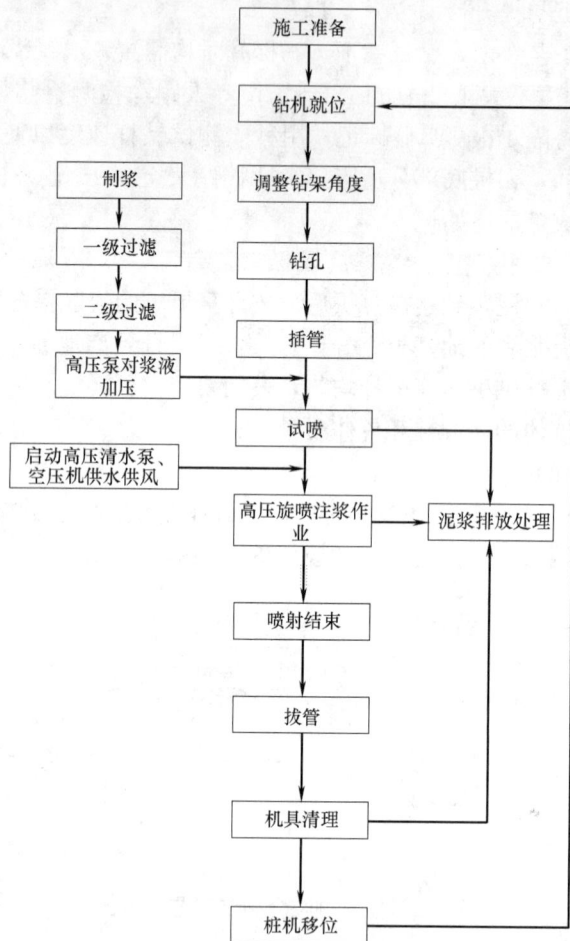

图 3-3 旋喷桩施工工艺流程图

2. 主要施工方法

高压喷射有旋喷（固结体为圆柱状）、定喷（固结体为壁状）和摆喷（固结体为扇状）等三种基本形式。高压旋喷形式注浆可分为三种方式：1. 单管法：喷射高压水泥浆液一种介质；2. 双管法：喷射高压水泥浆液和压缩空气两种介质；3. 三管法：喷射高压水流、压缩空气及水泥浆液等三种介质。三种不同的方式适用情况可参考表 3-3。

旋喷桩的设计直径（m）   表 3-3

土质	方法	单管法	双管法	三管法
黏性土	0<N<5	0.5～0.8	0.8～1.2	1.2～1.8
	6<N<10	0.4～0.7	0.7～1.1	1.0～1.6

续表

方法 土质		单管法	双管法	三管法
砂　土	0<N<10	0.6～1.0	1.0～1.4	1.5～2.0
	11<N<20	0.5～0.9	0.9～1.3	1.2～1.8
	21<N<30	0.4～0.8	0.8～1.2	0.9～1.5

注：N 为标准贯入击数。

双管旋喷参数参考值见表 3-4。

双管高压旋喷桩施工工艺参数表（参考值）　　　　表 3-4

项目		单位	参数	备注
压缩空气	压力	MPa	0.6～0.8	
浆液	材料及配方		以 PO42.5 硅酸盐水泥为主,水灰比为 1:1	
	压力	MPa	28～30	
	浆量	L/min	60～80	
	灰浆比重	kg/L	1.51	
每米水泥量		kg/m	600～650	
提升速度	19～13m	cm/min	10	
	13～5.75m		20	
旋转速度		rpm	10～20	

（1）定位放线：施工前用全站仪测定旋喷桩施工的控制点，埋石标记，经过复测验线合格后，用钢尺和测线实地布设桩位，并用竹签钉紧，一桩一签，保证桩孔中心移位偏差小于 50mm。

（2）钻机就位：钻机就位后，对桩机进行调平、对中，调整桩机的垂直度，保证钻杆应与桩位一致，偏差应控制在 10mm 以内，钻孔垂直度误差小于 0.3％，成孔前应调试空压机、泥浆泵，使设备运转正常；校验钻杆长度，并用红油漆在钻塔旁标注深度线，保证孔底标高满足设计深度。

（3）钻孔：钻机施工前，应首先在地面进行试喷，在钻孔机械试运行正常后，开始引孔钻进。钻孔过程中要详细记录好钻杆节数，保证钻孔深度的准确性。

（4）拔出岩芯管、插入注浆管：引孔至设计深度后，拔出岩芯管，并换上喷射注浆管，先在进行地面试喷以调整喷射压力，然后再插入预定深度。在插管过程中，为防止泥砂堵塞喷嘴，要边射水边插管，水压不得超过 1MPa，以免压力过高，将孔壁射穿，高压水喷嘴要用塑料布包裹，以防泥土进入管内。

（5）制浆：按设计要求制备浆液，并准确测量浆液比重。高喷灌浆采用普通硅酸盐水泥，根据地层条件，可以利用回浆与水泥料混合拌制水泥浆液，根据灰浆浆液比重适当调整水泥加入量。

（6）喷射提升：当喷射注浆管插入设计深度后，接通泥浆泵，然后由下而上旋喷，同时将泥浆清理排出。喷射时，先应达到预定的喷射压力、喷浆后再逐渐提升旋喷管，以防扭断旋喷管。为保证桩底端的质量，喷嘴下沉至设计深度时，在原位旋转 10s 左右，待孔口冒浆正常后再旋喷提升。钻杆的旋转和提升应连续进行，不得中断，钻机发生故障，应停止提升钻杆和旋转，以防止断桩，并立即检修排除故障，为提高底端质量，在桩底部1.0m范围内应适当增加钻杆喷浆旋喷时间。在旋喷提升过程中，可根据不同的土层，及时调整钻杆旋喷参数。

(7) 回灌：喷射灌浆结束后，应利用水泥浆进行回灌，直到孔内浆液面不下沉为止。

(8) 冲洗：喷射结束后，应及时将管道冲洗干净，以防堵塞。

3. 施工检查内容

(1) 施工前检查

在施工前对原材料、机械设备及喷射工艺等进行检查，主要有以下几个方面：

1）原材料（包括水泥、掺合料、速凝剂及悬浮剂等外加剂）的质量合格证及检验报告，拌和水的检验报告。

2）泥浆配合比是否合适工程实际土质条件。

3）机械设备是否正常，在施工前应对地质钻机、高压泥浆泵、水泵等设备进行试运行，同时确保钻杆（特别是多重钻杆）、钻头及导流器畅通无阻。

4）监测喷射工艺是否合适地质条件，在施工前应进行工艺试喷，试喷桩孔数量不得小于2孔，必要时调整喷射工艺参数。

5）施工前应对地下障碍物情况进行排查，以保证钻进及喷射达到设计要求。

(2) 施工中检查

施工中检查重点内容如下：

1）钻杆的垂直度及钻头定位。

2）水泥浆液配合比及材料称量。

3）钻机转速、沉钻速度、提钻速度及旋转速度等。

4）喷射注浆时喷浆（喷水、喷气）的压力、注浆速度及注浆量。

5）孔位处的冒浆状况。

6）喷嘴下沉标高及注浆管分段提升时的搭接长度。

7）施工记录是否完备，施工记录应在每提升1m或土层变化交界处记录一次压力流量数据。

(3) 施工后检查

施工后主要对加固土体进行检查，主要检查固结土体的整体性及均匀性、固结土体的有效直径、固结土体的强度、固结土体的抗渗性、固结土体的溶蚀和耐久性能。

4. 施工要点

(1) 设备安装平稳对正，开孔前须严格检查桩位和开孔角度。

(2) 确保引孔深度达到设计要求。

(3) 保持引孔泥浆性能，孔壁完整、不坍孔，确保高喷管顺利下至孔底。

(4) 高喷管下井前需在井口试验检查，防止喷嘴堵塞。

(5) 高喷管下至距孔底0.5m时，应先启动支浆泵送浆，同时旋转下放，下到孔底（开喷深度）后，再启动高压泵和空压机，各项参数正常后方可提升。

(6) 浆液配制必须严格按照配比均匀上料，经常检查测定浆液比重，并做好记录。

(7) 高喷作业中，必须注意观察气、浆压力和流量达到设计要求，发现异常，要立即停止提升，查明原因，及时处理。

（8）分节拆卸高喷管时，动作要快，尽量缩短停机时间。因故停机（卸管或处理故障）时，需将高喷管下放至超过原高喷深度 0.3～0.5m 处，重新开机作业，以避免固结体出现新层。

（9）采用连续施工时应采用间隔法施工，防止串孔。

（10）及时回灌，保持孔内浆满，连续施工时可采用冒浆回灌。

3.2.3 冻结加固

1. 冻结加固工艺流程

冻结加固施工工艺流程如图 3-4 所示。

2. 主要施工方法

在施工前，应结合现场施工环境、地质水文状况进行冻结站设计及冻结施工参数的确定。施工时，应不断对每个施工工序进行管理。控制冻结孔施工、冻结管安装、冻结站安装、冻结过程检测的质量。

（1）冻结孔施工

1）开工间距误差控制在 ±20mm 以内。在打钻设备就位前，用仪器精确确定开孔孔位，以提高定位精度。

2）准确丈量钻杆尺寸，控制钻进深度。

3）按要求钻进、用灯光测斜，偏斜过大则进行纠偏。钻进 3m 时，测斜一次，如果偏斜不符合设计要求，立即采取调整钻孔角度及钻进参数等措施进行纠偏，如果钻孔仍然超出设计规定，则应进行补孔。

（2）冻结管试渗与安装

1）选择 $\phi63\times4$mm 无缝钢管，在断管中下套管，恢复盐水循环。

2）冻结管（含测温管）采用丝扣连接加焊接。管子端部采用底盖板和底锥密封。冻结管安装完，进行水压试漏，初压力 0.8MPa，经 30min 观察，降压≤0.05MPa，再延长 15min 压力不降为合格，否则就近重新钻孔下管。

3）冷冻站安装完成后要按《煤矿井巷工程质量验收规范》GB 50213—2010 要求进行试漏和抽真空，确保安装质量符合设计要求。

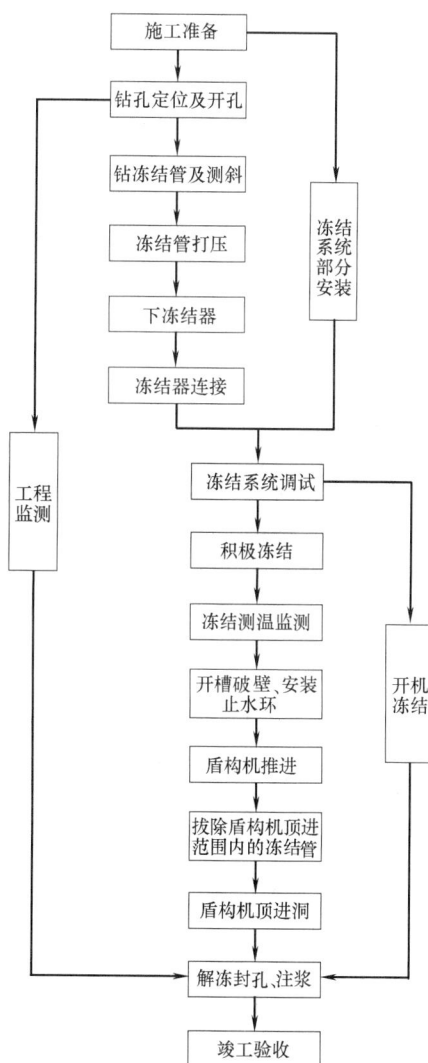

图 3-4 冻结加固施工工艺流程示意图

（3）冻结系统安装与调试

1）按 1.5 倍制冷系数选配制冷设备。

2）为确保冻结施工顺利进行，冷冻站应安装足够的备用制冷机组。冷冻站运转期间，要有两套的配件，备用设备完好，确保冷冻机运转正常，提高制冷效率。

3）管路用法兰连接，在盐水管路和冷却水循环管路上要设置伸缩接头、阀门和测温仪、压力表、流量计等测试元件。盐水管路经试漏、清洗后用聚苯乙烯泡沫塑料保温，保温厚度为 50mm，保温层外用塑料薄膜包扎。集配液圈与冻结管的连接用高压胶管，每根冻结管的进出口各装阀门一个，以便控制流量。

4）冷冻机组的蒸发器及低温管路用棉絮保温，盐水箱和盐水干管用 50mm 厚的聚苯乙烯泡沫塑料板保温。

5）机组充氟和冷冻机加油按照设备使用说明书的要求进行。首先进行制冷系统的检漏和氮气冲洗，在确保系统无渗漏后，再充氟加油。

6）设备安装完毕后进行调试和试运转。在试运转时，要随时调节压力、温度等各状态参数，使机组在有关工艺规程和设备要求的技术参数条件下运行。

（4）积极冻结

在冻结试运转过程中，定时检测盐水温度、盐水流量和冻土帷幕扩展情况，必要时调整冻结系统运行参数。冻结系统运转正常后进入积极冻结，充分利用设备的全部能力，尽快加速冻土发展，在设计时间内把盐水温度降到设计温度。旁通道积极冻结盐水温度一般控制在 $-28 \sim -25$℃之间。积极冻结的时间主要由设备能力、土质、环境等决定。

（5）维护冻结

在积极冻结过程中，要根据实测温度数据判断冻土帷幕是否交圈和达到设计厚度，测温判断冻土帷幕交圈并达到设计厚度后再进行探孔试挖，确认冻土帷幕内土层无流动水后（饱和水除外）再进行正式开挖。正式开挖后，根据冻土帷幕的稳定性，提高盐水温度，从而进入维护冻结阶段。维护冻结，即通过对冻结系统运行参数的调整，提高或保持盐水温度，降低或停止冻土的继续发展，维持结构施工的要求。旁通道维持冻结盐水温度一般控制在 $-25 \sim -22$℃之间。维护冻结时间由结构施工的时间决定。

3. 冻结工程监测

（1）工程监测的目的

工程量测作为冻结施工过程中的一项重要施工内容。其目的就是根据量测结果，掌握地层及隧道的变形量及变形规律，以指导施工。由于旁通道施工位于地下十多米处，为防止施工时对地面周边建筑、地下管线、民用及公共设施带来不良影响，甚至严重破坏。对施工过程必须有完善的监测。

（2）工程监测的内容

工程监测贯穿整个施工过程，其主要监测内容为：地表沉降监测、隧道变形监视、隧道收敛变形监测、冻土压力监测等。

1）冻结管施工监测内容为：冻结管钻进深度、冻结管偏斜率、冻结管耐压度、供液管铺设长度。

2）冻结系统监测内容为：冻结孔去回路温度、冷却循环水进出水温度、盐水泵工作压力、冷冻机吸排气温度、制冷系统冷凝压力、冷冻机吸排气压力、制冷系统汽化压力。

3）冻结帷幕监测内容为：冻结壁温度场、冻结壁与隧道胶结、开挖后冻结壁暴露时间内冻结壁表面位移、开挖后冻结壁表面温度。

4）周围环境和隧道土体进行变形监测内容为：地表沉降监测、隧道的沉降位移监测、隧道的水平及垂直方向的收敛变形监测、地面建筑物沉降监测。

4. 冻结施工机具设备

（1）冻结法施工所需设备可参考表 3-5。

冻结法施工主要机械设备参考表　　　　　表 3-5

序号	设备名称	规格、型号	数量	额定功率	能力	备注
1	螺杆冷冻机组	JYSGF300II	2 台	110kW	87500kcal/h	备用 1 台
2	盐水泵	IS125-100-200	2 台	45kW	200m³/h	备用 1 台
3	冷却水泵	IS125-100-200C	4 台	15kW	120m³/h	备用 1 台
4	冷却塔	NML-50	4 台		15m³/h	备用 1 台
5	钻机	MK-50	1 台			
6	电焊机	BS-40	2 台			
7	抽氟机		1 台			

（2）冻结施工旁通道所需测量设备参考表 3-6。

旁通道冻结施工主要测量设备参考表　　　　　表 3-6

序号	设备名称	规格、型号	数量	备注
1	经纬仪	J2	1 台	
2	测温仪	GDM8145	1 台	测量冻土温度
3	精密水准仪		1 台	
4	打压机	20MPa	1 台	冻结器打压试漏
5	收敛仪		1 台	冻土帷幕收敛
6	钢卷尺	20m	1 把	

5. 冻结施工质量标准

由于冻结法施工工程技术难度高，施工风险大，工程中不可预测因素多，故此对质量要求极高。目前主要参照煤炭行业《煤矿井巷工程质量验收规范》GB 50213—2010、《煤矿井巷工程质量检验评定标准》MT/T 5009—1994 标准要求进行施工。除了参照国家有关标准外，还应着重注意以下几点：

（1）冻结帷幕设计时应选择比较安全的计算模型，要有足够的安全系数。

（2）冷冻机组制冷量在设计时，取较大的备用系数。

（3）钻孔的偏斜应控制在 1‰ 以内。

（4）终孔间距不大于 1.0m。

（5）在冻土帷幕关键部位，多布置测温孔，监测冻土帷幕的形成过程和状况。

6. 冻结施工安全要求

（1）设计要考虑各种最不利条件，保证方案安全可靠。

（2）设计计算的各种最不利条件，在施工组织设计及施工中，做到重点防范，采取切实可行、有效的措施加以控制。

（3）选用无污染、效率高、体积小、重量轻、制冷量大、安装运输方便的螺杆冷冻机组作为制冷系统的主机。以适应轨道交通施工场地小、工期紧的需要。

（4）采用通信系统和视频系统有效的监控施工现场，对施工中发现的问题及时汇报处理，杜绝一切不安全的施工现象和违章的操作，把事故制止在萌芽状态。

（5）旁通道设安全防水门，一旦发现险情关闭防水门，保护隧道之用。

（6）在对面隧道内，增设冷冻板，冷冻板排管外设置泡沫保温材料，以确保对面隧道交接处的完好冻结状态；在旁通道的左右侧各钻一个 $\phi89mm$ 的冻结孔，作为冷冻板盐水循环的进回液管。

（7）对涉及地下管线的部位，可对地下管线和隧道进行必要的支撑。对离冻结区较近的管线与建筑物进行暴露或保温，防止冻坏。

（8）旁通道开挖期间项目管理人员采用24h值班制，对施工的各个环节要起到及时的检查和督促作用，在施工现场准备足够的备用设备和物资，以备应急之用。

（9）为预防开挖中停电等导致停工，甚至出现冒顶、涌砂事故，采取以下预案：在旁通道开挖期间，通道内准备16号槽钢、钢管、黏土、砂袋，以在必要时堆黏土和砂袋封闭通道，预防淹隧道。

（10）采取必要的措施，防止打冻结孔时水土流失；在钻孔施工期间加强沉降的监测，发现跑泥、漏沙、水土流失严重引起的沉降，影响到建筑物和地下管线，应立即停止施工，立即注浆，防止沉降影响周围建筑物和地下管线，到没有沉降为止，待地层较稳定后再施工钻孔。

（11）加大盐水在冻结管内的流量，采用串并联循环方式，加快冻结管的热交换。

（12）用逐步降温的过程，防止冻结管由温度应力造成的开裂。冻结孔每三个串联供液，并根据流量及去回路温差监控冻结器的盐水流量及均匀性，确保冻结帷幕支护可靠。

（13）根据监测的测温孔温度计算的各个剖面冻结壁的平均温度，对温度偏高的部位，调整盐水流量予以调控。实现信息化施工，加强冻结壁的监测监控。根据监测情况调控冻结壁强度和变形。

（14）加强冻胀与融沉监测，发现冻胀影响到建筑物和地下管线，通过打设卸压孔减小冻胀或打设冻结孔加热循环，进行解冻；预留注浆孔，进行跟踪注浆，防止融沉影响周围建筑物和地下管线。

3.2.4 地面注浆加固

1. 地面注浆加固工艺流程

地面注浆加固工艺流程如图3-5所示。

2. 主要施工方法

（1）盾构端部加固范围：盾构端头加固范围以隧道中线为中心，横向沿隧道外侧左右各3m（即隧道直径＋6m）范围内，必要时可适当加宽；纵向长度为端墙外沿隧道方向8～10m；加固深度范围为隧道顶以上3m，至隧道底以上1.5m。

（2）确定注浆孔距及浆液配备：注浆孔的加固半径宜根据现场试验进行确定，也可参照同类地层进行确定。注浆孔的排间距可取加固半径的1.5倍，注浆孔的间距可取加固半

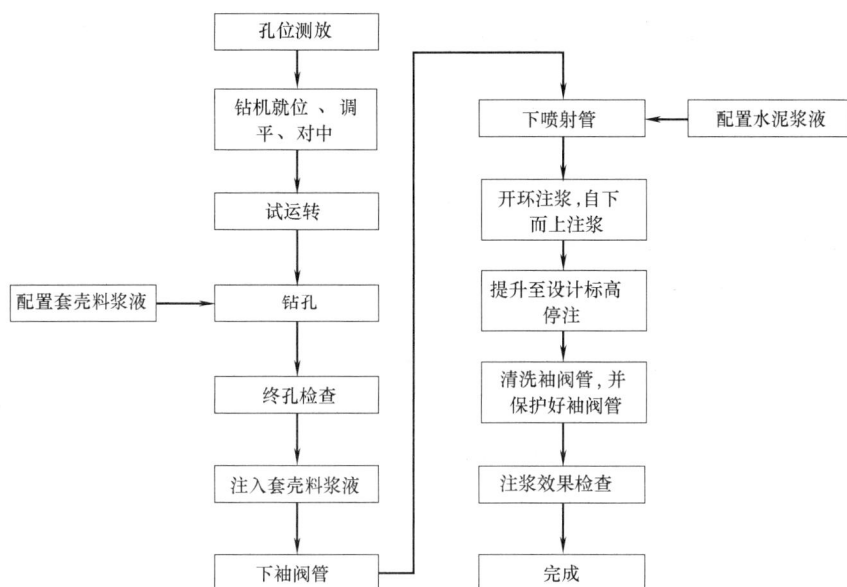

图 3-5　地面注浆加固工艺流程图

径的 1.5～1.7 倍。根据地质条件及地下水情况注浆加固浆液的配合比设计，一般可选用水泥为主剂的浆液及水泥和水玻璃的双液型混合浆液。

（3）布设注浆孔：利用现场测量控制基准点，采用全站仪按设计要求进行注浆孔的布设，组织相关人员对孔位进行测量和复核，确认无误后方可进行钻孔施工。

（4）钻孔：钻孔采用常规地质合金钻头或金刚石钻头及冲锤成孔，成孔直径 110～140mm，钻孔垂直度小于 1.0%，孔位偏差小于 50mm。

（5）清孔：在已完成的钻孔中用浓泥浆进行清孔，排除粗颗粒渣土。

（6）下套壳料：按设计的配合比配置好套壳料，并从孔底往上灌注套壳料至孔口。套壳料配合比可参考表 3-7。

套壳料配合比参考值　　　　　　　　　　　　　表 3-7

名称	水泥	膨润土	水
配合比	1	1.5	1.88

（7）制作袖阀管：一般可采用 φ50mm 的 PVC 塑料管上按间隔 35mm 的距离开 8～10 个直径 5mm 的小孔，开孔范围长约 50～80mm，各小孔的位置相互错开；在开小孔约 100mm 长的外面套上一层约 3mm 的橡胶膨胀圈（即袖阀），两端用防水胶布密封。

（8）下袖阀管：在下完套壳料的钻孔中下入已制作好的袖阀管。

（9）管线连接：在套壳料达到一定龄期后（约 3～7d），在袖阀管内下入注浆器，注浆器的中间有约 200mm 长开槽孔，在其上下各带有止浆塞，将注浆压力管与袖阀管内的注浆器进行连接。

（10）制浆：按设计规定的水灰比制备水泥浆液。

（11）开环注浆：将注浆器下至需要注浆的孔段，启动注浆泵，压送清水，在此过程中压力逐步提高，直到冲开橡胶袖阀及所对应位置的套壳，压力回落后，泵送水泥浆液，一直注浆到设计所规定的压力并稳定为止；在此过程中可视需要进行间歇注浆，直到符合设计要求为止。

（12）连续开环注浆：根据设计要求，上下移动注浆管，在需要注浆的各部位依照上述做法逐步开环注浆，直到完成所有孔段的注浆。

（13）做好注浆过程中各项记录：开环位置、注浆时间、注浆压力、水泥用量、水灰比、注浆过程出现的特殊情况等。

（14）注浆达到设计要求后，清洗管路及袖阀管，拆除注浆管，进行下一孔的注浆。

3. 施工要点

（1）注浆前先进行空荷运转，并按设计进行打压试验。

（2）注浆时必须观测坑壁变化，发现有漏浆时，要根据现场情况采取切实可靠措施。

（3）向孔里压浆必须做到使裂隙及空隙完全充实，并使之不再漏水。由初压逐步过渡到终压，不能突然增压。

（4）当达到规定注浆压力时，持续10min即停止注浆。

（5）浆液凝固后，打开注浆阀门，如有水溢出，尽管很微小，也需要重新扫孔再注浆。

（6）注浆间歇或注浆结束必须冲洗注浆管路。

（7）注浆过程中要密切观测周围土体变化，发现支护变形，必须立刻停止注浆，打开泄浆阀，查明情况，妥善处理。

（8）注浆加固实施前，应进行工艺性试验，调整水灰比和注浆压力，核实注浆加固扩散半径。

3.3 加固效果检验

盾构端头土体加固完成后，需对加固效果进行检验，确保加固效果满足洞门破除后加固体能抵挡洞门处水土压力，有一定的强度、整体性和自稳能力，且能有效封堵地下渗水。

3.3.1 检查内容及相关标准

1. 搅拌桩

搅拌桩施工检查内容及标准见表3-8。

搅拌桩检查内容及相关标准 表3-8

项目	序号	检查项目	允许偏差或允许值		检查方法
			单位	数值	
主控项目	1	水泥及外掺剂质量	设计要求		查产品合格证书或抽样送检
	2	水泥用量	现场试桩确定		查看流量计
	3	桩体强度	设计要求		按规定办法
	4	地基承载力	设计要求		按规定办法

项目	序号	检查项目	允许偏差或允许值		检查方法
			单位	数值	
一般项目	1	机头提升速度	m/min	≤0.5	量机头上升距离及时间
	2	桩底标高	mm	+200	测机头深度
	3	桩顶标高	mm	+100/-50	水准仪(最上部500mm不计入)
	4	桩位偏差	mm	<50	用钢尺量
	5	桩径		<0.04D	用钢尺量,D为桩径
	6	垂直度	%	≤1.5	经纬仪
	7	搭接	mm	>200	用钢尺量

2. 旋喷桩

旋喷桩施工检查内容及标准见表3-9。

旋喷桩检查内容及相关标准　　　　　　表3-9

项目	序号	检查项目	允许偏差或允许值		检查方法
			单位	数值	
主控项目	1	水泥及外掺剂质量	符合出厂要求		查产品合格证书或抽样送检
	2	水泥用量	设计要求		查看流量表及水泥浆水灰比
	3	桩体强度或完整性检验	设计要求		按规定方法
	4	地基承载力	设计要求		按规定方法
一般项目	1	钻孔位置	mm	≤50	用钢尺量
	2	钻孔垂直度	%	≤1.5	经纬仪测钻杆或实测
	3	孔深	mm	±20	用钢尺量
	4	注浆压力	按设定参数指标		查看压力表
	5	桩体搭接	mm	>200	用钢尺量
	6	桩体直径	mm	≤50	开挖后用钢尺量
	7	桩身中心允许偏差		≤0.2D	开挖后桩顶下500mm处用钢尺量,D为桩径

3. 冻结加固

（1）在设计的积极冻结期间内，盐水去路温度应稳定的保持在−30～−25℃以下，积极冻结期运转时间应保证超过30d。

（2）设计要求各冻结孔组的回路温差不超过2℃，盐水循环系统去回路温差不超过1.5℃，盐水流量≥5m³。

（3）冻结过程中无断管和盐水漏失。

（4）设计要求加固冻土的有效厚度大于设计值，外圈冻结帷幕厚度大于设计值，冻结壁有效冻土平均温度要达到−10℃及以下。

（5）盾构始发或接收前先在洞口开探孔，探孔内无水、测量探孔内温度在−5℃以下。

（6）选择合理测温孔测点温度，计算冻结壁厚度及平均温度达到设计值。

3.3.2 检查方法

1. 取芯位置的选取

以咬合最薄弱以及地层环境差、施工困难的位置为原则，取芯桩数量不宜少于总桩数的 2%。取芯采用地质钻机，开孔孔径 120mm；钻进方式采用优质泥浆护壁，回转钻进，连续钻取全桩长范围内的桩芯，桩芯应尽可能完整，芯样的采集率大于 90%。

2. 加固体强度检验指标

（1）加固后的土体应具有良好的均匀性、自稳性。

（2）观察桩芯是否呈硬塑状态并无明显夹泥、夹砂断层。如取出桩芯呈硬塑状态则为不合格；如为可塑状态则质量欠佳，应作综合分析。

（3）取样的桩芯的无侧限抗压强度 $Q_u \geqslant 0.8$MPa。

3. 加固体抗渗性检验指标

采用观测洞门水平孔的渗流的方法进行检测。先剔除洞门表面不稳定的网喷混凝土块，然后用风钻钻 9 个观测孔，孔径 8cm，钻深为 2～3m。

（1）每孔的流水不超过 30L/h（通过观测流水不成线）。

（2）端头加固体的渗透系数小于 1×10^{-8}mm/d。

4 盾构机始发台座安装

【施工目的】

始发台座是盾构机在工作井始发时坐落的基座，其必须能够充分承受盾构机的自重，且始发架对于盾构机进洞初期管片拼装精度有很大的影响，为了确保始发台座正确安装，故需明确洞门盾构机始发台座安装施工作业工艺流程、操作要点和相应的工艺、质量标准，指导、规范盾构机始发台座安装施工作业。

【施工依据】

主要依据《盾构法隧道施工及验收规范》GB 50446—2017、《钢结构工程施工质量验收规范》GB 50205—2001 等国家现行施工及验收规范、质量技术标准。

4.1 施工准备

1. 技术准备

（1）从事焊接作业人员、起重机械作业人员、电工、钢结构施工人员等必须持证上岗。对所有施工人员进行岗前技术、安全培训，作业前进行技术交底。

（2）安装前对洞门中心标高及水平位置、始发井底板标高及隧道中线位置进行测量复核，测放出始发台座安装位置及下垫高度，确保盾构始发台座安装位置的准确性。

2. 工程准备

以直径 $\phi6250$ 盾构始发座为例，盾构始发台座总长 10.2m，宽 3.85m。始发台座整体在横向分左右两部分，在纵向上分三个节段，共计分六块部件组装而成。所有连接孔的直径均为 $\phi26$，用 M24 的高强度螺栓（性能等级为 HS10.9）连接，所有连接板间的螺栓孔配钻。为固定负环管片，在始发台座两侧另加三角管片支架，始发台座及管片支架如图 4-1～图 4-4 所示。

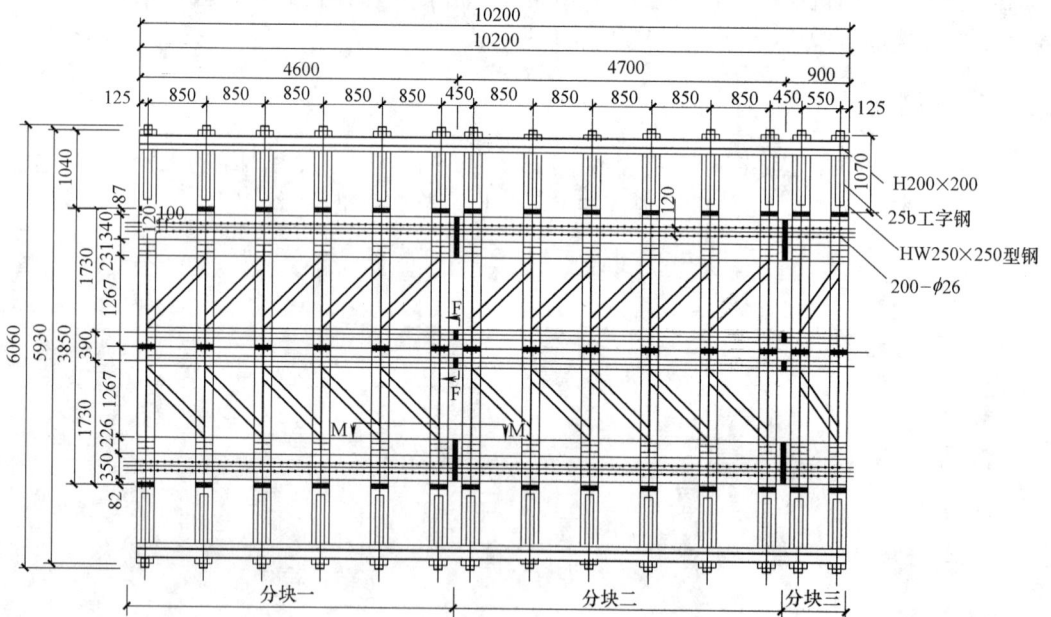

图 4-1 始发台座设计平面图

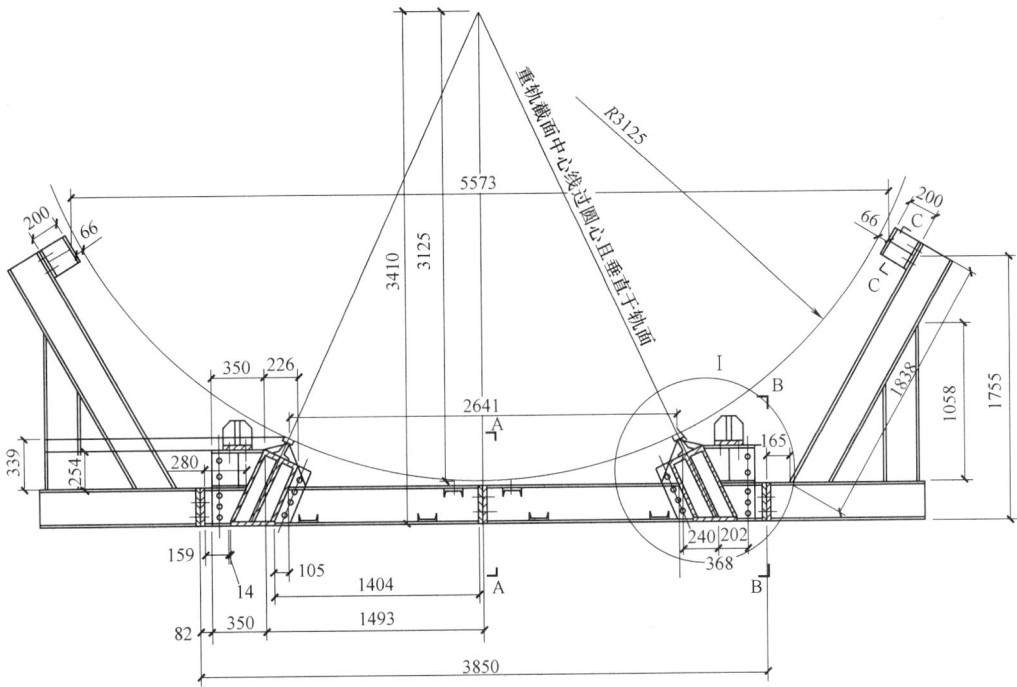

图 4-2 始发台座设计断面图

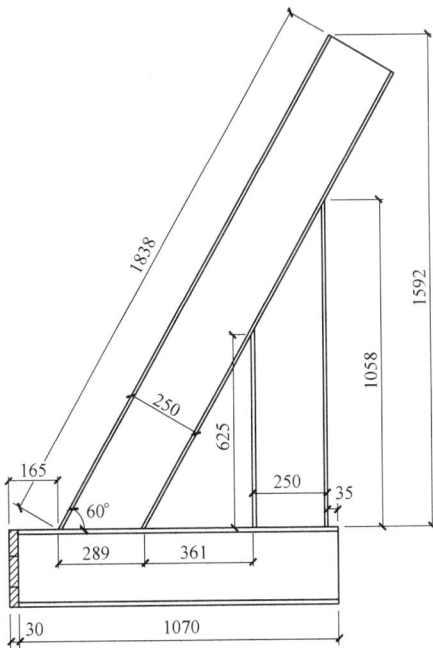

图 4-3 管片台座支架设计断面图

图 4-4 管片支架实物示意图

4.2 主要施工工艺、方法与技术措施

4.2.1 始发台座安装工艺流程

测量放线→台座下井→台座安装→位置粗调→复核测量→台座位置细调→测量再次复核→台座固定焊接。

4.2.2 始发台座安装步骤

1. 先由测量人员根据线路中心线测量放线，并对洞门位置进行复核。根据所放中心线及洞门位置综合考虑始发台座位置，以保证盾构机能顺利进洞且偏差不超过 5cm 为准。

2. 台座运至施工现场后分六部分吊至井下，并将六部分组装起来。盾构始发台座吊装下井拼装如图 4-5 所示。

图 4-5 始发台座吊装下井拼装示意图

3. 调节台座位置，使台座中线与隧道线路中心线投影近似重合。

4. 为防止盾构始发栽头，始发托架安装要求比设计轴线提高 2cm，托架与底板间空隙垫塞钢板。

5. 测量结果符合安装要求后，进行固定焊接；由于始发架在盾构始发时承受横向的推力以及抵抗盾构扭转的扭矩，因此需要对始发台两侧进行必要的加固，一般采用工字钢连接到始发架与盾构井侧墙或底板上翻梁进行横向加固。在无侧墙或者柱的部位则采取在底板植筋或膨胀螺栓的方式固定。

6. 安装结束后，测量人员对安装位置进行最后的检查，现场工长对各螺栓和焊缝进行强度、连接质量及加固情况检查，经检查合格并报第三方测量复核后才能投入盾构始发的使用，保证始发的顺利进行。

4.3 质量控制要点

1. 采用的钢板和焊条符合设计和规范的要求。

2. 托架安装轴线水平偏差：0～5mm，高度偏差：－10～0mm。

3. 保证焊接质量，焊接为满焊。焊缝高度不小于 15mm。

4. 始发台座纵向与端墙之间采用型钢支撑加固，防止台座随盾构机滑动。

5. 始发台座与底板间的空隙必须用钢板塞垫密实，防止台座变形或下降，影响始发姿态。

4.4 安全管理要求

1. 由于台座分块吊装下井在端头井口作业，井口周围应设护身栏杆。

2. 整个作业过程中，由专职安全员进行全过程监督，杜绝安全事故隐患，确保人身安全。

3. 做好个人防护。进入施工现场所有人员戴好安全帽，从事电气焊作业的人员要使用面罩或护目镜，并佩带相应的劳动保护用品。

4. 对起重设备进行严格检查，吊索具使用合格产品，钢丝绳根据用途保证足够的安全系数，凡表面磨损、腐蚀、断丝超过标准的不得使用。要有防止脱钩的保险装置，卡环在使用时，应使销轴和环底受力。

5. 加强用电管理，配线、配箱符合要求。电焊机单独设开关，电焊机外壳做接零接地保护，一次线长度小于 5m，二次线长度小于 30m，电焊机双线到位，焊接线无破损，绝缘良好，电焊机设置地点防潮、防雨、防砸。

5 盾构机始发反力架安装

【施工目的】

盾构机反力架是盾构机始发的重要构件。盾构机始发时，反力架为盾构机始发提供反推力，因此反力架支撑体系必须具有足够的刚度和强度才能确保盾构机能够顺利始发。

【施工依据】

1. 盾构区间工程施工设计图纸、盾构区间详细勘察报告、补充地质勘察报告等资料。

2.《钢结构设计规范》GB 50017—2017、《钢结构焊接规范》GB 50661—2011、《钢结构高强度螺栓连接技术规程》JGJ 82—2011、《盾构法隧道施工及验收规范》GB 50446—2017、《工程测量规范》GB 50026—2007、《钢结构工程施工质量验收规范》GB 50205—2001 等国家现行施工及验收规范、质量技术标准。

5.1 施工准备

1. 技术准备

（1）从事焊接作业人员、起重机械作业人员、电工、钢结构施工人员等必须持证上岗。对所有施工人员进行岗前技术、安全培训，作业前进行技术交底。

（2）反力架安装前测量人员应确定反力架前端中心里程、反力架中心线位置及底板高程测量，保证反力架定位的准确性。

2. 工程准备

由钢构件工厂按设计图纸制作反力架（反力架大样图如图5-1所示），反力架各部件均为箱体结构，材料均为Q235b钢板，主钢板厚30mm，辅助钢板厚20mm。其制作要求如下：

（1）焊件下料周边整齐，去除毛刺、飞边。

（2）除锈质量要求：喷丸处理。

（3）焊接件消除应力处理：振动时效处理。

（4）立柱、横梁、八字梁本体之间焊缝均为坡口焊。

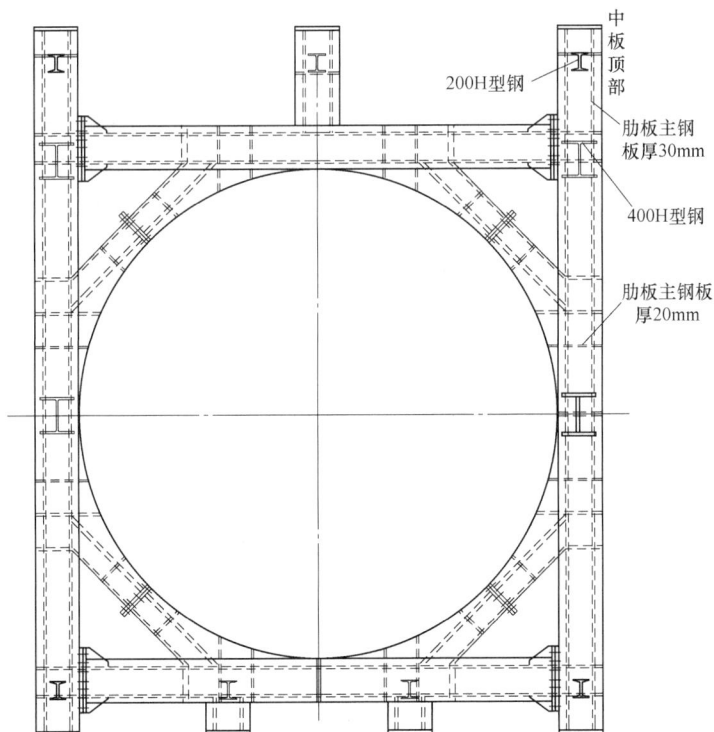

图 5-1 反力架大样图

由于运输和安装的需要，反力架一般分成四块制作，分别包括上横梁、左右立柱、下横梁，部件直接采用HS10.9级大六角高强螺栓进行连接。

5.2 主要施工工艺、方法与技术措施

5.2.1 反力架安装施工工艺

施工准备→反力架下横梁定位→立柱吊装→上横梁吊装→反力架位置复核→反力架加固→安装完成。反力架安装施工工艺流程如图5-2所示。

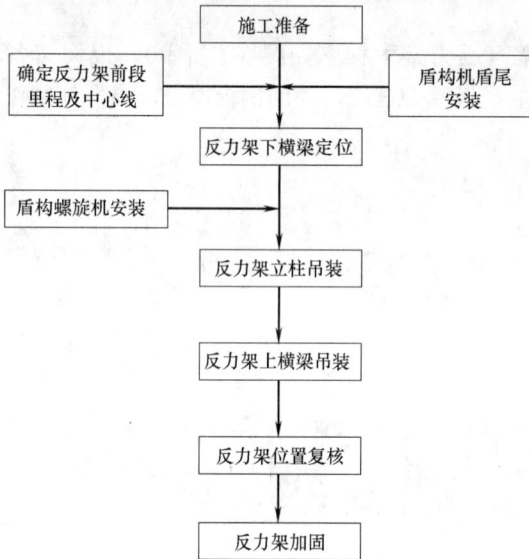

图 5-2 反力架安装施工工艺流程图

$$D_{反力架} = D_{洞门} - L_{管}$$

式中 $D_{反力架}$——反力架前端里程；

$D_{洞门}$——洞门里程；

$L_{管}$——负环管片总长度。

3. 反力架下横梁定位

在盾构机盾尾安装前，将反力架下横梁和斜撑摆放至安装位置，并由测量人员配合将反力架下横梁初步定位。

4. 立柱吊装

下横梁定位好后，利用龙门吊依次吊装反力架左、右立柱，组装中若出现螺栓安装不到位，可通过调整吊点的位置来安装。立柱吊装如图5-3所示。

5. 上横梁吊装

左右立柱吊装完成后，利用龙门吊吊装上横梁，最后将螺栓紧固。反力架上横梁安装及位置复核如图5-4所示。

6. 反力架位置复核

在测量组的配合下复核其反力架水平位置、倾角和高程，如果反力架位置出现偏差，

5.2.2 反力架安装步骤

1. 前期准备

（1）反力架安装前，对反力架加工遗留的铁屑，钢板加工的飞边、毛刺，焊接制作时未敲除的焊渣进行彻底的清理，确保端面平整。

（2）反力架安装前，对车站底板内积水和杂物清理干净，将预埋件位置清理出来。

（3）根据底板测量结果，提前准备钢板垫块。

2. 确定反力架里程

根据始发井洞门位置，确定负环数，并因此确定反力架前端面里程为：

利用龙门吊及千斤顶进行微调，直到符合设计要求。

图 5-3　立柱安装示意图

图 5-4　反力架上横梁安装及位置复核

7. 反力架加固

反力架是为盾构推进时提供所需的反力，因此反力架需具有足够的刚度和强度。反力架位置复核无误后，与主体结构间用 588mm×300mm 的 H 型钢作斜撑，200H 型钢或 ϕ609 钢管作支撑进行加固，反力架加固如图 5-5 所示，反力架实物如图 5-6 所示。

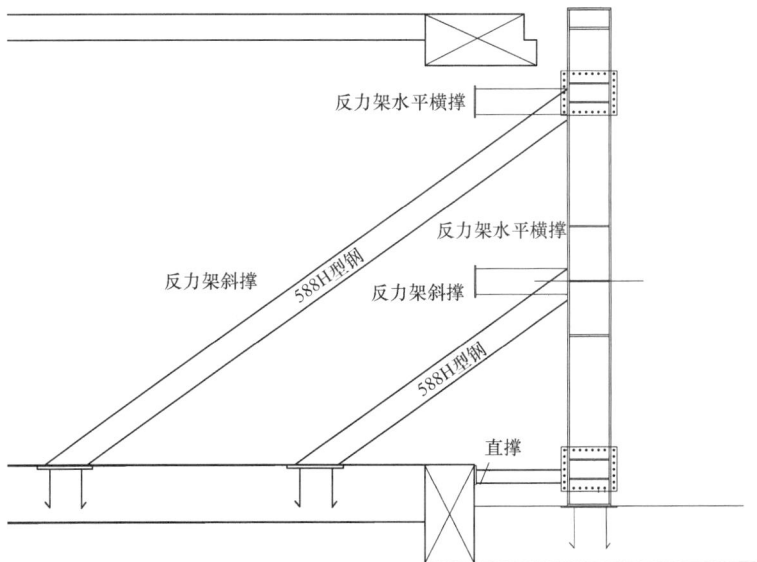

图 5-5　反力架加固示意图

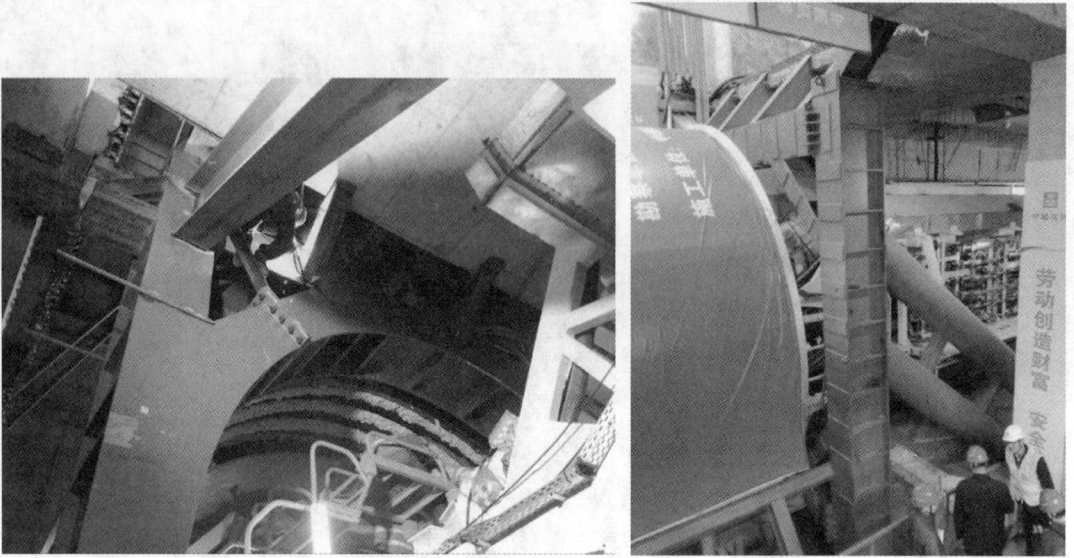

图 5-6 反力架实物示意图

5.3 质量控制标准与控制要点

1. 质量控制标准

（1）左右偏差：控制在 ±10mm 以内。

（2）高程偏差：控制在 ±10mm 以内。

（3）倾角偏差：控制在 ±2‰ 以内。

（4）盾构姿态与设计轴线竖直趋向偏差：小于 2‰。

（5）水平趋向偏差：小于 ±2‰。

2. 质量控制要点

（1）反力架支撑与车站结构的连接处不得有空隙存在，以免推进过程中造成反力架变形。

（2）反力架螺帽必须拧紧，连接牢固。

（3）所有焊缝必须饱满，不得漏焊、虚焊，焊缝高度不小于薄板厚度的 80%。

（4）H 型钢必须与反力架端面垂直，且 H 型钢两端中心不得偏心，确保 H 型钢轴向受力。

（5）盾构始发时必须派专人观察反力架支撑体系稳定情况，如有问题及时上报值班人员，再采取加固措施。

5.4 安全管理要求

1. 电工及钻孔作业人员具有相应的行业合格证或上岗证，并严格按照技术交底及相关规范要求进行施工作业。

2. 临时用电必须坚持"一机一闸一漏一箱"的原则，电缆、电线必须挂设整齐，严禁拖地、浸水。拆接线路（用电器）必须由专职电工操作。

3. 吊装工作开始前，应对起重运输和吊装设备以及所用索具、卡环、夹具、卡具、锚碇等的规格、技术性能进行细致检查，发现有损坏或松动现象，应立即调换或修理。起重设备应进行试运转，发现转动不灵活、有磨损的应及时修理。

4. 高空往地面运输物件时，应用绳捆好吊下。吊装时，不得在构件上堆放或悬挂零星物件。零星材料和物件必须用吊笼或钢丝绳、保险绳捆扎牢固后才能吊运和传递，不得随意抛掷材料物体、工具，防止滑脱伤人或意外事故。

5. 起吊构件时，速度不应太快，不得在高空停留过久，严禁猛升猛降，以防构件脱落。

6. 构件就位后临时固定前，不得松钩、解开吊装索具。构件固定后，应检查连接牢固和稳定情况，当连接确定安全可靠，才可拆除临时固定工具和进行下步吊装。

7. 吊装时，应有专人负责统一指挥，指挥人员应位于操作人员视力能及的地点，并能清楚地看到吊装的全过程。起重机驾驶人员必须熟悉信号，并按指挥人员的各种信号进行操作。指挥信号应事先统一规定，发出的信号要鲜明、准确。

8. 起重吊装的指挥人员必须持证上岗，熟悉吊装方案，作业时应与操作人员密切配合，执行规定的指挥信号。操作人员应按照指挥人员的信号进行作业，当信号不清或错误时，操作人员可拒绝执行。

9. 严禁使用起重机进行斜拉、斜吊和起吊地下埋设或凝固在地面上的重物以及其他不明重量的物体。

10. 重物起升和下降速度应平稳、均匀，不得突然制动。左右回转应平稳，当回转未停稳前不得反向动作。

11. 严禁起吊重物长时间悬挂在空中，作业中遇突发故障，应采取措施将重物降落到安全地方，并关闭发动机或切断电源后进行检修。在突然停电时，应立即把所有控制器按到零位，断开电源总开关，并采取措施使重物降到地面。

12. 在吊装过程中，安全管理专职人员需全程旁站，保证吊装安全。

13. 在施工过程中做好劳动防护，所有作业人员必须戴好安全帽、佩戴好手套等防护用品，高空作业时必须配好安全带。

14. 在高空作业时，防止小型物件（如榔头、钳子、钢管、钢筋等）掉落伤人。小型物件必须妥善保管。

6 盾构机下井组装与调试

【施工目的】

盾构机下井组装与调试作业应有计划、有组织地进行，以确保盾构机下井组装与调试有序、快速、安全并为盾构机始发和正常掘进提供状态良好的施工设备。

【施工依据】

1. 盾构区间工程施工设计图纸、车站施工设计图纸、盾构区间详细勘察报告、补充地质勘察报告、施工调查等资料。

2. 盾构机图纸及起重吊装作业规范、说明书（以直径 ϕ6250mm 复合式土压平衡盾构机为例）等。

3.《地下铁道工程施工质量验收标准》GB/T 50299—2018、《焊缝无损检测 超声检测 技术、检测等级和评定》GB/T 11345—2013、《建筑施工高处作业安全技术规程》JGJ 80—2016 等国家现行施工及验收规范、质量技术标准。

6.1 施工准备

6.1.1 技术及现场准备工作

1. 根据盾构机部件情况、现场场地条件，制定详细的盾构机下井组装方案。盾构机组装方案应完成相关评审流程以及吊装评审会，并在当地安监局完成相应备案手续。

2. 在盾构机正式下井之前，结合现场的场区的布置情况对吊车的站位、大件摆放、台车摆放及如何能方便吊车作业等工作进行详细的规划。根据施工情况、端头井位置情况及吊车参数模拟盾构机下井组装场地。

3. 盾构机下井施工前，应对端头加固承载力及进场道路承载力进行验算。

4. 在盾构机下井组装过程中容易出现机械伤害、高空坠落等安全事故，在施工过程中要编制专项安全应急预案，应对突发情况。

5. 在盾构机下井组装前，对吊装场地内的地下管线、建（构）物进行详细的调查和实地测量，对起吊范围地下管线和建（构）筑物进行保护或临时迁移，待施工完成后恢复。

6. 做好施工现场的消防工作，应配备一定数量的消防设备等。在下井组装过程中由于进出场设备较多，需做好安全保卫和领导值班制度，施工采取24h作业，防止设备或材料丢失。

7. 在盾构机组装前，由盾构制造厂对现场作业人员、项目管理人员进行系统的下井组装施工安排、组装顺序进行技术交底和安全交底。

8. 盾构机在地面存放及下井过程中要防止污染、防损伤等工作安排。盾构机在进入场地后需对盾构机进行检查和清理，对油管、水管的闷头进行复紧，防止油、污水在吊装过程中遗洒。

9. 在盾构机下井组装前对盾构始发井井下及井上场地进行清理，并严格按照测量程序，将托架、反力架的标高、中线及法线进行放线和复测。并结合洞门的实际尺寸对盾构机始发轴线进行适当调整。托架安装完成后，对其稳定性进行检查。

6.1.2 盾构机验收

1. 所有购置的标准定型产品，具有制造厂的产品合格证书及测试报告单。
2. 对盾构制造中的关键部件的钢材（板材、型钢），查验生产厂的质保书。
3. 盾构推进千斤顶试验验收。
4. 拼装机提升、平移、旋转、调节千斤顶试验验收。
5. 防止盾构后退的推进系统平衡阀二次溢流压力，应调到设计压力值。
6. 调节拼装机的回转平衡阀的二次溢流压力应调到设计压力值。
7. 液压系统、各非标制品的阀组，应按设计要求进行密闭性试验。
8. 未单独列项检验的部件，均应符合设计要求。

6.1.3 盾构机下井组装筹划

盾构机下井组装作业由技术人员根据组装任务编排组装进度计划。盾构机下井组装作业的主要实施队伍以盾构队为主体、机修班组和机加工班组配合的模式进行组织施工。盾构机吊装作业主要以吊装单位为主体，项目部进行配合工作，如：施工场地提供和人员配合，同时要做好过程的监督和检查工作。

6.1.4 机具设备及劳动力配备

1. 机具设备配置

盾构机下井组装与调试所需机具见表 6-1～表 6-3。

盾构下井吊装机具设备表（仅供参考） 表 6-1

序号	设备名称	数量	备注
1	起重吊车(1)	1 台	＞260t
2	起重吊车(2)	1 台	＞90t
3	100t 移动式液压泵站	1 套	含千斤顶
4	17m/φ65mm 钢丝绳	2 根	
5	7m/φ65mm 钢丝绳	4 根	
6	8m/φ39mm 钢丝绳	4 根	
7	各种型号扳手	/	
8	55t 卡环	6 只	
9	25m 消防绳	1 根	

盾构组装机具表（仅供参考） 表 6-2

序号	机具	数量	备注
1	二氧化碳气体保护焊机	2 台	焊接
2	碳刨机	1 台	含空压机
3	气割工具	6 套	含氧气、乙炔
4	10t 捯链	2 个	
5	5t 捯链	4 个	
6	1t 捯链	6 个	
7	盾构拆装专用工具	1 套	

专用工具表（仅供参考） 表 6-3

序号	名称	数量	序号	名称	数量
1	液压扭力扳手	1 把	15	空压机	1 台
2	液压泵站(1)	1 台	16	重型风动扳手	2 把
3	拉伸预紧扳手	1 把	17	1.5t 卧式千斤顶	1 台
4	液压泵站(2)	1 台	18	砂轮机	2 把
5	氧气乙炔割具	2 套	19	插线板	3 套
6	千斤顶	2 台	20	注脂管路	1 套
7	100t 推进油缸	2 根	21	活动楼梯	2 架
8	液压泵站(3)	1 台	22	液压工具	1 套
9	大撬棍	8 根	23	电工工具	1 套
10	小撬棍	8 根	24	枕木	30 根
11	2t 捯链	2 个	25	工字钢 20a 或 175H 钢	20m
12	5t 捯链	2 个	26	φ20mm 钢板	若干
13	1 捯链	6 个	27	电动扳手	1 台
14	电焊机	2 台			

2. 劳动力配置

劳动力配置见表 6-4。

劳动力配置表（仅供参考） 表 6-4

序号	工作岗位	数量	工作内容
1	队长	1人	全面负责下井组装与调试工作
2	机电工程师	1人	负责盾构机电安装与调试
3	机械液压工程师	1人	负责盾构机机械液压安装与调试
4	安全员	1人	负责安全工作
5	质量员	1人	负责质量监督检查工作
6	起重工	8人	负责盾构机吊装工作
7	电工	4人	负责机电安装工作
8	钳工	4人	
9	管道工	4人	
10	辅助工	8人	负责电力部分检修和维护
11	机械工人	2人	负责机械部分检修和维护

3. 工具管理

盾构机下井组装分为专用工具和通用工具，通用工具由物设部管理，其领用和归还需建立台账，实行随领随用、当日归还的制度。盾构专用工具由盾构队长安排机修人员管理，必须限制工具的使用人员及归还时间，每次交接班时均需进行清点，防止丢失。

6.2 主要施工工艺、方法与技术措施

6.2.1 施工工艺流程

盾构机下井组装与调试施工工艺流程如图 6-1 所示。

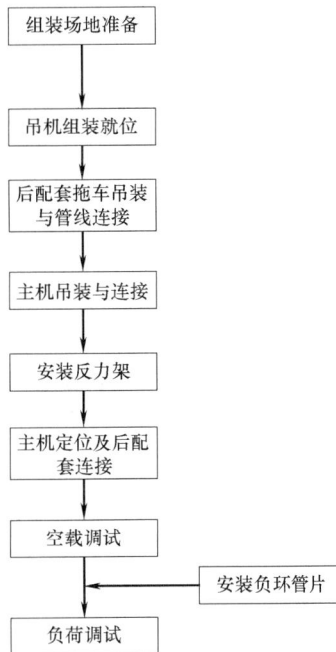

图 6-1 盾构机下井组装与调试流程图

6.2.2 施工顺序

盾构机组装场地分成三个区：后续台车存放区、主机存放区、吊机活动及支设区。盾构机按后续台车、主机依次进场组装。

凡不影响运输和下井工作的零部件，应连同各自的台车运输、下井。凡对下井有影响的台车零部件应拆下，在该车下井后，随即下井并按要求组装。盾构下井组装顺序见表 6-5。

盾构机下井组装顺序示意图   表 6-5

序号	步骤	施工顺序	说明
1	组装始发台、托架	 盾构支撑架吊装 盾构支撑架始发台	1. 盾构运输到施工场地。 2. 组装盾尾、焊接盾尾及盾尾密封刷。 3. 组装台车，临时托架吊入井内。 4. 洞内铺设轨道
2	组装桥架	 一号台车 二号台车 三号台车 四号台车 五号台车	1. 依次吊入第六、五、四、三、二、一节台车。 2. 进行桥架组装。 3. 桥架吊入井内
3	吊装螺旋输送机		1. 完成桥架与后配台车的连接。 2. 螺旋输送机吊入井内
4	吊装中盾	 中盾	1. 螺旋输送机后移。 2. 中盾吊入井内

序号	步骤	施工顺序	说明
5	组装前盾与中盾		1. 中盾后移。 2. 前盾吊入井内
6	组装刀盘		1. 前盾与中盾的连接及后移。 2. 刀盘吊入井内
7	组装管片拼装机、盾尾		1. 主机连接及前移。 2. 管片拼装机及盾尾吊入井内拼装及盾尾焊接
8	组装螺旋输送机		1. 螺旋输送机前移。 2. 螺旋输送机吊起及组装
9	设备连接及安装反力架		1. 连接各台车的管线。 2. 反力架吊入井内。 3. 安装反力架。 4. 盾构机设备的连接

序号	步骤	施工顺序	说明
10	完成组装,准备始发		1. 完成组装。 2. 盾构机调试,准备始发

6.2.3　盾构下井组装作业方法

1. 吊装托架与铺设轨道

始发托架下井后的中心与隧道中心在一条线上,与始发位置的要求尺寸完全符合,满足始发条件。在始发架上放置 6 块通用环管片,在管片上铺轨枕、钢轨,并使轨枕的轨距满足台车行走轮和电瓶车的尺寸。

2. 吊装及组装后续台车

盾构机 1 号~6 号台车采用起重吊机单机吊装,可以前后左右移动。为防止吊装时台车在空中摆渡大、抖动大的问题,用 4 根长度相等的钢丝绳在台车自带的四个吊耳上吊起,在起吊时应进行试吊,保证绝对安全后方可起吊;台车与钢丝绳线夹角约 70°,吊车通过旋转和起落臂杆缓慢移动到井口。吊车缓慢下钩,使台车就位,当台车与路轨接触后用电瓶车将其后移到需要的位置,用防滑楔楔住。先进行 6 号台车吊下井,接着进行 5 号台车吊下井用电瓶车后移到 6 号台车的位置,并把 6 号台车与 5 号台车用连接杆连接好,依次吊装 4 号、3 号、2 号、1 号台车。

3. 双梁的吊装

双梁吊装下井前应吊一节管片车下井,为了保证桥架后移方便,双梁下井后在管片车上焊接好钢支架方便安放双梁,满足支撑双梁的重量和后移的强度及刚度。双梁后移与 1 号台车连接。

4. 螺旋输送机下井

螺旋输送机吊装采用一台起重吊机,选择合适的位置系上 2 条起吊平衡索,将螺旋输送机吊下井组装。

5. 吊装中盾

中盾吊装选用 2 台起重机起吊(如:主吊为不小于 260t 起重吊机,副吊为不小于 90t 的起重吊机。具体起重吊机起重吨位的选用应根据起吊盾体重量进行计算确定),当平板车把中盾运至吊装区域,选择合适的位置系上 2 条起吊平衡索,先把盾构部件微微吊起,再提升主吊吊车一侧的 4 个吊点,慢慢放下副吊吊车一侧的 2 个翻身吊点,使部件翻至垂直位置,主吊通过旋转、起落臂杆把中盾缓缓吊到距始发井 1m 处停止,此时一定要保证中盾的水平和垂直及满足始发参数后缓慢放在始发架上。在盾体两侧上焊接牛腿,在托架上装上活动牛腿,用备好的 100t 的分离式液压千斤顶向后推到要求的位置。中盾吊装翻身与下井如图 6-2 所示。

图 6-2 中盾翻身完成与下井示意图

6. 吊装前盾

前盾吊装方式与中盾相同。用 100t 的分离式液压千斤顶将中盾推向车站端，保证前盾有足够的吊装空间。主吊车把前盾缓缓吊到距始发井 1m 处停止，此时一定要保证前盾的水平和垂直及满足始发参数后缓慢放在始发架上。在盾体两侧上焊接牛腿，推至中盾处与中盾进行组装。应满足前盾和中盾的机械装备图要求，即铰接销子定位和螺栓连接，组装螺栓必须按规定进行检测其扭矩。组装后，用 100t 的分离式液压千斤顶将前盾、中盾推向开挖端，保证刀盘的组装距离不小于 3.5m。盾构机前盾吊装下井如图 6-3 所示。

图 6-3 前盾吊装示意图

7. 吊装刀盘

在吊装井上安装好刀具和回转接头。刀盘起吊采用抬吊方式翻转刀盘（吊装方式与中盾相同）。主吊车将刀盘竖直吊稳下井后，将其慢慢靠向前盾，回转接头穿过主轴承，在土仓里焊接 2 个耳环，用 2 个 2t 的捯链拉住刀盘，把前盾和刀盘的螺栓孔位及定位销按机械装备图要求尺寸完全对准后，再穿入拉伸预紧螺栓，按拉伸力由低到高分两次预紧螺栓，组装螺栓必须装配图按规定进行检测其扭矩，预紧完毕后，再用液压扭矩扳手复紧一遍。盾构机刀盘起吊与下井安装如图 6-4 所示。

图 6-4　刀盘起吊与下井安装示意图

8. 吊装盾尾

盾尾的翻身与中、前盾同理，翻身完毕后才用 260t 吊车的副钩挂到该两盾体内部两点位，待盾尾下井达到拼装机上部时，用主副钩调整盾尾角度，使之避开拼装机干扰。吊装完成后与中盾之间预留 1m 位置的缝隙，为螺旋机的安装创造条件。

9. 组装螺旋输送机

把螺旋输送机推到需要吊点位置，主吊吊车按螺旋输送机的自身前后两吊点，基本按螺旋输送机组装的角度吊起来，缓慢地从拼装机的内圆斜插入，到一定的吊装位置解掉前吊点，再用捯链吊住螺旋输送机的前端（中盾的门架）的位置缓慢拉到前盾螺旋输送机法兰位置，把螺旋输送机的法兰和前盾的法兰螺栓孔位及定位销按机械装备图要求尺寸完全对准后，再穿入拉伸预紧螺栓，按拉伸力由低到高分两次预紧螺栓，连接螺栓必须依照装配图按规定进行检测其扭矩，预紧完毕后，再用液压扭矩扳手复紧一遍。

10. 工作平台安装

吊装工作平台，并用捯链配合对准装配螺栓孔位置，上紧连接螺栓。

11. 盾尾（上半部分）安装

采用主吊进行吊装，并定位、铰接。

12. 吊装反力架

采用吊机将反力架吊入井内，准确定位，并安装支撑构件。

13. 盾构组装

正确连接盾构机上的各种构件和管线等，确认无误后进行调试。盾构机全部下井和组装工作完成后，将盾体上的吊耳割除，并放入盾构机专用集装箱。盾构机下井后，安排管理人员进行值班，并检查盾构机情况，防止出现安全事故或盾构设备、电缆丢失的情况。

6.2.4　盾构机调试

盾构机调试主要按空载和负载两个阶段通过"盾构机故障诊断系统"排除各种系统故

序号	项目	允许缺陷尺寸(mm)	一类焊缝
4	电弧擦伤	不允许	
5	夹渣	不允许	
6	咬边	深≤0.5,连续长度≤100,两侧咬边累计长度≤10%焊缝全长	
7	表面气孔	不允许	
8	焊缝边缘直线度	在焊缝任意300mm长度内≤3.0	气体保护焊
9	对接焊缝	不允许	
10	焊缝余高	平焊0～3.0,立焊、横焊、仰焊0～4.0	
11	焊缝宽度	盖过每侧坡口宽度2.0～4.0,且圆滑过渡	
12	角焊缝	不允许	
13	焊脚尺寸偏差	$K<12+3$	
14	焊脚不对称	差值≤2.0｜0.15	
15	端部转角	连续绕角施焊	
16	组合焊缝焊脚	图纸未注明时$K=t/4$,且≤4.0	

注：1. δ—板厚；2. K—焊脚尺寸；3. t—腹板厚度。

6.3.2 质量控制措施

1. 施工前组织有关人员熟悉图纸、方案，并进行技术交底。

2. 维护和维修工作只能由受过培训、掌握正确的技术、技巧和知识的人员来担任。

3. 在用水、高压清洗器清洗盾构机时，要对所有电气部分进行覆盖，清洗完后，要取掉覆盖物。

4. 在对盾构机进行焊接作业中，严禁焊接电流经过液压部件和轴承以及电气元件。

5. 在维护时不得随意更改和调整各电气和液压系统安全装置的安全值，禁止进行任何会影响盾构机控制系统的电气或液压系统性能的作业。

6. 各种后备套设备的维修保养必须按照说明书要求的正确操作，机修人员在没有仔细阅读维修保养说明书之前不能野蛮作业。

7. 机具使用前应重新检查其机械性能，确保符合使用要求。

6.4 安全管理要求

1. 机械安全防范措施

（1）严禁无证人员上岗进行机械操作。

（2）机械操作人员严格按照操作规程运作机器，不得违规操作。

（3）机械操作司机对机械的各个传动部分、操作控制部分经常检查，发现异常情况必须马上报告设备部门及有关人员维修，严禁行车带病工作。

（4）在机械运作范围内严禁非机械操作人员滞留。

（5）机械设备在施工现场停放时，选择安全的停放地点，夜间专人看管。

（6）定期组织机电设备、车辆安全大检查。

2. 起重作业安全防范措施

（1）吊运机械使用前对钢丝绳、卡具、捯链等进行检查验收，符合要求时才使用。

（2）起重挂钩工必须掌握统一规定信号、手势的表达，做到正确、规范和清楚，作业时必须鸣哨。

（3）起重挂钩工必须在上班前严格检查吊运使用的钢丝绳、索具、卸扣，发现不符合安全使用规定的索具、卸扣立即更换。

（4）起重挂钩工必须严格执行"十不吊"并遵守"吊物下严禁站人"制度。各种起重机械起吊前，进行试吊。

（5）吊运散件必须用索具及箱体，吊运检查安全可靠后，方可进行吊运工作。

（6）起吊重物时，吊具捆扎牢固，以防滑脱。

（7）夜间施工有充足的照明，遇到暴雨、大风、地面下沉等情况时停止吊运。

3. 组装作业安全措施

（1）加强用电管理，所有用电施工由专职电工执行。

（2）安装反力架及焊接注浆壳等高空作业必须系安全带。

（3）轨道架设必须牢固，确保台车过站时设备的安全。

（4）按操作规程要求对盾构机各个系统进行检查，严禁违章检验、违章操作。

（5）加强盾构机及台车组装时的消防工作。杜绝因电焊、氧气焊、电气等原因引起的火灾。盾构机组装期间对灭火器材进行检查，对失效及功能损坏的进行更换。

（6）每节台车两侧各设一灭火器，盾构队人员分工负责。

7

盾构隧道负环管片安装与拆除

【施工目的】

盾构隧道负环管片是在反力架和盾构机千斤顶之间安装，提供盾构机掘进反力的临时结构，负环管片的安装和加固，是盾构机始发前的一项重要的准备工作。负环的拆除，是盾构机掘进过程中的必要工序。

【施工依据】

1. 盾构区间工程施工设计图纸、盾构区间详细勘察报告、补充地质勘察报告、周边环境调查等资料。

2. 《混凝土结构工程施工质量验收规范》GB 50204—2015、《钢筋焊接及验收规程》JGJ 18—2012、《混凝土质量控制标准》GB 50164—2011、《预制混凝土衬砌管片》GB/T 22082—2011、《盾构隧道管片质量检测技术标准》CJJ/T 164—2011 等国家现行施工及验收规范、质量技术标准。

7.1 施工人员与设备配置

7.1.1 负环安装人员设备配置

负环管片安装人员配置见表7-1、设备配置见表7-2。

负环安装人员配置 表7-1

序号	工种	数量	备注
1	值班工程师	2	负责负环拆除工作协调、管理
2	盾构司机	2	负责盾构机的推进
3	安全员	2	负责负环拆除安全工作的监督和管理
4	龙门吊司机	2	负环管片安装过程中的吊装
5	信号工	1	吊装作业指挥
6	司索工	2	吊装作业挂钩
7	电焊工	2	负责始发架、反力架、负环安装过程中的电焊气割工作
8	电工	2	始发井口范围的管线拆除和恢复
9	管片拼装手	4	负责负环管片安装
10	杂工	10	负责井口清理、材料运输、管片加固等工作
11	合计	29	

负环安装设备配置 表7-2

序号	名称	规格	单位	数量	备注
1	履带吊	260t	台	1	始发基座、反力架吊装下井
2	龙门吊	16t	台	1	管片吊运下井
3	空压机	V-0.6-10	台	1	拆卸反力架连接螺栓
4	电瓶车	100t	台	1	井下材料水平运输
5	钢丝绳	φ24mm	条	8	备用1条
6	卸扣	M-4W5 10t	个	5	备用1个
7	方钢	2000m长、70mm宽	条	4~8	
8	三角木楔	150mm×100mm 300mm×250mm	块	30	
9	氧气乙炔		套	1	井下切割
10	气割工具		套	1	
11	电焊机		台	1	
12	对讲机		台	3	

7.1.2 负环拆除人员设备配置

负环管片拆除人员配置见表7-3、设备配置见表7-4。

负环拆除人员安排　　　　　　　　　表 7-3

序号	工种	数量	备注
1	值班工程师	4	负责负环拆除工作协调、管理
2	安全员	2	负责负环拆除安全工作的监督和管理
3	普工	16	按照部署进行负环拆除具体工作
4	龙门吊司机	2	负环管片拆除过程中的吊装
5	信号工	1	吊装作业指挥
6	司索工	2	吊装作业挂钩
7	焊工	2	负责负环管片拆除过程中的焊接与气割工作
8	电工	2	始发井口范围的管线拆除和恢复
9	合计	31	

负环拆除设备安排　　　　　　　　　表 7-4

序号	名称	规格	单位	数量	备注
1	钻机	GBH2-28D	台	1	破除管片吊装孔
2	龙门吊	16t	台	1	始发井吊出管片
3	空压机	V-0.6-10	台	1	拆卸反力架连接螺栓
4	叉车	10t	台	1	将吊出管片转移到堆放场地
5	钢丝绳	$\phi 24mm$	条	5	备用 1 条
6	卸扣	M-4W5 10t	个	5	备用 1 个
7	手拉葫芦	10t	个	2	备用 1 个
8	氧气乙炔		套	1	
9	吊环	自制	个	6	
10	气割工具		套	1	
11	焊机		台	1	
12	对讲机		台	3	

7.2　负环安装主要施工工艺、方法与技术措施

7.2.1　施工工艺流程

为保证负环及反力架受力、传力的良好，负环均采用全环错缝拼装。负环管片安装工艺流程如图 7-1 所示。

7.2.2　准备工作

1. 盾构机下井安装调试完毕。
2. 始发架、反力架定位安装完毕，反力架经过探伤检测合格，并出具检测报告。
3. 负环管片经过进场验收，其结构和受力性能满足施工要求。

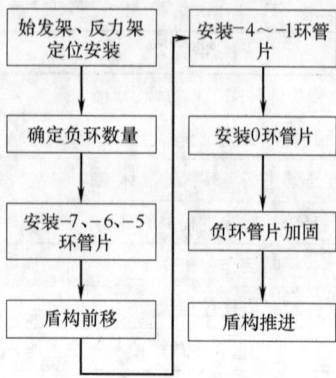

图 7-1　负环管片安装工艺流程图

4. 盾构始发接收安全专项施工方案经过专家论证。

5. 对操作人员进行了技术交底及培训，未经培训合格者，不得上岗，特殊工种应持证上岗。

7.2.3　原材料要求

盾构管片进场应有产品质量证明文件，并按国家现有标准规范在现场进行复验。质量符合国家现行标准和所承建工程的设计要求。

7.2.4　安装始发托架和反力架

在拼装负环管片之前，必须先完成始发架及反力架的定位和安装工作，严格控制始发架、反力架和负环的安装精度，确保盾构始发姿态与设计线路基本重合。

7.2.5　负环管片数量确定

假设盾构始发井长度为 L_1，根据以往施工经验，反力架支撑体系到车站始发井边缘位置距离一般小于 1.5m。因此：

$$0<L_1-(1.5n+反力架宽度+0\ 环管片外伸长度)<1.5$$

其中：n 为负环管片环数，0 环管片外伸长度（一般为 1m 左右）。

由此可计算出负环管片的数量。如成都轨道交通 11 号线车站端头井设计，负环数量一般为 8 环（−7 环～0 环）。负环管片安装侧视图如图 7-2 所示。

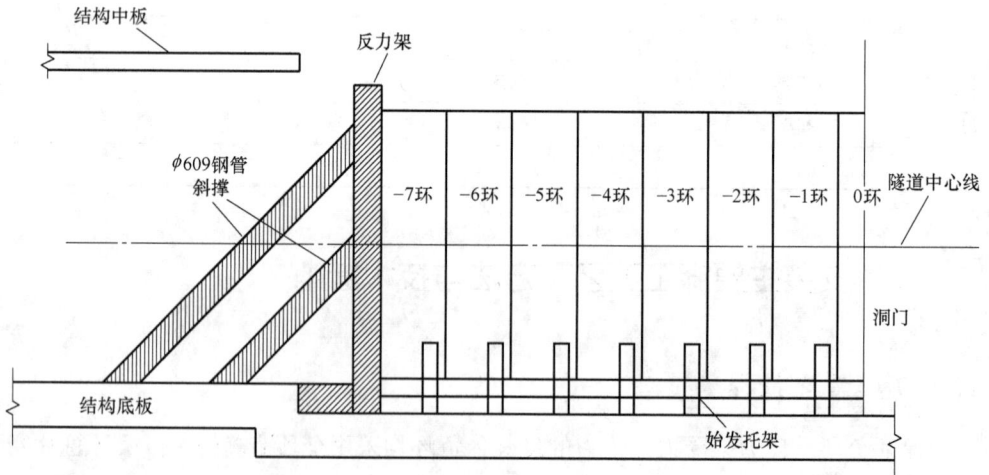

图 7-2　负环管片安装侧视示意图

7.2.6　负环安装准备工作

为保证负环管片中线符合设计隧道轴线以及防止负环管片失圆，负环管片全部采用错缝拼装，管片形式根据隧道轴线选择确定。

根据联络通道位置管片的拼装点位，可推断出各负环的安装点位。

在安装负环管片前，在盾构机盾尾内安设 4～8 根高度 90mm、宽度 70mm、长度 2000mm 的硬质型钢（或角铁夹方木）以保证盾尾间隙，如图 7-3 所示。等待盾构机完全进入洞内，洞口开始进行同步注浆时，将方钢拆除，防止管片将盾尾刷顶坏。

图 7-3 盾尾内放置型钢

—7～—1 环管片只粘贴丁腈软木橡胶板（纵缝）和软木衬垫（环缝），不粘贴止水条和自黏性橡胶薄片，管片连接螺栓也不需加遇水膨胀橡胶圈，从 0 环开始必须正常使用防水材料。

7.2.7 负环管片安装

负环管片采用标准环，错缝拼装，负环管片拼装点位一般采用封顶块在 11 点、1 点两个点位交替进行拼装。11 点位负环管片拼装如图 7-4 所示。

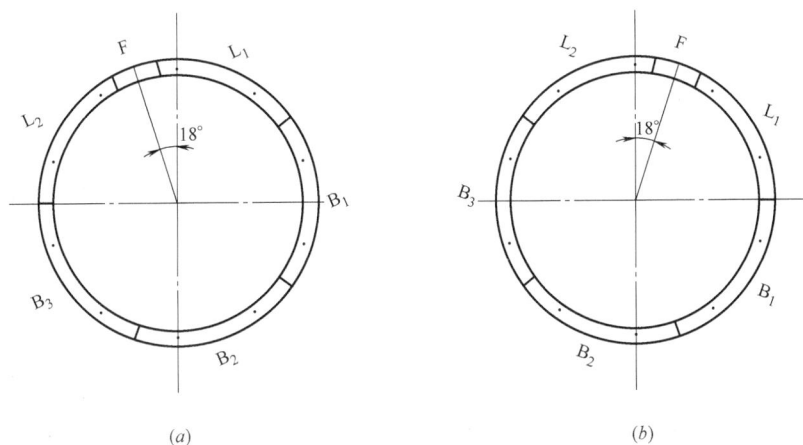

(a)   (b)

图 7-4 负环管片拼装示意图

(a) 封顶块（F）在 11 位点；(b) 封顶块（F）在 1 点位

以 1 点位拼装为例，负环管片安装步骤如下：

1. 将操作盘上的掘进模式转换为管片拼装模式。

2. 收回第一块管片（B_2）安装区域内的千斤顶。

3. 管片拼装机卡住管片输送上的管片后经旋转和平移，将第一块管片（B_2）送到安装位置。

4. 将第一块管片（B_2）与上一环在径向和环向对齐后，利用管片拼装机纵向移动压缩到位。

5. 此时用水平尺将第一块管片与上一环管片精确找平。

6. 伸出千斤顶，插入并拧紧纵向螺栓。

7. 松开管片拼装机，准备起吊第二块管片（B_1）。

8. 收回第二块管片（B_1）安装区域的千斤顶。

9. 第二块管片（B_1）与上一环管片和第一环管片大致对准后，并微调对准各螺栓孔。

10. 伸出千斤顶，插入并拧紧纵向螺栓。

11. 同样方法安装第三、四、五块管片（B_2、L_1、L_2）。

12. 第四、五块管片为封顶块的相邻块（L_1、L_2），为保证封顶块（F）的安装净空，安装第五块管片时一定要测量两相邻块前后两端的距离（误差小于＋10mm），并保持两相邻块的内表面处在同一圆弧面上。

13. 封顶块先径向居中压入安装位置，搭接长度不小于 1.2m（故一般要求千斤顶行程大于 1800mm 时才停止掘进），调准后再沿纵向缓慢插入。如遇阻碍应缓慢抽出后进行调整。严禁强行插入和上下大幅度调整，以免损坏或松动止水条。

14. 伸长千斤顶，插入并拧紧纵向和环向螺栓。

15. －7 环拼装完成后，将操作盘上的管片安装模式转换成掘进模式，通过推进油缸将管片推出盾尾，与基准环连接，并复紧螺栓。

16. －6 环与基准环连接完毕后，将操作盘上的掘进模式转换为管片安装模式，收回千斤顶，安装－5 环负环管片。

17. 按照－6 环的拼装顺序进行－5 环的拼装。

18. 按照以上安装顺序依次进行剩余负环的安装。

7.2.8 负环管片加固

图 7-5 负环管片木楔支撑

1. 由于始发架轨道与管片外侧有 125mm 的空隙，为了避免负环管片全部推出盾尾后下沉，管片从盾尾密封刷脱离后，将 150mm×100mm 的三角木楔楔进负环与支撑架之间的空隙内，每环管片左右两侧各楔 3 个木楔。如图 7-5 所示。

2. 防止管片扭转，每一环采用 1 根 16mϕ18mm 的钢丝绳绕过负环管片顶部，将绳头分别留在支撑架左右两侧，每个绳头上穿上紧线器，将紧线器的另一端挂在支撑架的吊耳上，旋转紧线器，将钢丝绳拉紧。

盾构机继续向前掘进，重复上述步骤，直至盾尾进入洞门后，将负环管片全部用钢丝绳固定。如图 7-6 所示。

图 7-6　负环管片钢丝绳加固示意图

3. 安装负环紧固架

先将负环紧固架吊入盾构始发井内，用 M20 螺栓将负环紧固架分别与左右支撑架连接在一起，然后吊入纵梁与紧固架用 M16 螺栓连接。

4. 加三角木楔

在纵梁与负环管片的空隙内楔入 300mm×250mm 的三角木楔，每环负环管片左右两侧各楔入 3 个木楔。负环管片加三角木楔如图 7-7 所示。

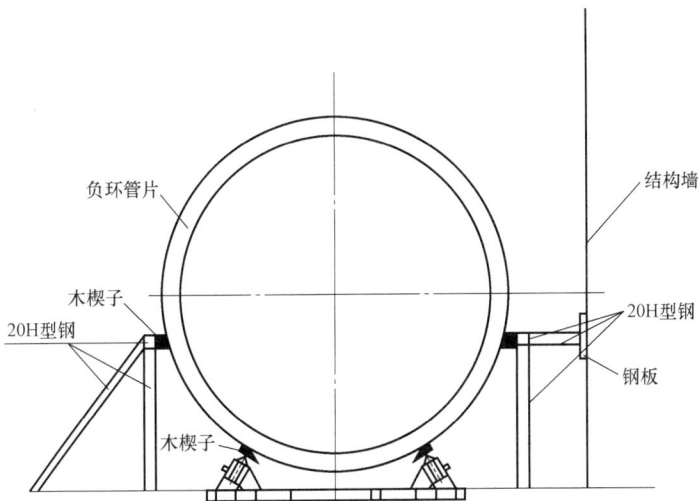

图 7-7　负环管片加固示意图

7.2.9 盾构正常掘进

负环安装加固完成后，盾构可进行正常掘进。

7.3 负环拆除主要施工工艺、方法与技术措施

7.3.1 施工工艺流程

负环拆除施工工艺流程如图 7-8 所示。

7.3.2 负环拆除的条件

负环拆除的受力条件为已拼装成型隧道管片的摩擦阻力（F）大于盾构实际推力（F_1）。拆负环管片时以拼装管片与土体的摩擦力计算见下式：

$$F=\mu\times\pi\times L\times D\times P$$

式中　μ——土体与管片的摩擦系数；

D——管片外径（m）；

L——已拼装的隧道长度（m）；

P——作用于管片背面的平均土压（kPa）。

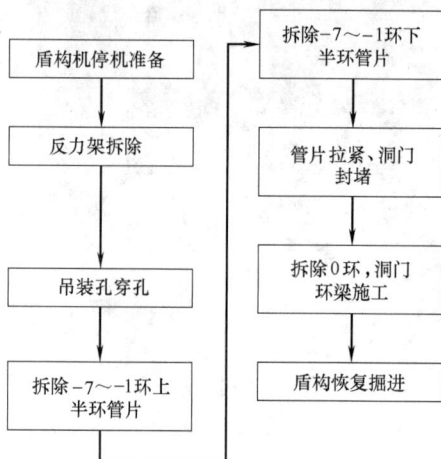

图 7-8　负环拆除工艺流程图

7.3.3 盾构机停机

盾构机停机前后应做好如下工作：停机保压、停风断电、拆除管线、管片加固、二次注浆。

1. 停机保压

因负环正式拆除时间约为 2d，按照盾构机掘进管理要求，盾构掘进停机超时 12h 以上必须要做以下准备工作：

（1）停机前做好相关策划，尽量选择稳定地层停机。

（2）停机前要将土仓内全部填满（或添加膨化好的膨润土）。

（3）停机前掘进不小于 0.8m 范围内同步注浆材料宜采用惰性浆液（无水泥）。

（4）砂卵石地层停机前掘进 0.8m 范围内采用泡沫加膨润土的渣土改良，尽量增加膨润土浆液使用量。

（5）停机后盾体外侧尽快注入 5~10m³ 膨润土浆液。

（6）停机时要做好注浆管路的清洗工作，并注入适量的膨润土浆液，以防管路堵塞；对土仓压力进行监控，并补注适量盾尾油脂和主轴承密封脂。

（7）停机前宜将铰接油缸行程收到 0.7m 左右。

2. 停风断电

（1）负环拆除前，因负环拆除原因需要停风时必须提前提出申请，逐级上报。因负环拆除停风时间超过 30min，需由当班人员报生产副经理审核后，由驻地监理报监理组长批准实施。停风前必须确保洞内所有人员已经撤离，并切断电源。

（2）有瓦斯隧道，停工期间必须切断洞内施工电源（除通风、照明外电源），撤出所有施工机械设备，洞口设置栅栏与警告牌，严禁人员（瓦检员除外）进入。

（3）瓦斯隧道停工期间必须设置专人值班，并进行经常性瓦斯人工检测，检测频率要求不低于 1 次/180min。

（4）针对瓦斯隧道，瓦检员检测隧道瓦斯浓度超过 0.5％时，立即上报施工单位项目负责人，施工单位应制定相应措施进行处理。

（5）复工前，相应工区作业人员应受到安全再教育，方能继续从事生产作业。

（6）复工前，施工单位应在监理单位的监督下，对全隧瓦斯浓度进行检测，瓦斯浓度不超过 0.5％时方可恢复生产。

3. 拆除管线

在拆除负环前，将负环内部水管、走道板、支架进行拆除，盾构高压电缆采取保护措施，避免负环拆除过程对电缆及水管的材料造成影响，同时也确保拆除作业施工时不会对其造成影响。

4. 管片加固

为了防止负环管片拆除后，相邻的管片失去挤压力出现松动，影响管片的防水效果，所以在负环管片拆除前，对 1~10 环所有螺栓进行再次紧固；按设计要求对洞门内 10 环范围内，环向布设 3 道 14b 槽钢进行纵向拉紧加固，待后浇环梁浇筑后再进行拆除。

5. 二次注浆

拆除 0 环和接收环管片之前，对洞门所处地层进行注浆加固，封堵地下水道，以保障管片拆除及洞门施工期间的安全。注浆施工方法如下：

注浆施工前先对注浆段管片螺栓紧固情况进行检查并复紧，同时对管片错台情况进行记录，检查完毕后开始注浆止水施工。洞门注浆止水范围为邻近拆除环 5 环范围管片（不含拆除环）。注浆利用管片吊装孔（F 块吊装孔除外）进行，即每环管片设置 5 个注浆孔。止水注浆采用双液浆，水泥采用 42.5R 普通硅酸盐水泥，水灰比 1:1；水:水玻璃 1:1（体积比）；水泥浆:水玻璃 1:1（体积比），注浆压力 0.25~0.3MPa，水灰比和注浆压力可根据现场施工情况进行调整。注浆按从隧道内向洞门的次序依次进行，注浆采用对称注入的方式，注浆时同时打开两个吊装孔，一孔注浆、一孔排水泄压，注浆至另一排水孔流出大股浆液为止，则封堵注浆口。注浆过程中安排专人对管片变形情况进行监控，观察管片有无异常变化，避免因注浆压力过大对管片造成损伤。

7.3.4 反力架拆除

1. 先将钢丝绳固定至负环管片的上半部分，使钢丝绳处于拉紧但不受力的状态，拆除上部分反力架与管片的连接螺栓，拆除完成后即吊至地面。上部分反力架拆除如图 7-9 所示。

2. 按照上述方法拆除反力架下半部分基准环，直至吊出地面。

3. 将钢丝绳固定至顶横梁的吊点处，使钢丝绳处于拉紧但不受力的状态，再拆除顶横梁与两个立柱之间的螺栓，拆除完成后吊至地面。

4. 先拆除左侧立柱，同样先将钢丝绳固定在立柱的吊点处，同样使钢丝绳处于拉紧但不受力的状态，再拆除支柱与底座的螺栓，然后再吊至地面。反力架左侧立柱拆除如图7-10 所示。

图 7-9　上部分反力架拆除示意图

图 7-10　反力架左侧立柱拆除示意图

5. 按照 4 所叙述的方法，拆除右侧立柱。

6. 最后将钢丝绳固定在反力架底座的吊点处，待确认后固定好后，将底座吊至地面。反力架拆除施工工艺流程如图 7-11～图 7-14 所示。

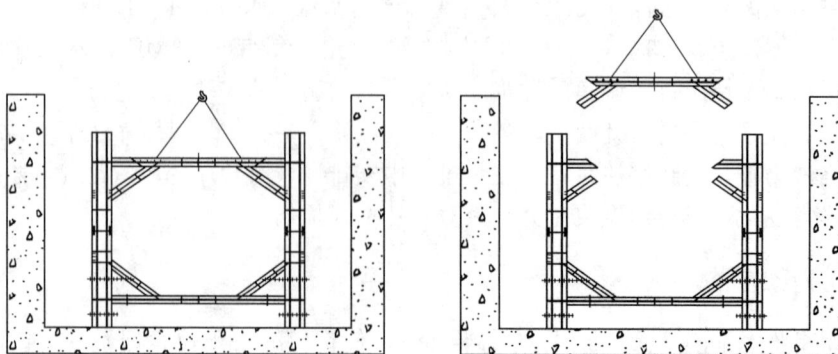

图 7-11　反力架顶横梁拆除步骤

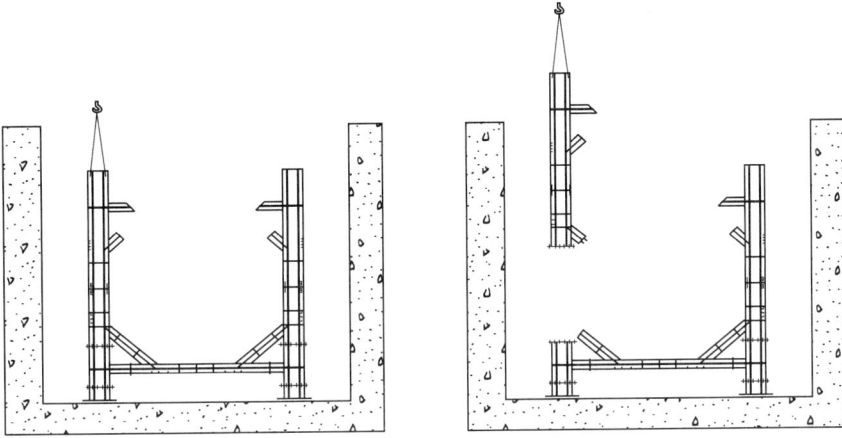

图 7-12   反力架左侧立柱拆除步骤

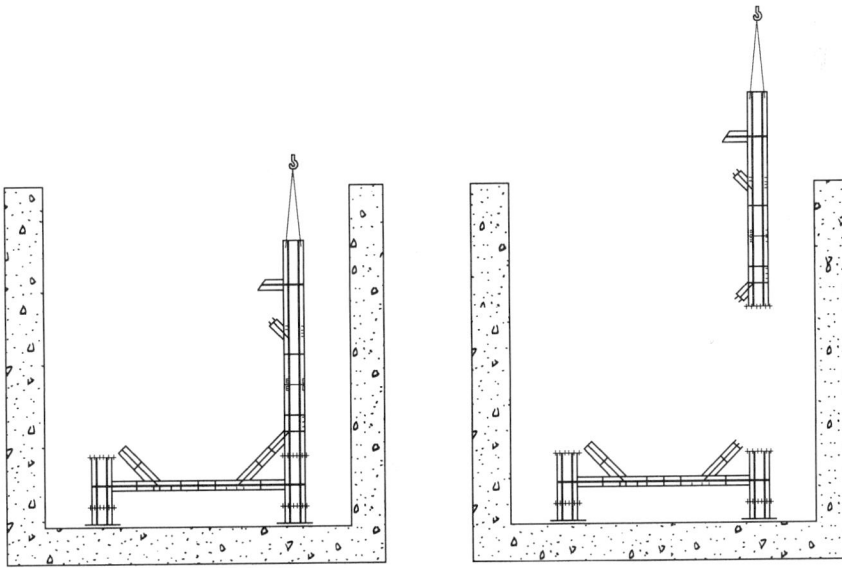

图 7-13   反力架右侧立柱拆除步骤

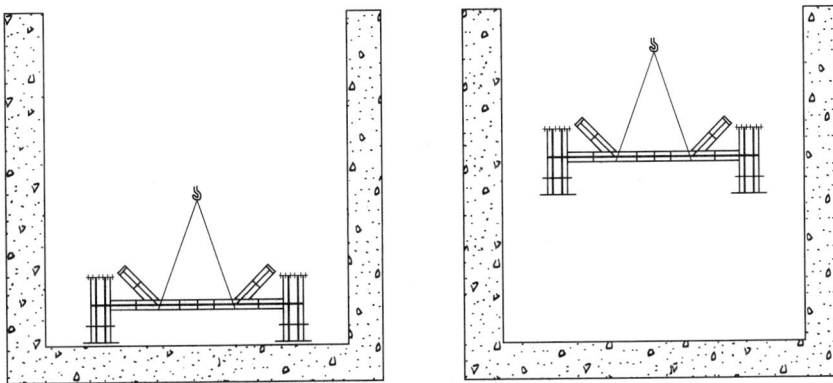

图 7-14   反力架底基座拆除步骤

7.3.5 负环拆除

1. 拆除－7～－1 环

（1）将加固负环管片的钢丝绳及木楔块拆除（拆除一环，只能拆除相应一环的钢丝绳及木楔，不可同时将所有负环的钢丝绳和木楔拆除），并将始发试掘进前在管片内铺设的轨道、循环水管等拆除，注意保护高压电缆不被损伤。

（2）负环管片拆除采用整体分块拆除方式，由－7 环向－1 环拆除；负环拆除所遵循的原则为："由上至下，左右均匀"。负环管片拆除环向顺序如图 7-15 所示。

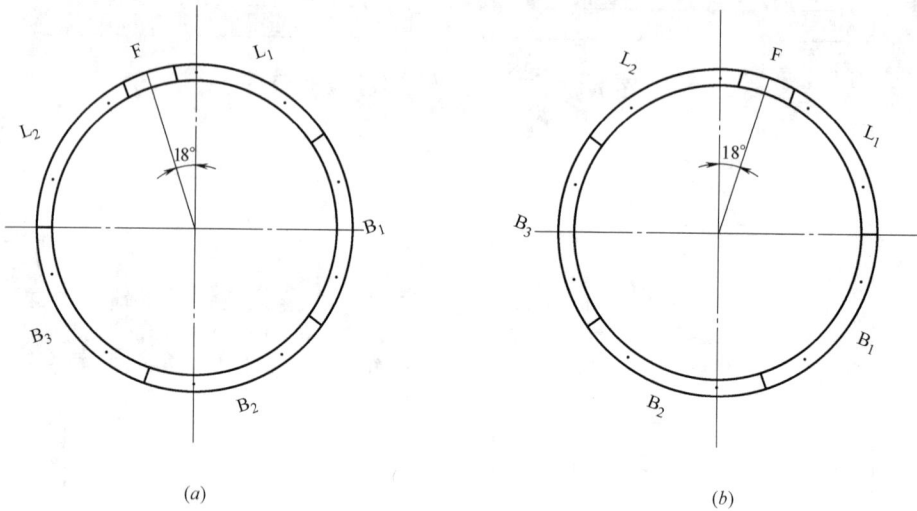

图 7-15　封顶块在 11 点位、1 点位的管片拆除顺序示意图

（a）拆除顺序：F+L₁→L₂→B₁→B₃→B₂；（b）拆除顺序：F+L₂→L₁→B₃→B₁→B₂

（3）封顶块在 11 点位的管片拆除顺序为：$F+L_1 \rightarrow L_2 \rightarrow B_1 \rightarrow B_3 \rightarrow B_2$。

1）L_2、F 块拆除后，因为 L_1 块在最上部，所以再拆除 L_1 块，再按顺序依次拆除 B_3 块、B_1 块，最后拆除 B_2 块。

2）在拆除 B_3 块时，用特制吊装螺栓安装在 B_3 块上部吊装孔进行吊出。连接螺栓取出办法和拆除 L_1 块时相同。

3）拆除 B_1 块，拆除方法和拆除 B_3 块相同。

4）最后拆除 B_2 块，因为 B_2 块在最底部，拆除方法和拆除 B_1 块相同。

（4）封顶块在 1 点位的管片拆除顺序为：$F+L_2 \rightarrow L_1 \rightarrow B_3 \rightarrow B_1 \rightarrow B_2$。

1）与拆除封顶块在 11 点位的管片方法类似，仅 L_2 块、B_1 块和 B_3 块的拆除顺序有些不同。

2）L_1、F 块拆除后，因为 L_2 块在最上部，所以再拆除 L_2 块（－5、－3、－1 环管片的 F 块在 1 点钟位置，如图 7-16 所示），再按顺序依次拆除 B_1 块、B_3 块，最后再拆除 B_2 块。

3）在起吊管片时，为避免管片摆动，缓慢起吊，注意控制方向及摆动幅度。

图 7-16　一4 环邻接块拆除示意图

2. 拆除 0 环

以封顶块在 1 点位为例，说明拆除 0 环的方法：

0 环管片 0.7m 嵌入车站侧墙内，0.8m 在车站侧墙外，管片环宽 1.5m，在吊装孔需凿穿作为吊点。盾构出洞时，会根据盾构机实际掘进情况进行确定，保证管片在出洞时洞门控制在不小于 400mm，且不大于 700mm 范围内，具体情况会根据出洞时针对洞内管片实际拼装情况完善盾构出洞段管片排版，以保证出洞时不会再次切割管片或者拆除管片，避免增加不必要的风险源。

（1）把 F 块和 L_1 块外部的砂浆凿除后，将 F 块和 L_1 块的吊装孔凿穿，用特制吊装螺栓穿过吊装孔，用于起吊。手拉葫芦的一端与管片相连，另一端通过钢丝绳固定在中板结构柱上。拆除时，吊装区域所有人员必须撤到安全区域，才能进行吊装工作。

（2）使手拉葫芦处于拉直但不受力状态，竖向起重设备将钢丝绳收紧但不受拉力状态后，拆卸环向、纵向连接螺栓。

（3）此时手拉葫芦开始加力将管片缓缓拉出，同时起重设备将竖向钢丝绳缓慢收紧，待竖向钢丝绳达到垂直完全受力时，将 F 块和 L_1 块吊出。

（4）F 块和 L_1 块拆除完成之后，0 环其余剩余管片约束力减小，0 环下半部分拆除时直接使用起重设备将管片分块吊起，起吊步骤与负环管片类似，先将钢丝绳绷直再拆除横向和纵向螺栓，吊起过程中人员应远离。

（5）L_1 块拆除完成之后，0 环其余剩余管片整环束力减小，按照从上至下的顺序，分别拆除 L_1 和 F、B_1、B_2、B_3 块管片，具体拆除方法：用特制的吊装螺栓安装在管片的纵向螺栓孔上，再将特制吊装螺栓装在起重机的钢丝吊绳上。缓慢起吊钢丝绳，使钢丝绳处于拉直但管片不受拉力状态；同时将管片吊装孔打通，用特制的吊具配合 10t 的捯链将管片拉住，在确认吊具、卸扣全部安装好后，再卸除管片环、纵向连接螺栓螺母，缓缓起吊。0 环管片拆除如图 7-17 所示。

3. 始发基座拆除

（1）拆除盾构基座的延伸轨道。

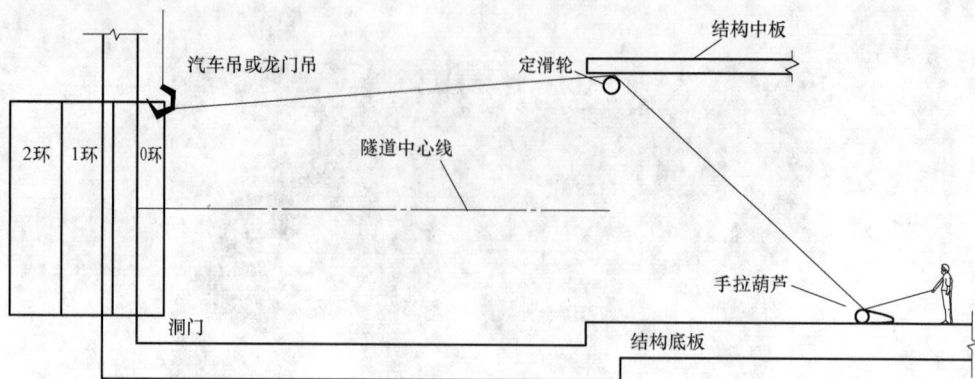

图 7-17　0 环拆除示意图

（2）清理盾构基座周围淤积的泥浆。

（3）将盾构基座整体吊离始发井。

（4）清理始发井。

7.3.6　洞门环梁施工（或隧道贯通后施工）

在 0 环拆除完成后，需进行洞门封堵和洞门环梁施工，其施工工艺流程如图 7-18 所示。

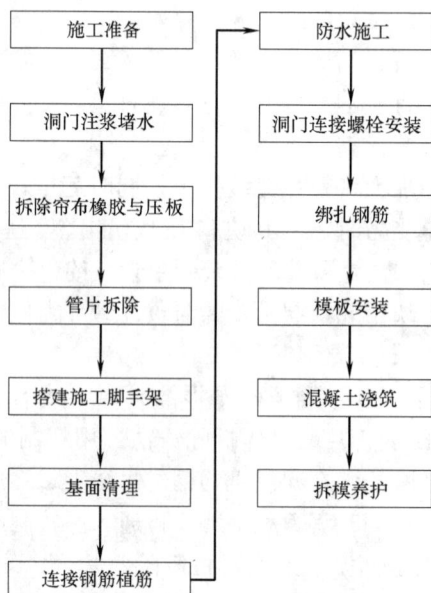

图 7-18　洞门环梁施工工艺流程图

7.4　质量控制标准与控制要点

7.4.1　负环安装、加固质量控制标准及要点

1. 在进行始发基座定位时，要严格控制始发基座的安装精度，确保盾构始发姿态与设定线路重合。始发台、三角支撑、反力架等始发设施一定要加工牢固，防止在盾构始发的过程中因盾构的推进及盾构刀盘的扭转产生变形。

2. 始发前应在基座轨道上涂抹油脂，减少盾构推进阻力，在盾构刀盘外圈、外圈刀具和帘布橡胶板上涂抹油脂，避免推进时刀具损坏洞门帘布橡胶板。

3. 在安装负环管片阶段，由于围护结构和加固后的地层强度较高，盾壳与地层间基本无摩擦力，盾构始发容易发生刀盘摆动和盾构扭转。始发掘进时采用低推力、低转速、低速度向前推进，减小盾构扭转和摆动幅度，加强盾构姿态检测，必要时刀盘反转纠偏，同时在盾构上焊接防扭桩防止盾构始发时扭转，在盾构推进过程中对即将进入洞口的防扭支座割除打磨，以免损坏帘布密封。

4. 对进场负环管片进行严格检查，有破损裂缝的管片禁止进场。下井吊装管片和运送管片时应注意保护管片和防水密封条，以免损坏。管片安装质量应以满足设计要求的隧道轴线偏差和有关规范要求的椭圆度及环、纵缝错台标准进行控制。

7.4.2　负环拆除质量控制标准及要点

1. 施工前组织有关人员熟悉方案以及进行技术交底。

2. 机械设备、机具使用前应重新检查其机械性能，确保符合使用要求。

3. 自制圆钢吊耳在进场使用前，需进行试吊试验，确保自制圆钢吊耳合格后方可使用。

4. 负环管片拆除，必须按照方案中的拆除顺序逐环逐片拆除，除封顶块与位置较高的邻接块可同时吊装外，严禁一次吊运多片管片。

5. 负环管片拆除后，应做好管片的存放保护工作，以便周转使用。

7.5　安全管理要求

1. 负环安装安全管理要求及控制要点

（1）在施工前对工人进行安全教育及安全交底，培训重点内容为管片的吊装、运输及管片拼装机的操作等，使每位参加施工人员明确其施工方法和工艺流程。

（2）管片吊装过程中，一次吊机和二次吊机应设专人操作，严禁吊物与盾构机碰撞，严禁吊物下方站人。

（3）管片拼装机只能由管片拼装手操作，其他人未经允许不得进行操作。

（4）管片拼装手在开动管片拼装机前必须看清楚管片拼装机周围的情况，在保证周围人员和油管及其他设备安全的情况下才能开动。

（5）管片在被管片拼装机抓住吊起前，拼装手必须检查拼装头是否上紧，看清管片的

型号，然后把管片运到合适的位置。

（6）管片吊起后，拼装手必须控制好速度，把管片安全的运送到将要拼装的位置，然后进行拼装。

（7）拼装过程中，拼装手要站在有利的位置看清管片的主要位置，看不到的位置要与其他拼装人员配合，同时要保证不把止水条碰坏，保证错台在 5mm 以内。

（8）管片被千斤顶顶住后，如果要对管片进行微调必须把推进千斤顶收回后进行调整。

（9）管片拼装好后，拼装手必须将管片拼装机返回原位再关闭管片拼装机。

（10）在拼装过程中如遇到紧急情况必须及时向现场维修工程师或盾构主司机汇报，进行紧急处理。

（11）盾构机始发时负环管片周围没有约束，必须在管片四周尽可能地加上各种支撑，保证盾构机向前推进时负环管片不会失稳。

（12）管片吊车在吊钢轨、轨枕、轨排时，人要远离重物，禁止站在重物下。

（13）在管片输送机后部进行铺轨作业时，要注意列车、管片吊车和管片输送机等的运行情况。

2. 负环拆除安全管理要求及控制要点

（1）施工前组织现场值班人员和施工班组进行技术交底和安全交底。

（2）负环拆除施工过程中，安排专职安全员和值班工程师现场旁站，并要求在岗交接班，现场施工过程中不得擅自离岗，负环拆除过程中，现场发现不按技术交底施工或者安全违章违规作业应立即阻止，暂停施工。

（3）起重机械必须设有安全装置，如起重量限制器、行程限制器、过卷扬限制器、电气防护性接零装置、端部止挡、缓冲器、联锁装置、夹轨钳、信号装置等。

（4）0 环拆除前对 0 环附近的 5 环管片进行注双液浆封堵，待浆液凝固后，打开 0 环旁管片吊装孔检查注浆情况，确认注浆密实且无水后方可进行 0 环拆除。

（5）顶部管片拆除后，观察管片背后注浆情况，确认注浆密实且无水后方可继续拆除，如发现有孔洞或渗水情况，立即停止拆除，同时对 0 环附近管片再次注双液浆进场填充封堵。

（6）负环及 0 环拆除前将该范围内的风管、循环水管、污水管拆除，防止拆除过程坠物将管线砸坏。

（7）负环及 0 环拆除前，将照明线路及高压断电，将电缆线下落至管片底部运输轨道旁，为防止管片拆除过程中坠物将电缆砸坏，使用 3 根 100mm×100mm 方木将电缆包裹防护，用铁丝牢固绑扎，并在方木上堆满沙袋。

（8）在负环拆除过程中应加强洞内管片监测，如洞内管片发生位移和松动时，应立即停止负环拆除工作，并再加强洞内管片二次注浆和管片螺栓复紧。

8

盾构机始发

【施工目的】

盾构机始发是盾构隧道施工的关键环节之一，也是重要的安全风险源，盾构机始发应按设计轴线推进，控制好盾构姿态并确保盾构始发安全顺利，防止出现盾构机下沉、叩头等情况及洞门坍塌、涌泥、涌砂等风险。

【施工依据】

1. 盾构区间工程施工设计图纸、地质详细勘察报告和地质补充勘察报告、施工调查报告等资料。

2. 《地下铁道工程施工质量验收标准》GB/T 50299—2018、《盾构法隧道施工及验收规范》GB 50446—2017 等国家现行施工及验收规范、质量技术标准。

8.1 施工准备

8.1.1 劳动力配备

盾构始发阶段劳动力配备和掘进阶段劳动力配备相同，可参见掘进阶段劳动力配备表。

8.1.2 物资准备

1. 始发作业前要准备好钢环板、压板、橡胶帘布、钢丝绳、捯链及应急物资等物资准备。

2. 根据盾构掘进工期计划安排，提前与管片生产厂家签订合同，制定下达管片生产计划，提早生产，确保管片储备充足。

3. 在始发前单台盾构机储备的管片数量不应少于 400 环管片，且在 1 个月前完成三环拼装、抗渗、抗弯、抗拉拔等一系列管片试验。

8.1.3 设备准备

1. 需要对起吊场地进行检验，满足选用设备的吊装要求。

2. 场地内吊车摆放位置，盾构机部件摆放位置，运输车辆行走路线要结合现场实际进行模拟设计。

3. 要选用有资质的吊装队伍，对进场的设备要组织验收，并进行安全教育，签订安全协议。

4. 根据地层条件，选配合适的初装刀，用于始发作业。

5. 始发作业要结合现场实际情况讨论确定，并配备相应的出土设备、注浆设备、搬运设备等。

6. 以单台盾构机为例，盾构始发还需始发托架 1 部、反力架 1 部、钢丝绳（ϕ12mm）约 50m（根据负环数量及隧道直径而定）以及木楔子 300 块（根据实际需要而定）。

8.1.4 管线、建筑物调查

1. 在盾构始发前 1 个月完成沿线管线、建（构）筑物调查，并做好记录。

2. 在始发前对端头 300m 范围内完成二次调查和核实。

3. 自调查开始，应每月定期安排专人沿线巡视，发现与事前调查结果不同之处应及时向项目部反馈。

8.1.5 洞门密封装置安装

1. 洞门密封装置的内径应略大于盾构机外径，密封圈必须考虑盾构始发洞口的净空及其材质、形状和尺寸。洞门密封装置必须牢固地固定在盾构始发洞口上。在洞门密封压板上设置防反转装置。

2. 洞门钢环板在盾构始发井结构施工期间准确定位预埋。钢环板上的锚固钢筋不能人为割除，确保钢环板的牢靠性，对钢环板上的螺栓孔采用涂抹黄油并塞棉等方法予以保护，防止混凝土进入，在安装密封帘布时予以清理。

3. 洞门钢环板平整度主要以端墙里程进行控制，采样全站仪实测值为准。

4. 盾构机始发定位时要参照洞门钢环实际位置，如果洞门钢环中心标高高于设计标高，则将盾构机前盾标高抬高3～4cm（具体抬高尺寸根据实际情况而定），如果低于设计标高，则需要将盾构机整体降低，保证盾构机抬头姿态。

5. 如果钢环偏差在水平方向3cm左右时，需要调整盾构机刀盘姿态，使之与洞门钢环适应，如果偏差大于5cm，则需要将盾构机整体向钢环偏差处平移，如果偏差太大则应切割钢环板。

8.1.6 端头加固

1. 端头加固必须在始发前一个半月内完成。

2. 在盾构始发之前，一般要根据洞口地层的稳定情况评价地层，并采取有针对性的处理措施。地层处理一般采取注浆固结、冷冻法、插板法等措施进行地层加固处理。选择加固措施的基本条件为加固后的地层要具备最少一周的侧向自稳能力，且不能有地下水的损失。常用的具体处理方法有搅拌桩、旋喷桩、注浆法，SMW工法、冷冻法等。端头加固方法要根据具体地层情况而定，并且严格控制整个过程。

3. 洞门破除前需采取抽芯取样的方法检测土体加固强度是否满足设计加固要求。

8.1.7 洞内端头准备

1. 洞门中心线在盾构始发井结构完成后进行测量，最迟应在盾构下井前1个月内完成。

2. 盾构始发基座必须结构合理、构件刚度好、强度高、安装精度高、不易损坏。始发基座应稳固并有防盾构旋转措施；始发基座的形式可选用钢筋混凝土基座、钢结构基座和钢筋混凝土与钢结构组合基座，对始发基座的平整度、刚度进行精确的测量和计算。

3. 盾构始发井底板标高应提前测量，根据测量结果，若不够高度时应采用浇混凝土或架设钢架等方法弥补标高不足。

4. 始发反力架应满足承受盾构推力的足够强度和刚度；由正式管片起始位置确定负环管片和反力架位置；反力架基面要有足够的平整度。

5. 始发前应对盾构姿态作复核、检查，盾构位置应准确，盾构轴线应与隧道轴线重合。

8.2 主要施工工艺、方法与技术措施

8.2.1 盾构始发施工工艺流程

盾构始发施工工艺流程如图8-1所示。

8.2.2 始发洞口围护结构的切除

始发洞口围护结构的切除一般在始发前至少1个月开始。

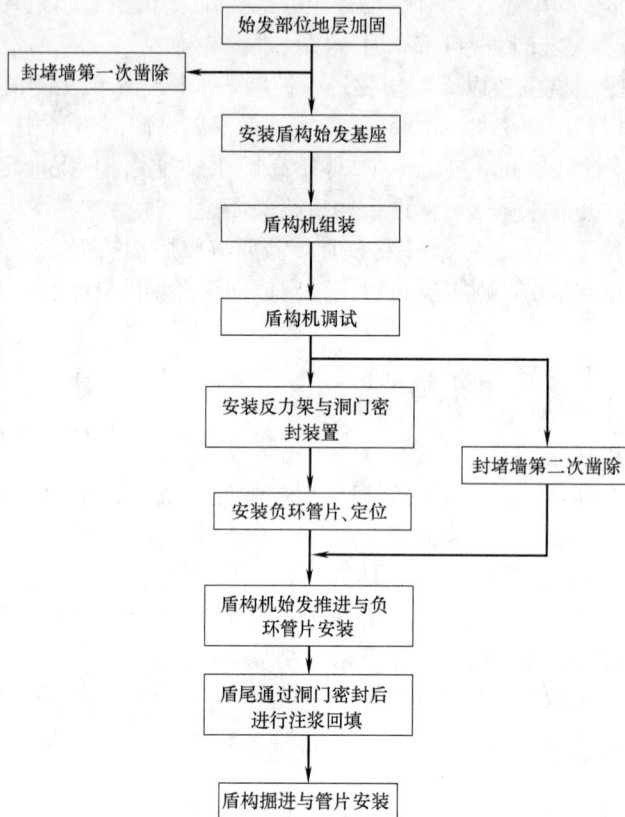

图 8-1　盾构始发施工工艺流程图

1. 洞门凿除一般选用人工风镐破除。对于地层条件好，时间较紧的情况可选用机械破除。无论采用何种方法，均要尽可能缩短凿除时间。

2. 洞口围护结构的切除一般分两次进行，第一次先将围护结构主体凿除，只保留围护结构的钢筋保护层，在盾构始发前将保护层混凝土凿除。

3. 在凿除完最后一层混凝土之后，要及时检查始发洞口的净空尺寸，确保无钢筋、混凝土侵入设计轮廓范围之内。

4. 凿除时要注意以下几点：

（1）人工凿除时脚手架及其规格和质量必须符合有关技术规定，构造应符合有关规定要求，安装作业必须由专业的架子工完成。搭设脚手架时必须避免在搭设过程中的偏斜和倾倒。

（2）对地表、围护结构变形实施监测反馈。

（3）为确保凿除期间安全，凿除前必须准备好沙袋、水泵、水管、风炮等应急物资和工具，以便发生意外（涌水、涌砂，不明气体等）时可以及时封闭作业面。

（4）凿除前要进行土体加固强度检测和水平探孔检测，确定土体加固强度达到设计要求，保证掌子面无涌水。

（5）对施工、操作人员进行安全意识和操作规程教育。各施工人员未经培训不得上岗，对特种作业必须持证上岗。施工人员佩戴好各类防护用具。

（6）施工现场严格执行《施工现场临时用电安全技术规范》JGJ 46—2012 的有关

规定。

（7）做好施工现场安全防火等安全工作，现场气割作业要按规定办理动火手续，并配备灭火器。

（8）起吊作业时严格执行操作规程，吊机停止作业时，应安全制动，收紧吊钩和钢丝绳。

（9）施工过程中一旦与其他施工有冲突（如：反力架的吊装，盾构机的位移等），立即停止凿除施工，将人员撤离至安全区域。

8.2.3　洞口密封

洞口密封是为盾构在始发时防止背衬注浆砂浆外泄所用，按种类分有压板式和折页式两种。洞口密封的施工分两步进行施工，第一步是在车站结构的施工工程中，做好始发洞门预埋件的埋设工作，要特别注意在埋设过程中预埋件必须与车站结构钢筋连接在一起；第二步在盾构正式始发之前，应先清理完洞口的渣土，再完成洞口密封的安装，如图8-2、图8-3所示。

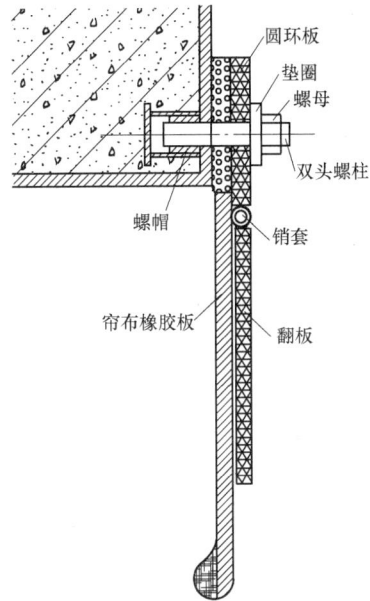

图 8-2　洞口密封压板式示意图

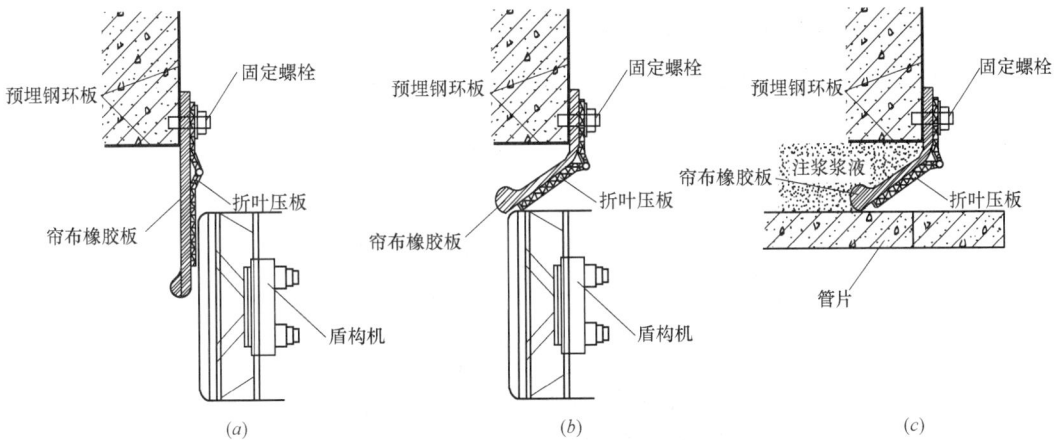

图 8-3　始发洞口密封原理示意图

（a）盾构始发前；（b）盾构掘进隧道时状态；（c）管片拼装后的状态

8.2.4　洞口始发导台的安装

在围护结构破除后，盾构始发台端部距离洞口围岩必然会产生一定的空隙，为保证盾构在始发时不至于因刀盘悬空而产生盾构"叩头"现象，需要在始发洞门内安设洞口始发导台。安设始发导台时应在导台的末端预留足够的空间，以保证盾构在始发时，不致因安设始发导台而影响刀盘旋转。始发导台可设置钢轨导台和混凝土导台两种方法。

1. 采用设置钢轨导台的方法施工速度快、刚度好，但在高程控制不准，尤其是高程控制偏高的情况下会造成盾构机和导台顶死。因此高程控制是关键。

2. 采用混凝土导台的方法需要等待混凝土的强度，造成掌子面暴露时间过久，但一般不会产生顶死的情况，由于混凝土强度低，也不会产生太大问题。

3. 在底部帘布被压倒的范围内要求导台顺平、无硬棱，防止帘布被压裂。

8.2.5 始发托架、反力架的安装

1. 反力架、负环管片位置的确定依据

反力架位置的确定主要依据洞口第 1 环管片的起始位置、盾构机的长度以及盾构刀盘在始发前所能到达的最远位置确定。

2. 负环管片环数的确定

例如：盾构长度 $L=8.7$m，安装井长度 $L=12.5$m（因不同的始发井尺寸而不同），洞口围护结构在完成第 1 次凿除后的里程 DF，设计第 1 环管片起始里程 D_1S，管片环宽 $WS=1.2$m，反力架与负环管片长 $WR=1.2$m。DR 为反力架端部里程，N 为负环管片环数。

在安装井内的始发时最少负环管片环数确定 $N=(DF-DR)/WS$。

3. 反力架、负环管片位置的确定

在确定始发最少负环管片环数后，即可直接定出反力架及负环管片的位置。反力架端部里程 $DR=D_1S-N×WS$。

4. 始发托架定位与安装（始发混凝土导台施工）

始发托架一般采用钢托架形式，也可采用混凝土托架形式。无论采用哪种形式都应准确定位，如图 8-4 所示。始发托架（或混凝土导台）是盾构始发的受力结构。始发托架水平轴线垂直方向与反力架的夹角＜±0.2%，盾构姿态与设计轴线竖直偏差＜0.2%，水平偏差＜±0.3%。

图 8-4　始发托架示意图

托架平整度检测，采用水准仪在托架单轨各测量 5 个点，计算两轨之间标高偏差是否相同。保证托架按要求设置。

（1）钢托架和混凝土托架的利弊

1）使用钢托架安装速度快，可反复使用。但是使用次数多后易发生变形，造成平整度不满足要求，且安装时高程不易控制。

2）使用混凝土导台，不可以反复使用，用后需要破除。施工时间较长，需等待混凝土强度。但平整度和高程较易控制。

（2）始发时的几种情况

1）直线段始发：直线段始发时托架平行于隧道中心线设置。

2）$R>800m$ 的曲线始发：当曲线大于 800m 时可采用切线始发，此时盾构机脱离始发架后姿态不会超限。

3）$R<800m$ 的曲线始发：曲线小于 800m 时采用割线始发，如图 8-5 所示；其中当曲线小于 500m 时割线方向以盾构机盾尾离开始发架后盾构机前姿态不超限为原则，当曲线在 500～800m 之间时以盾尾脱离始发架后割线偏差最大处不超限为定位原则。

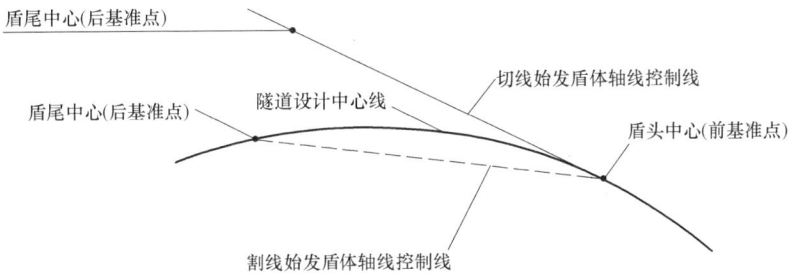

图 8-5　曲线段割线始发示意图

5. 反力架定位与安装

在盾构主机与后续台车连接之前，开始进行反力架的安装，如图 8-6 所示。安装时反力架与车站结构连接部位的间隙要垫实，以保证反力架脚板有足够的抗压强度。

反力架为盾构始发时提供初始的推力以及控制盾构初始姿态，反力架左右偏差控制在 $\pm10mm$ 之内，高程偏差控制在 $\pm5mm$ 之内，上下偏差控制在 $\pm10mm$ 之内。

8.2.6　盾构始发

1. 盾构始发前盾构机再次验收

除按正常的验收程序验收盾构机外，还应重点对泡沫系统、土压传感器、主轴承密封、铰接密封、盾尾密封、刀盘与切口环的耐磨层的施焊情况、盾尾真圆度等进行再次验收和检查，如有问题及时处理，确保盾构机机况良好。

2. 始发台两侧的加固

由于始发台在盾构始发时要承受纵向、横向的推力以及约束盾构旋转的扭矩，在盾构始发之前，必须对始发台两侧进行必要的加固，如图 8-7 所示。

3. 负环管片安装

（1）负环管片设置时要考虑调节洞门管片位置，因此对第一次始发、负环中间可根据

图 8-6　反力架安装示意图

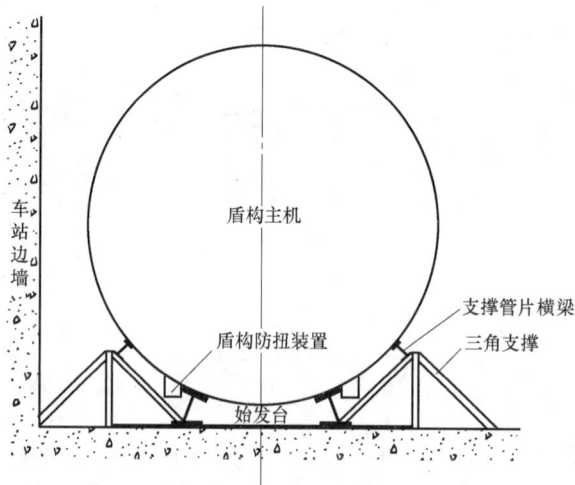

图 8-7　始发台加固示意图

实际情况设调节洞门长度的环片，该环片可以是人工加工的钢管片等。

（2）负环管片设置可以为：整环负环、半环负环、整环与半环相结合三种形式。设置形式的选择根据现场实际情况选择，一般选在整环负环始发。整环负环始发受力均匀，反力架、盾构机等均易于保持平稳，不易发生变形。其他形式负环受力不均，易造成反力架等变形，不利于盾构机整体姿态的控制。

（3）负环管片安装准备。在安装负环管片之前，为保证负环管片不破坏尾盾刷、保证负环管片在拼装好以后能顺利向后推进，在盾壳内安设厚度不小于盾尾间隙的方木（或型钢），以使管片在盾壳内的位置得到保证。

（4）负环管片后移。第 1 环负环管片拼装成圆后，用油缸完成管片的后移。管片在后移过程中，要严格控制每组推进油缸的行程，保证每组推进油缸的行程差小于 10mm。在管片的后移过程中，要注意不得使管片从盾壳内的方木（或型钢）上滑落。

（5）负环管片与负环钢管片的连接。负环管片的最终位置要以推进油缸的行程进行控制，在负环管片与负环钢管片之间的空隙用早强砂浆或钢板填满。

（6）负环管片的拼装类型。在安装井内的负环管片的拼装类型通常采取通缝拼装，主要是因为盾构井一般只有一个，在施工过程中要利用此井进行出渣、进管片。所以采用通缝拼装可以保证能及时、快速的拆除负环管片。

4. 盾构始发掘进

（1）空载推进。①前面土层较硬，可空仓推进。②若土层较软、地下水量大。则要考虑先回填之后再向前推进。这两点均要与地层结合综合考虑。盾构机在空载向前推进时，主要控制盾构的推进油缸行程和限制盾构每一环的推进量。要在盾构机向前推进的同时，检查盾构机是否与始发台、始发洞门发生干涉或是否有其他异常事件或事故的发生，确保盾构机安全的向前推进。

（2）始发时盾构姿态的控制。主要通过盾构机的推进油缸行程来控制姿态，特殊情况可开启超挖刀。

（3）始发时盾构推进参数的控制。在保证盾构正常推进的情况下，掘进参数建议选择总推力小于 $800 \sim 1000t$，刀盘扭矩小于 $300t \cdot m$，掘进速度小于 $30mm/min$。

（4）在盾构机尾部还没有始发进入洞门之前，应注意以下两点：①防堵泡沫管。②盾尾的油脂要打饱。

（5）一般在正 4 环完成后进行盾尾注浆，封堵洞门。具体位置可通过加固体长度、盾体长度、洞门宽度计算。注浆时压力不要过大可根据计算的注浆量分几次注浆，待下部初凝后，进行中部注浆，中部初凝后，进行上部注浆。注浆过程中要准备好木楔、棉纱等物料，对漏浆的地方进行封堵。

（6）在地下水量较大的情况下始发，尤其是快要突破加固体时，可先沿盾壳注一圈水溶性聚氨酯等。

（7）盾构始发阶段施工时，对盾构设备调试、洞门的土体稳定、洞门可能出现的涌泥涌砂和地面监测等四个方面要综合考虑，力争快速、安全始发，尽早进行洞门注浆。因此，盾构始发前要准备充分，出土进料组织必须顺畅，同时还应准备好应急措施。

5. 洞口注浆

在盾尾完全进入洞内后，调整洞口密封，进行洞口注浆。浆液不但要求顺利注入，而且还要有早期的强度，注浆压力控制在 1.5bar 以内，浆液配比应根据不同的土质、地下水以及盾构掘进等情况进行试配。

8.2.7 反力架、负环管片的拆除

反力架、负环管片的拆除时间根据背衬注浆的砂浆性能参数和盾构的始发掘进推力决定。一般情况下，掘进 100m 以上（同时前 50 环完成掘进 7d 以上，已安装的管片与地层摩阻力能够为盾构提供推进提供足够反力），可以根据工序情况和工作整体安排，开始进行反力架、负环管片拆除。

8.3 施工中常见问题及处理方法

8.3.1 加固效果不好

端头土体加固的效果不好是在始发过程中经常遇到的问题。采取的主要措施是根据端头土体情况选择合理的加固方法，而且要加强过程控制，特别是要严格控制基本参数。对于加固区与始发井间形成的必然间隙要采取补注浆加固措施进行处理。

8.3.2 开洞门时失稳

开洞门时失稳主要表现为土体坍塌和水土流失两种，其主要原因也是由端头加固效果不佳所致。在小范围的情况下可采用边破除洞门混凝土，边利用喷素混凝土的方法对土体临空面进行封闭。如果土体坍塌失稳情况严重时，必须封闭洞门重新加固。

8.3.3 始发后盾构机"叩头"

始发推进后，在盾构机抵达掌子面及脱离加固区时容易出现盾构机"叩头"的现象，根据地质条件不同有些可能出现超限的情况。为此，通常采用抬高盾构机的始发姿态、合理安装始发导轨以及快速通过的方法尽量避免"叩头"或减少"叩头"的影响。

8.3.4 密封效果不好

洞门密封的主要目的是在始发掘进阶段减少土体流失。当洞门加固达到预期效果时，对于洞门环的强度要求相对较低，否则要在盾构推进前彻底检查和确定洞门环的状况。在及发过程中若洞门密封效果不好时，可及时调整壁后注浆的配合比，使注浆后尽早封闭，也可采用在洞门密封外侧向洞门密封内部注快凝双液浆的办法解决。

8.3.5 盾尾失圆

在很多情况下，始发阶段由于自重及其他原因，盾尾一般都会出现失圆的情况，有些可能达到10cm之多。可以采用盾构机自带的整圆器进行整圆，在必要的情况下，可采用错缝拼装以保证在管片拼至隧道内时管片自身的椭圆度控制在误差以内。

8.3.6 支撑系统失稳

支撑系统在某些情况下由于盾构机推进中的瞬时推力或扭矩较大而产生失稳，这样将导致整个始发工作的失败。对于支撑系统的失稳只能从预防角度进行，同时在始发阶段对支撑系统加强监测。

8.3.7 地面沉降较大

由于始发施工的特殊性，始发阶段的地面沉降值均较大，因此在始发阶段需尽早建立盾构机的适合工况并严密注意出土量及土压情况，同时加大监测频率，控制地面沉降值。

8.4 质量控制要点

1. 始发托架应能承受盾构机的荷载，规定正确的始发方向，对始发时的偏压保持有充分的强度。

2. 始发洞口与盾构机盾体之间应预留必要的空间。

3. 反力支撑必须是能够把盾构机的推力均匀地传递到后方结构。因此，在背面挡墙和反力支座、临时拼装管片的相互之间要无间隙接合，对偏压也要具有充分的强度。

4. 加强始发端头加固的质量控制。

5. 始发前要确认盾构机通过处无阻碍。并检查帘布与压板的安装情况，帘布与围岩之间隔得远的要设置承台，防止盾构机机头下降。

6. 从盾构机完全进入地层土中到实施管片背后注浆为止，由于盾构机和始发的各种设备处于不稳定状态，因此在推进中要经常检查，若有异常，应停止推进，进行适当的处理。

7. 最初的100环管片安装要保持良好的真圆度，保证盾构始发位置的准确。如最初的真圆度保持不好，则往后误差会越来越大，不但造成后续施工越来越困难，也会对管片本身产生破坏。因此最初的管片安装必须做到：（1）按顺序及操作规范施工；（2）拼装管片后及时进行回填注浆；（3）控制好盾构掘进的姿态。

8. 加强管片真圆度的测量。测量办法有两种：（1）丈量弦长、间距控制法；（2）通过测量盾尾密封与管片之间的间隙，如各个方向的间隙基本一致，则可说明管片的真圆度较好。

9. 掘进时由于反力架会产生不同程度的变形，因此会影响隧道的成环质量，若当管片接缝发生问题时，及时用石棉橡胶楔形料纠正，以提高成环质量，并做好测量工作。或用纵向拉杆固定。

8.5 应急预案

1. 制定盾构始发应急预案，主要为了防止洞门凿除后涌水、涌砂、坍塌；盾构进入后涌水、涌砂；盾构离开加固区后，同步注浆不及时，造成地面的塌陷等。

2. 应急预案中要明确实施的组织机构、劳动力安排及责任划分，救援物资及设备，具体施工方法等。

3. 需在盾构始发2d前做好各项应急准备。

8.6 安全管理要求

1. 掘进前对前方地层的地质情况必须充分了解，不能一概而论，要根据土质情况选择恰当的推进模式。

2. 掘进时盾构正面中心土压初始设立根据计算确定，并根据跟踪测量数据及时调整设定压力，随时做好二次注浆的准备。

3. 确定土压平衡状态下密封仓内的土压力，且密封仓被充满后，开启螺旋输送机出土，控制出土速度来保证密封仓内的土压力和开挖面土压力相平衡。

4. 盾构推进时，严密监控掌子面的稳定性，同步做好施工参数的记录。

5. 现场做好应急物资储备，加强现场巡视，一旦出现漏水、漏砂等险情，立即处理。

6. 盾构机司机按照地面监控室调度员人员的指令操作，严禁随意调整参数。

7. 管片拼装落实专人负责指挥，严禁擅自转动拼装机，以免发生伤亡事故。

8. 现场土建工程师根据掘进指令，结合监测情况，严格控制同步注浆量和同步注浆压力。

9. 现场必须有专职电工，负责隧道内一切用电器具的接驳和断开，非专业人员不得操作。

9 盾构机接收

【施工目的】

盾构机接收是指盾构机从距到达接收井150m至盾构机全部进入接收井的作业过程，是盾构隧道施工的关键环节之一。在盾构机到达接收井过程中，应加强隧道线型、盾构机参数和姿态控制，以及地面沉降控制，从而确保盾构机准确、安全、顺利接收，防止出现坍塌、涌水涌砂等险情。

【施工依据】

1. 盾构区间详细勘察阶段岩土工程勘察报告、补充地质勘查报告、盾构区间工程施工设计图纸、接收井施工设计图纸等资料。

2. 《地下铁道工程施工质量验收标准》GB/T 50299—2018、《盾构法隧道施工及验收规范》GB 50446—2017等国家现行施工及验收规范、质量技术标准。

3. 在盾构施工方面的经验等。

9.1 施工准备

9.1.1 技术准备

1. 组织项目部有关人员熟悉工程图和工程地质资料，对所有参与施工管理的人员进行安全、技术交底。

2. 接收井的结构强度需达到设计要求，并出具强度报告。

3. 实测洞门位置和接收井底板标高，确定盾构接收姿态，调整盾构掘进。

9.1.2 现场准备

1. 完成端头土体加固工作，端头地面加固注浆孔注浆完后将孔清洗干净，留为盾构机进洞应急时使用，注意封堵管口，防止窜浆。

2. 确保降水水位低于开挖面以下 1m，并施做探水孔进行检测。

3. 盾构到达接收井 150m 前，项目部应与监理单位、第三方测量共同复核盾构轴线和洞门偏差，保证盾构能准确进入接收井。

4. 根据设计安装好洞门密封装置，橡胶帘布内侧涂抹油脂，避免刀盘刮破帘布而影响密封效果。

5. 监测点（包括分层沉降观测点）已按要求进行埋设，增加地表沉降观测频次，并及时分析反馈观测结果指导施工，若地表出现较大扰动，应及时采取对应处理措施进行处理。

6. 应急物资和人员落实到位。到达前，在洞口内侧准备好砂袋、水泵、水管、棉被、方木等应急物资和工具，准备洞内、洞外的通信联络工具和洞内的应急照明设备。

9.1.3 施工机具及劳动力配备

1. 施工机具主要包括盾构机及相关配套的设备，接收过程中常用的电焊机、液压油顶、气割、力矩扳手等。

2. 劳动力主要以盾构作业队为主，机电班配合，项目设专职技术人员 24h 现场指导、监督等，安全人员 24h 现场巡查。

9.2 主要施工工艺、方法与技术措施

9.2.1 施工工艺流程

盾构接收施工工艺流程如图 9-1 所示。

9.2.2 盾构接收基座安放

盾构到达之前，接收井内各项准备工作全部就绪。先对洞门位置进行测量复核，并安装盾构接收基座，准备进行盾构到达施工，盾构机宜高于托架 10～20mm 的姿态到达，

接收基座安装时宜设置 1‰～2‰ 的负坡，防止盾体往前滑移。为确保施工安全，盾构上接收托架时应遵循以下原则：

1. 盾构上接收托架期间推力应缓慢平稳。

2. 拼装每一块管片应及时上紧管片连接螺栓。

3. 水平方向根据设计隧道线路制定相应安放位置。

4. 接收托架洞口处点位坐标位置的设置需根据到达洞门的复测结果就位，托架就位时，用型钢支撑在车站内部主体结构上，确保施工过程盾构基座不产生位移及变形。

5. 托架安放过程中，必须由测量人员对托架轨道的标高和走向进行精确定位，为防止刀盘面因偏低而铲到轨道，在托架轨道端部与洞圈之间放置钢板，并在上面涂抹适量油脂，便于盾构顺利滑到托架轨道上。盾构接收托架安装如图 9-2 所示。

6. 盾构到达期间严禁到达端地表有重物压载。

7. 盾构接收过程中盾构接收井内与操作室应保持通信畅通。

8. 洞内同步注浆应连续进行，保证及时有效填充。

9. 应急物资和人员要准备充分，现场需 24h 安排人员值班。

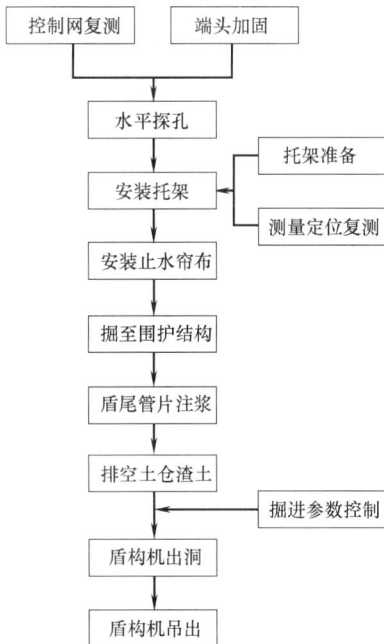

图 9-1 盾构接收施工工艺流程图

图 9-2 盾构接收托架安装示意图

9.2.3 密封安装

洞口密封采用折页式密封压板如图 9-3 所示。

其施工分两步进行：第一步在接收端墙施工过程中，做好接收洞门预埋件的埋设工作，预埋件必须与端墙结构钢筋连接在一起；第二步在盾构接收之前，完成洞口密封压板、橡胶帘布及钢丝绳捣链紧固装置的安装。

在盾构机接收时，很有可能因为刀盘旋转损坏帘布橡胶板或使压板发生位移。所以，

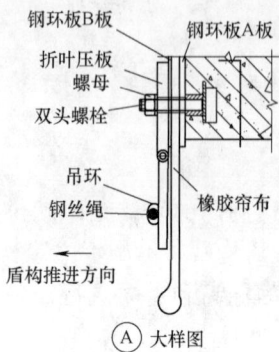

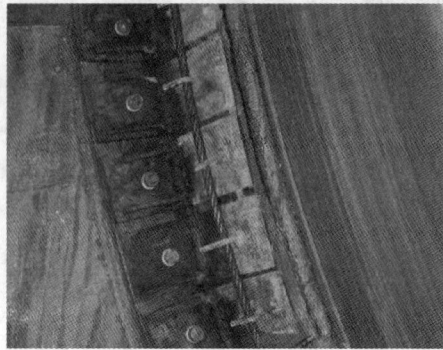

图 9-3　折页式密封压板示意图及实物图

盾构机接收时，要注意对帘布橡胶板抹上黄油进行防护，并及时调整洞口压板如图 9-4 所示。

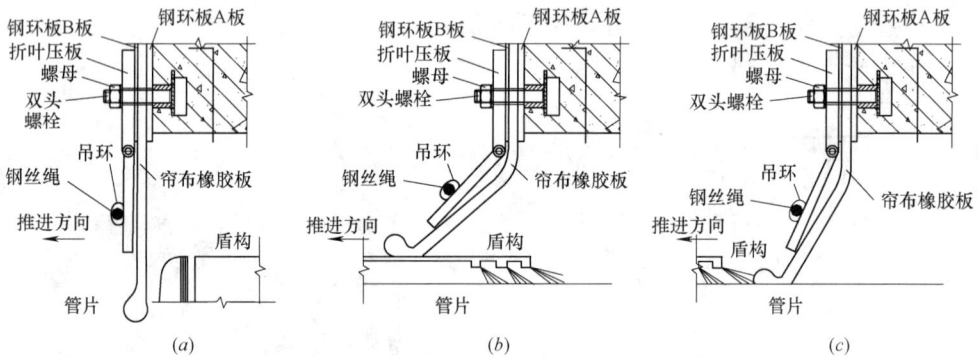

图 9-4　盾构接收时压板密封示意图

（a）盾头未到前；（b）盾尾未出前；（c）盾尾出来后

9.2.4　导向轨放置

为了使盾构接收时有良好的导向，在洞圈上安放导向轨。导向轨在洞圈底部放置 2 根，延伸至盾构基座上并与基座上的两根导向轨连成一体。

9.2.5　洞圈清理

由于在洞圈内外侧需焊接洞门止水装置及封洞门的弧形插板等，因此洞圈必须清理干净，确保洞门环板能与其他铁质装置牢固焊接。

9.2.6　盾构接收参数复核

盾构贯通前要复核盾构所处的方位、确认盾构姿态、评估盾构接收时的姿态、拟定盾构接收段的施工轴线、掘进坡度的控制值等重要参数，以使盾构在此阶段的施工中始终按预定的方案实施，以良好的姿态接收，在盾构接收基座上准确就位。

9.2.7　设备检查

接收前，对盾构机主要设备进行一次全面的检查，对存在问题及时解决，使设备保持良好的运行状态，确保在接收时不致由于设备原因引起工程难点产生，并尽量缩短接收时间。

9.2.8 端头加固及降水

1. 加固及降水目的

（1）提高端头处土体强度，增强整体稳定性，防止盾构到达时发生坍塌，确保盾构机顺利地出洞。

（2）提高重型机械作用时端头土体的承载力。

（3）止水，防止盾构出洞时发生涌水、涌砂等情况。

（4）消除车站、风井施工及开挖时造成的周围土体的松动，控制地表沉降，保障周边建筑物和构筑物的安全。

（5）经加固的土体应有很好的均质性、自立性，确保盾构安全到达。

2. 加固及降水措施

对洞门端头地层采用"大管棚"、"地面袖阀管补充注浆"或"大管棚＋地面袖阀管补充注浆"的方式进行加固处理。区间接收端头若处于富水地层或地下水水位较高的区域则需要采取降水措施，洞门端头加固以设计给出方案为准。

9.2.9 盾构接收段掘进

1. 方向控制

做好接收的测量工作。在接收段掘进前，要对隧道延伸导线进行测量，并对测量结果进行复测，确认盾构机的位置。在盾构机接收前100m即加强盾构姿态和隧道线形的测量，人工测量盾构机姿态和VMT对照，及时纠偏，确保盾构准确接收。

2. 姿态控制

盾构机出洞姿态的控制以隧道设计中心线为依据，同时要匹配接收洞门实测位置，在盾构推进至到达范围时，根据实测的盾构机姿态和洞门的实际位置，确定盾构机贯通姿态及掘进纠偏计划，纠偏要以勤、缓的原则逐步完成，每一环纠偏量不能过大。

破洞门前盾构机允许偏差±10mm，仰角允许偏差控制在2mm/m以内，避免出现俯角姿态。垂直姿态＋15～＋20mm，防止接收时"栽头"，水平姿态控制±10mm。

3. 参数控制

盾构进入接收阶段后，首先减小推力、降低推进速度和刀盘转速，控制出土量并时刻监视密封土仓压力值，避免较大的地表隆陷。根据地质条件，可采用土压平衡的掘进模式。贯通前5～6环，降低盾构机掘进推力，使之维持在400t左右（根据地层情况而定），密切关注盾构机推进速度和推进压力及掘进出土情况。在贯通前的最后2环，总推力降至200～250t（根据地层情况而定），掘进速度控制在5～10mm/min之间，在最后掘进的过程中需要逐步降低土仓压力，直至离洞门破除还有1m的时候将土仓清空，最后1m的掘进完全是空仓掘进。

4. 管片拼装控制

在最后100环加强管片姿态的监测频率，并及时告知土建工程师，以便及时做出判断，保证盾构机显示屏上的姿态更接近实际管片姿态。

由于盾构到站时推力较小，致洞门附近的管片环与环之间连接不够紧密，因此做好后

30 环管片的螺栓紧固和复紧工作。特别在最后 20 环，及时加强拧紧和复紧螺栓。螺栓复紧后，用扁钢（或［14b 槽钢）沿隧道纵向拉紧后 20 环管片，使后 20 环管片连成整体，如图 9-5 所示，防止管片松弛而影响密封防水效果。预留好二次注浆的孔位。

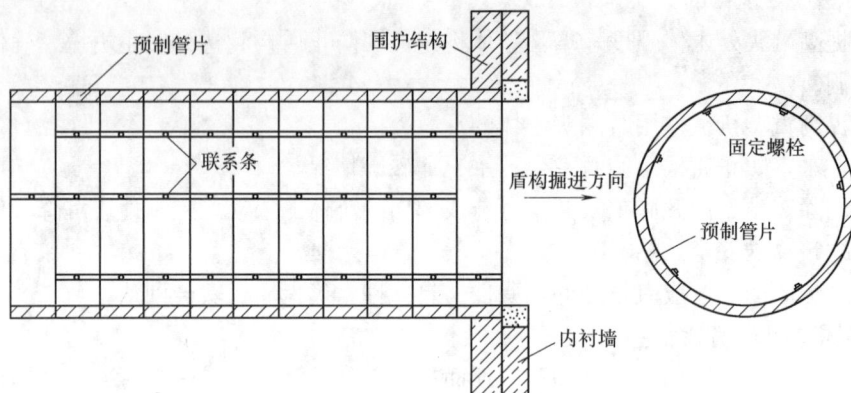

图 9-5　洞口处隧道纵向拉紧联系示意图

在盾构推进至盾构到达范围时，对盾构机的位置进行准确的测量，明确成洞隧道中心轴线与隧道设计中心轴线的关系，同时应对接收洞门位置进行复核测量，确定盾构机的贯通姿态及掘进纠偏计划。纠偏要逐步完成，每一环纠偏量不能过大。

9.2.10　注浆控制

严格控制同步注浆量和浆液质量，务必做到三点：
1. 保证每环注浆总量达到设计要求。
2. 保证均匀合理地压注。
3. 浆液的配比须符合质量标准。

通过同步注浆及时充填建筑空隙，减少施工过程中的土体变形。控制每环的压浆量，同时泵送出口处的压力应控制在 0.3MPa 以内。具体压浆量和压浆点视压浆时的压力值、地层变形监测数据或管片姿态等因素选定。压浆属一道重要工序，注浆班组人员必须对压入位置、压入量、压力值作详细记录，并根据地层变形监测信息及时调整，在确保压浆工序施工质量的前提下，方可进行下一环的掘进施工。

9.2.11　盾构机定位及接收洞门位置复核测量

在盾构推进至接收井 150m 时，应与监理、第三方测量单位共同复核盾构轴线和洞门偏差，明确成洞隧道中心轴线与隧道设计中心轴线的关系，同时对接收洞门位置进行复核测量，确定盾构机的贯通姿态及掘进纠偏计划，保证盾构机能准确进入接收井。在考虑盾构机的贯通姿态时注意两点：一是盾构机贯通时的中心轴线与隧道设计轴线的偏差；二是接收洞门位置的偏差。综合这些因素在隧道设计中心轴线的基础上进行适当调整，纠偏要逐步完成，每一环纠偏量不能过大。

1. 洞门复测

在盾构机头距洞门约 150m 时，进行洞门复测，复测内容包括：洞门的中心坐标、洞门环向直径以及接收井高程等。要求在洞门复测前，首先进行平面和高程控制网联测，确保在控制点位精度符合规范要求的情况下，独立进行 2 次复测，以保证复核结果的正确性。

2. 到达环定位测量

到达环的里程位置直接关系到洞门防水密封装置的设计、加工、制作与密封做法；为此，在盾构出洞前，首先应较为准确地确定出洞环的里程位置，为制定方案和前期物资准备提供依据。应两次对到达环管片位置进行定位测量，即距到达洞门 100m 和 50m 位置处。

3. 盾构姿态的复核测量

盾构贯通前的复核测量是复核盾构所处的方位、确认盾构姿态、评估盾构进洞时的姿态、拟定盾构进洞段的施工轴线、推进坡度的控制值和制定施工方案等的重要依据，以使盾构在此阶段的施工中始终按预定的方案实施，以良好的姿态进洞，准确就位在盾构接收基座上。尤其进洞前，盾构刀盘与洞圈的里程位置关系等十分重要。由于盾构在加固区内很难进行纠偏，因此必须保证盾构以良好的姿态进入加固区。在到达洞门复测完成之前，盾构与接收井之间保持一定的距离，以保证盾构能顺利调整姿态开始到达段施工。

4. 盾构机到达的轴线控制

盾构机到达前 50m 地段即加强盾构姿态和隧道线形测量，及时纠正偏差确保盾构顺利地从到达口出洞。并根据实测的车站洞门位置进行必要的调整隧道贯通时的盾构机刀盘位置。隧道贯通时其刀盘平面偏差允许值：平面≤±20mm、高程≤±50mm，盾构坡度较设计坡度略大 0.2%。

9.2.12 动态信息传递

在盾构接收段施工期间，有专职人员昼夜对需控制的构（建）筑物进行沉降监测，及时观察结构的变形情况。采用先进的通信手段，将监测数据及时、准确地反馈给盾构司机，使得盾构司机能够根据地面所反映的情况，进行正确判断，及时调整施工参数。

9.2.13 盾构到达施工

1. 在接收前，项目工程部要计算好贯通里程、各阶段注浆里程，并计算好盾构接收零环的位置。

2. 当盾构机刀盘进入加固体以后可安排盾构机在此处停机。对盾构机各个系统包括后配套设备系统，水平、垂直运输系统，轨道等进行维修和保养，确保所有设备在最后接收阶段处于完好状态。

3. 洞门破除完后，盾构缓慢推进，逐步出空土仓内的渣土。

4. 根据推进情况，若需拼装管片，需将盾构机模式调整至调试模式，保持刀盘连续转动，螺旋机同时进行转动，可进行正、反转，将螺旋机内的土完全出完。注意保护好密封压板和橡胶帘布，防止推进过程中大块的土体倒塌时砸伤橡胶帘布、密封压板及托架。

5. 盾构机空仓推进，直至推穿加固体，刀盘顶出帘布密封圈，推进过程中，超挖刀在推穿加固体前 1.2～1.5m 关闭。洞外及时清理推出的土体，确保盾构机能尽快上接收托架。

6. 清理工作完成后，盾构机刀盘停止旋转，盾构上接收托架。此时盾尾还未脱出橡胶帘布，应及时进行洞门处二次注浆封环，可注聚氨酯封水。

7. 盾构机完全接收，完成吊装之后，对最后 5 环进行二次注浆，防止过后洞门漏水。

9.2.14 盾构上接收托架

1. 在刀盘露出后，停止刀盘旋转，尽快将盾构机推上接收托架，根据实际接收姿态，可适当打开铰接，确保盾构机顺利上接收托架，如图 9-6 所示。

图 9-6　盾构机到达示意图

2. 对加固体与原状土之间的管片，及时进行封环，并根据开孔时的情况，判断后部来水的情况，确保后部来水封死。

3. 盾构机完全上接收托架后，及时进行洞门的封堵，可对最后 2 环注入聚氨酯进行封水。

9.3　盾构接收常见险情及应对措施

盾构机接收过程中，可能会产生涌水、涌砂现象，可采取以下措施：

1. 事先预留部分注浆孔，一旦出现涌漏，可立即从预注浆孔注入双液浆或聚氨酯进行封堵。

2. 在现场准备好木楔子、棉纱、快硬水泥、沙袋、钢板、电焊机等应急物资设备，一旦发生涌水、涌砂，可及时采用棉纱塞堵，木楔子包棉纱塞堵，快硬水泥封堵，砂袋堆压封堵，焊钢板封堵等。

3. 及时从中盾上的 10 个孔注入聚氨酯封水，从近洞门处的管片注浆孔注入双液浆打环箍封水，从盾尾后注双液浆封环封堵盾尾后来水来砂。

4. 若洞门处涌水、涌砂量较大，先迅速将整个洞门封堵死，以控制风险，然后再施打降水井或采取其他措施来化解风险。

5. 在以上措施也难以控制的涌水、涌砂情况时，则可采取水中接收方案。

9.4 施工其他注意事项

1. 盾构接收前检查端头土体加固质量，确保加固质量满足设计要求。

2. 盾构进入到达段施工时，工作人员应明确盾构实时里程及刀盘距洞门掌子面的距离，并按确定的施工技术方案进行施工。

3. 在接收井内准备好砂袋、水泵、水管、方木、木楔、棉纱、双快水泥、风镐等应急物资和工具。

4. 橡胶帘布内侧涂抹油脂，避免刀盘刮破帘布而影响密封效果。

5. 增加地表沉降监测的频次，并及时反馈监测结果指导施工。

6. 在盾构机刀盘距洞门掌子面 0.5m 时应尽量出空土仓中的渣土，减小对洞门及端墙的挤压以保证凿除洞门混凝土施工的安全。

7. 为防止因刀盘反力不足引起管片环缝接触松弛、张开并造成漏水，盾构到达段最后 20 环管片用扁铁或 14b 槽钢将管片沿隧道纵向拉紧。

8. 在盾构贯通后安装的十环管片，一定要保证注浆饱满密实，防止引起管片下沉与错台。

9. 隧道贯通测量误差要求：横向≤±50mm，竖向≤±50mm。

10 盾构机解体与吊装

【施工目的】

盾构机解体与吊装作业施工是盾构施工工序中的主要环节，在施工中，盾构机解体与吊装有组织、有计划地进行，必须加强组织、协调、安全管理，以确保盾构机解体与吊装作业有序，安全质量受控。为了指导盾构机解体与吊装作业，以中铁装备 $\phi6250mm$ 复合土压盾构机为例就各个作业工序进行详细的介绍。

【施工依据】

1. 盾构机设计图纸、技术参数和使用说明书。
2. 起重吊装设备使用说明书、机械性能表。
3. 盾构接收端头地基加固资料和场地条件等。

10.1 施工准备

10.1.1 技术准备

1. 吊装之前，由监理单位组织施工单位、吊装公司对现场吊装环境进行验收，主要是验收地面部分的吊装环境，验收完毕后，须做文字记录。

2. 根据施工现场实际情况，编制实际可行的盾构吊装方案。

3. 吊装之前，须组织所有参加吊装作业人员进行安全交底，保证每个人都意识到盾构吊装安全的重要性。

4. 吊装场地承载力检测合格。

10.1.2 人员配备

参与解体、吊装的现场施工负责人、安全员、技术员、机电人员、电焊工、起重司机、司索工、普工已经就位，并接受现场施工安全教育，熟知施工工艺与细节要点。盾构解体、吊装的劳动组织根据实际情况配置，单班作业人数一般见表10-1。

盾构解体、吊装人员配置表　　　　　表 10-1

序号	工　种	人　数	备　注
1	现场施工负责人	1	
2	专职安全员	1	
3	技术人员	2	
4	液压系统解体班组	3	
5	电气系统拆除班组	2	
6	盾构机拆除班组	5	
7	电工	1	
8	焊工	2	
9	吊车司机、司索、指挥	4	
10	运输车司机		按运输车辆而定
11	其他人员	3	

10.1.3 机械及工具配备

盾构解体、吊装前应备好作业所需的设备与工具，例如：吊车、运输车、气动扳手、手拉葫芦、普通电焊机、割枪及气管、液压泵站及千斤顶、扳手等机械设备。盾构解体、吊装主要设备及工具见表10-2。

主要设备和工具清单　　　　　表 10-2

序号	名　称	规　格	数量	备　注
1	履带吊	300t	1台	配套钢丝绳
2	汽车吊	200t	1台	配套钢丝绳

序号	名　称	规　格	数量	备　注
3	液压泵站和千斤顶	150t 液压千斤顶	2台	
4	牵引机车	40t	1台	
5	千斤顶	10t	2台	
6	千斤顶	50t	2台	
7	手拉葫芦	2t	3个	
8	手拉葫芦	5t	2个	
9	手拉葫芦	10t	2个	
10	CO_2保护焊机		2台	
11	普通焊机		1台	
12	割枪及气管		2套	
13	气动扳手		1套	
14	其他配套工具		1套	

10.1.4　材料准备

盾构解体、吊装所需主要材料见表 10-3。

盾构解体、吊装材料计划表　　　　　　　　　　　　　表 10-3

序号	材料名称	规格型号	单位	数量	备注
1	吊耳	6cm 厚 Q345B 钢板	个	14	
2	氧气	—	瓶	4	根据实际增减
3	乙炔	—	瓶	2	根据实际增减
4	电焊条	J422	包	2~4	根据实际增减
5	电焊条	CO_2气保焊	包	4	根据实际增减
6	牵引绳	$\phi 20$ 麻绳	条	4	
7	管路堵头	视管路直径定	个	若干	
8	密封袋	—	个	若干	可用保鲜膜代替
9	钢轨	43kg/m	m	80	
10	轨枕	—	个	20	
11	鱼尾板	—	个	10	
12	螺栓	与鱼尾板配套	个	40	配套螺帽

10.2　主要施工工艺、方法与技术措施

10.2.1　施工工艺流程

盾构解体、吊装施工工艺流程如图 10-1 所示。

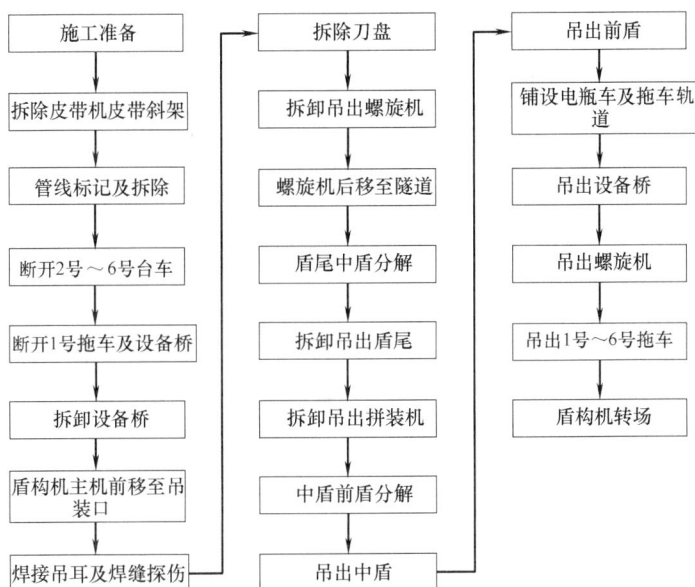

图 10-1　盾构解体、吊装工艺流程图

10.2.2　盾构吊装准备及解体

1. 施工准备

（1）在盾构机贯通前 10d 左右，清理车站底板，铺设接收托架并定位，调整好托架的高程及中线，对托架进行加固。

（2）接收前一周开始对洞门进行破除，割除钢筋，将渣土块及钢筋清理干净，完成后及时安装橡胶止水帘布、扇形压板。

（3）盾构机主机接收零环拼装完毕后，注浆时保证洞门注浆饱满（如无法同步注浆则采用二次注浆），盾构机主机上托架并推到最前端。

（4）在盾构机断电前，刀盘吊耳位置停于正上方；用拼装机将油缸撑靴拆下，用单、双轨梁将连接桥架、车挡、楼梯等拆下，以上构件放在渣车底盘上拉到始发井口吊上至地面；电动葫芦配合拆卸 1 号台车前车挡、楼梯、连接桥架；管片拼装机抓举头停于正下方，所有油缸收回；螺旋机前后闸门关闭；铰接油缸及推进油缸全部缩回；同步注浆系统清理干净；土仓内和螺旋机及皮带机所有泥土尽量排干净；双梁葫芦停于工作平台下。

（5）双轨梁加固支撑到管片车上面（在桥架前面预先留两个管片车，一个支护桥架，一个放螺旋输送机用），桥架与主机连接的所有电路、油管、油脂管、水管、泡沫管拆除并防护，确定所有管路都断开并防护好之后断开桥架与主机的连接，然后将台车和桥架向后拉 10m，随后可以着手开始拆台车管路并分离各节台车。

（6）在井口接收托架上放置槽钢并铺轨，用电瓶车将一号台车和双轨梁拖入盾构机接收井口，将台车和双梁分开。由于双梁长度很长，直接吊装净空尺寸不够，必须在洞内吊起后采用转向的方法，将双轨梁吊上地面。

（7）认真阅读拆卸方案及有关技术资料，核对构件的空间就位尺寸和相互之间的关系，掌握结构的长度、宽度、高度、重量、型号、数量等，主要构件的重量及构件间的连接方法。

（8）掌握吊装场地范围内的地面、地下、高空及周边的环境情况。

（9）确认已完全断开并标识好盾构高压电源，对各管路解体前进行管路标识。

（10）了解已选定的起重、运输及其他机械设备的性能及使用要求并进行试车。

2. 管线路的解体

（1）电气部分解体

1）拆除所有主机与后配套之间的电缆的后部接头（绝大部分为插接头），将电缆密封并做好标识，收到主机内盘好、捆扎、固定。

2）拆除管片安装机电缆的前部接头，密封并做好标识，将电缆收到主机室旁的走道盘好、捆扎，并在走道边以 60cm 的间距垂直焊接 5 个左右大约 50cm 高的钢管，放置木板以堆放电缆。

3）拆除螺旋输送机电缆的前部接头，密封并做好标识，将电缆收到主机室旁的走道盘好、捆扎。

4）拆除设备桥电缆的前部接头，密封并做好标识，将电缆收到主机室旁的走道盘好、捆扎（管片吊机电缆随同吊机放到库房）。

5）拆除 1 号台车与其他台车之间的电缆的后部接头，密封并做好标识，将电缆收到主机室旁的走道盘好、捆扎。

6）拆除 2 号台车与其他台车之间的电缆的后部接头，密封并做好标识，将电缆收到 2 号台车右侧尾部平台盘好、捆扎并固定。

7）拆除 3 号台车与其他台车之间电缆的前部接头，密封并做好标识，将电缆收到 4 号台车捆扎、固定。

8）拆除高压电缆的两端，将端头做好严格的密封包装，然后盘好捆扎放到变压器的集油槽内（或放到库房）。

9）视情况决定是否拆除配电箱、接线盒（如果不影响吊装和运输，可不必拆除）。

（2）解体设备桥管路

1）拆除与主机上连接的水管和风管，并把管线留在设备桥上并固定，同时用塑料膜扎住接口处，避免杂物进入管路。

2）拆除与主机上连接的泡沫管和膨润土管，并把管线留在设备桥，加以固定，同时用塑料膜扎住接口处，避免杂物进入管路。

3）拆除与主机上相连接的油脂管，并清理接头，用堵头堵住两边接头，管线留在设备桥上。

4）拆除与主机上相连的液压油管线连接，准备一个干净油桶，接漏出的液压油，同时，用清洗干净的堵头，堵住接头处，注意，不要损坏密封。管路留在设备桥上。

5）与此同时，拆除皮带机的滚筒，松开台车上皮带架、风筒的固定螺栓，仅留下两个螺栓，取出内部滚筒。松开风筒的固定螺栓让风筒仍然留在上面。

（3）刀盘内管线解体

1）检查管线的标识牌是否齐全，缺少或号不对的补齐。

2）拆除中心回转体泡沫管、膨润土管，把管路留在主机上并固定，同时用塑料膜扎住接口处。

3）拆除与中心回转体相连接的油脂管，并清理接头，用堵头堵住两边接头，管路留在主机上。

4）拆除与中心回转体液压油管线的连接，准备一个干净油桶，接漏出的液压油，同时，用清洗干净的堵头，堵住接头处，注意不要损坏密封。管线留在主机上。

（4）台车管线解体

1）台车前后放上阻车器。

2）拆除1号拖车与设备桥上连接的水管和风管，把管线留在1号台车上并固定，同时用塑料膜扎住接口处。

3）拆除1号拖车与设备桥上连接的泡沫管和膨润土管，把管线留在1号台车上并固定，同时用塑料膜扎住接口处。

4）拆除1号拖车与设备桥上相连接的油脂管，并清理接头，用堵头堵住两边接头，管线留在1号台车上。

5）拆除1号拖车与设备桥上的液压油管线连接，准备一个干净油桶，接漏出的液压油，同时，用清洗干净的堵头，堵住接头处，注意不要损坏密封。管线留在1号台车上。

6）松开台车上皮带架、风筒的固定螺栓，仅留下两个螺栓，取出内部滚筒。

7）松开风筒的固定螺栓让风筒仍然留在上面。

8）吊装顺序为：刀盘、盾尾、拼装机、中盾、前盾、连接桥、螺旋机、各台车。

10.2.3 吊装设备选择

本指南盾构吊出以中铁装备 $\phi6250$mm 盾构机为例，根据现场情况，盾构拆除时采用中联 QUY260t 履带式起重机 1 台（或者一台格鲁夫 450t 汽车吊和一台 200t 汽车吊。其中格鲁夫 GMK7450 汽车式起重机 1 台，用于前盾、中盾、盾尾和刀盘的吊拆及其翻身任务，200t 汽车吊用于盾构机后配套拖车的安装和辅助作业）。

1. 盾构机的分体轮廓尺寸及重量统计

吊车选型主要根据场地和盾构机的最重、最远、最大部件确定，在吊装前对盾构机的分体轮廓尺寸及重量进行统计见表 10-4。

中铁装备盾构机各主要部件尺寸及重量表　　　　　表 10-4

序号	名称	外形尺寸（长×宽×高）(mm)	重量(t)	备注
1	刀盘	6280×6280×1603	62	
2	前盾	6250×6250×2965	120	包含主驱动
3	中盾	6240×6240×3323	105	含推进油缸
4	盾尾	6230×6230×4038	35	
5	管片拼装机	4945×5049×3558	20	含托梁
6	螺旋输送机	12832×1600×2096	25	
7	连接桥	12761×4880×3811	20	
8	1号拖车	10316×4720×3850	26	
9	2号拖车	12192×4467×3971	35	

序号	名称	外形尺寸(长×宽×高)(mm)	重量(t)	备注
10	3号拖车	10958×4395×3944	21	
11	4号拖车	10958×4795×3944	20	
12	5号拖车	10958×4799×3944	18	
13	6号拖车	9667×5020×3944	13	
14	通风系统		散件	配装
15	初装油		散件	配装
16	其他及资料	盾尾散件,其他连接螺栓等部件		配装

根据场地情况对吊车、吊具进行选型,一般情况主吊车优先选用大于300t的履带吊,也可以选用大于400t的汽车吊,副吊选择不小于150t的汽车吊配合盾构部件的辅助翻身;吊绳一般不小于ϕ65mm～1700MPa型号的钢丝绳,长度一般为20m,安全系数不小于6。

2. 吊耳的焊接

吊耳一般采用盾构原带的吊耳,如原吊耳丢失,新加工吊耳必须按原设计图进行加工,焊接位置为原盾构机设计位置,焊接完成后需请有资质的试验单位对焊接质量进行超声波探伤,合格后方可进行吊装,焊接要求如下:

(1)去除焊接部位氧化部分,打磨平整(刀盘需割除顶部耐磨圈,并把耐磨圈入库)。

(2)清洁焊接区域,并打磨不平整部分,不得有脏物和水等。

(3)焊接采用二氧化碳保护焊的方式,焊丝采用ER49-1焊丝,其最低抗拉强度为490N/mm^2。

(4)焊接时焊接质量是第一位的,必须保证焊接质量,指定专人焊接。采取保温措施和敲击释放应力。对一个吊耳进行焊接时要保持连续性,不得随意停止。

10.2.4 盾构机拆解吊装

盾构完成接收后,利用2台150t液压千斤顶及H150型钢支撑(支撑一侧焊接在接收基座上,另一侧焊接在需分离的盾体上),将盾体按图分阶段推移至指定位置,完成盾体的解体工作。

1. 刀盘拆解

刀盘前端距接收洞门外端9700mm,同时保证刀盘前端距离接收洞门前端距离不小于2800mm(根据盾构机解体部位最小需要空间计算确定,下同),利用千斤顶将刀盘向前推移,使刀盘前端抵达接收基座前端,为刀盘吊装提供足够的位置空间。

盾体到达接收架上,移至合适的位置,在刀盘焊接2个主钩吊耳,然后用260t履带吊与拆机人员配合,拆下刀盘与前盾的连接螺栓。QUY260t起重机工况:主臂$L=20$m,作业半径$R=14$m,额定起重量76.1t;最大总负载$Q=52×1.1=57.2$t<额定起重量76.1t(符合吊装安全规范要求)。盾构刀盘拆吊如图10-2所示。

刀盘翻身时,QUY260t履带吊主钩悬挂长度$L=6$m的ϕ58mm－1770MPa的钢丝绳2根、55t弓形卸扣2个,并与刀盘上部刀圈上焊接的2个吊耳连接;鹅头副杆吊钩悬挂

图 10-2 盾构刀盘拆吊示意图

$L＝8m$ 的 $\phi58mm－1770MPa$ 的钢丝绳 2 根、55t 弓形卸扣 2 个，并与刀盘法兰面上初装的 2 个吊耳连接（此吊耳为随机构件，通过高强度螺栓与刀盘的法兰面连接）；在履带吊主、副钩的配合下将盾体进行翻身。QUY260t 起重机工况：主臂 $L＝20m$，作业半径 $R＝7.5m$，此工况下主副钩最大起重量 $Q＝122×0.8＝97.6t＞$ 负载 52t，满足吊装要求，所以在刀盘翻身时可以独自完成。

2. 螺旋输送机拆解

刀盘拆卸完成后，将主机前移，使螺旋输送机马达距洞门位置不小于 1000mm，先利用吊车大钩挂住螺旋输送机尾部吊耳，并在中盾拼装机行走梁两侧的吊耳上各挂上 1 个 5t 手拉葫芦，用钢丝绳将螺旋机环绕固定并将钢丝绳两端头固定在 2 个 5t 手拉葫芦上，使葫芦刚好受力；在中盾人仓下部吊耳上挂上 1 个 10t 手拉葫芦，并用钢丝绳将螺旋机前部固定，将钢丝绳固定于 10t 手拉葫芦上使葫芦刚好受力；葫芦和吊车受力后，拆解螺旋输送机固定螺栓和固定连接板，吊车受力。拉 5t 手拉葫芦使螺旋机向外移动，再拉 10t 手拉葫芦，将螺旋机送出，吊车同时缓慢抬臂，使螺旋机后移，重复此操作至吊车小钩能挂

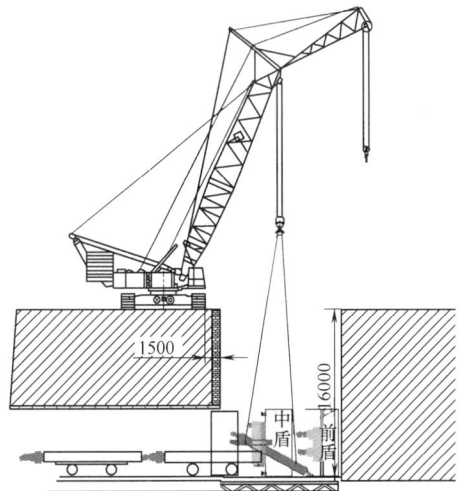

图 10-3 盾构螺旋机及螺旋机拆卸示意图

住螺旋机中部吊耳，用大小钩配合 2 个 5t 葫芦和 1 个 10t 葫芦将螺旋机拆除。盾构螺旋机及螺旋机拆卸示意图如图 10-3 所示。

3. 盾尾解体

保证盾尾后端距离接收洞门距离不小于 735mm，然后利用千斤顶将中盾＋前盾向前推移，为盾尾吊装提供足够的位置空间。盾尾吊装施工工艺流程如图 10-4 所示。

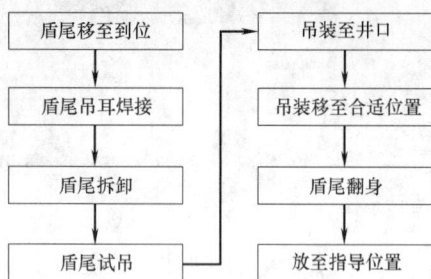

图 10-4　盾尾吊装工艺流程图

盾尾重量约为 35t，采用 260t 履带吊吊装出井，自主翻身。盾尾吊装需要焊 4 个吊耳，以及 2 个翻身吊耳，焊接质量符合吊装安全要求。盾尾吊装时采用 4 根长度 $L＝8$m 的 $\phi40$mm －1770MPa 的钢丝绳、4 个 17t 弓形卸扣进行吊装。起重机吊装工况：主臂 $L＝20$m，作业半径 $R＝9$m，额定起重量 134t；最大总负载 $Q＝28$t ×1.1＝30.8t＜额定起重量 134t（动载荷系数取 1.1，符合安全规范）。

（1）吊装出井

尾盾移至接收架后，设备桥前后用轮对支撑，并固定好，然后在吊车的配合下，把螺旋机拆下来放在管片小车上，推至洞内，然后用 100t 的千斤顶把盾体推至合适的位置，接着进行 6 个吊耳的焊接作业，并在尾盾内部用焊接支撑结构，防止吊装变形；然后利用 260t 履带吊与拆机人员配合，拆下盾尾与中盾连接间的铰接油缸，在慢慢地倾斜着将盾尾提出管片安装机梁，按要求放到地面上合适的位置。尾盾吊拆示意图如图 10-5 所示。

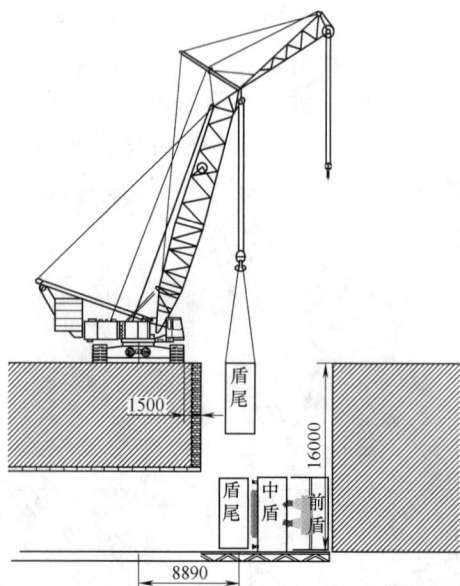

图 10-5　盾尾吊拆示意图

（2）吊装校核

盾尾翻身时，260t 履带吊主钩悬挂长度 $L＝8$m 的 $\phi40$mm －1770MPa 的钢丝绳 4 根、25t 弓形卸扣 4 个，并与盾体上部外侧初装的 4 个吊耳连接；鹅头副杆吊钩悬挂 $L＝8$m 的

$\phi40mm-1770MPa$ 的钢丝绳 2 根、25t 弓形卸扣 2 个，并与盾体下部内侧初装的 2 个吊耳连接；在履带吊主、副钩的配合下将盾体进行翻身。QUY260t 起重机工况：主臂 $L=$ 20m，作业半径 $R=7.5m$，主副钩起重量 $Q=122\times0.8=97.5t>$负载 35t，所以在盾尾翻身时可以独自完成。

（3）翻身

尾盾翻身可参考刀盘翻身施工工艺。

4. 拼装机拆解

用吊车小钩将拼装机挂起，拆除拼装机螺栓，吊出拼装机。拼装机吊拆如图 10-6 所示。

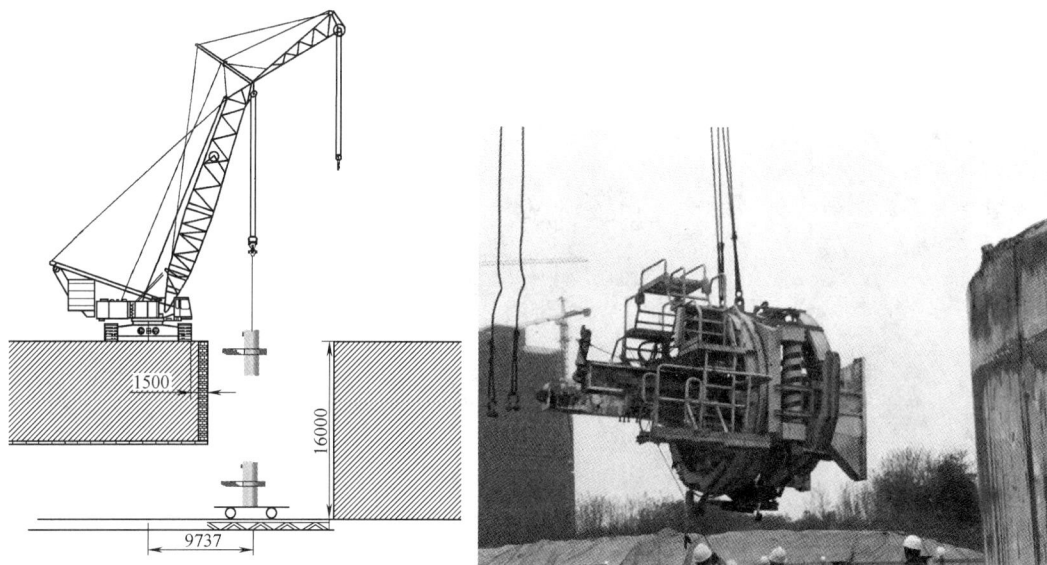

图 10-6　拼装机吊拆示意图

5. 中盾吊拆

利用千斤顶将中盾向后推移 800mm，满足中盾及前盾依次吊装的位置空间需求。中盾吊拆工艺流程如图 10-7 所示。

中盾重量约为 100t，人仓重 5t，共计 105t，吊装采用一台 260t 履带吊施工，自主翻身。中盾盾体上需要焊接 4 个吊耳，盾体内需要采用螺栓固定方式固定 2 个翻身吊耳，吊耳焊接质量符合吊装安全要求。中盾吊装时采用 4 根长度 $L=6m$ 的 $\phi58mm-1770MPa$ 的钢丝绳、4 个 55t 弓形卸扣进行吊装下井。

首先，用备好的 100t 分离式液压千斤顶把中盾推至接收井井口 0.5m 的位置，系上两条起吊平衡索，260t 履带吊把中盾微微吊起，作业半径 $R=10m$（主臂 $L=20m$，作业半径 $R=9m$，额定起重量 134t；最大总负载 $Q=91.6t\times1.1=100.76t<$额定起重量 134t），试吊之后，缓缓地将中盾至井口，再慢慢旋转至作业半径 $R=7m$ 时落地，安装螺栓式连接的翻身吊耳，副钩吊起翻身吊耳，使中盾翻至水平垂直位置，进行翻身，放在合适的位置。中盾尾盾分离及中盾吊拆如图 10-8 所示。

中盾翻身时，260t 履带吊主钩悬挂长度 $L=6m$ 的 $\phi58mm-1770MPa$ 的钢丝绳 4 根、

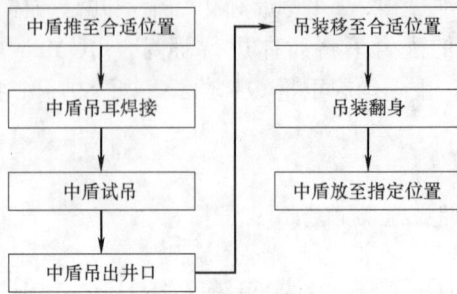

图 10-7　中盾吊拆工艺流程图

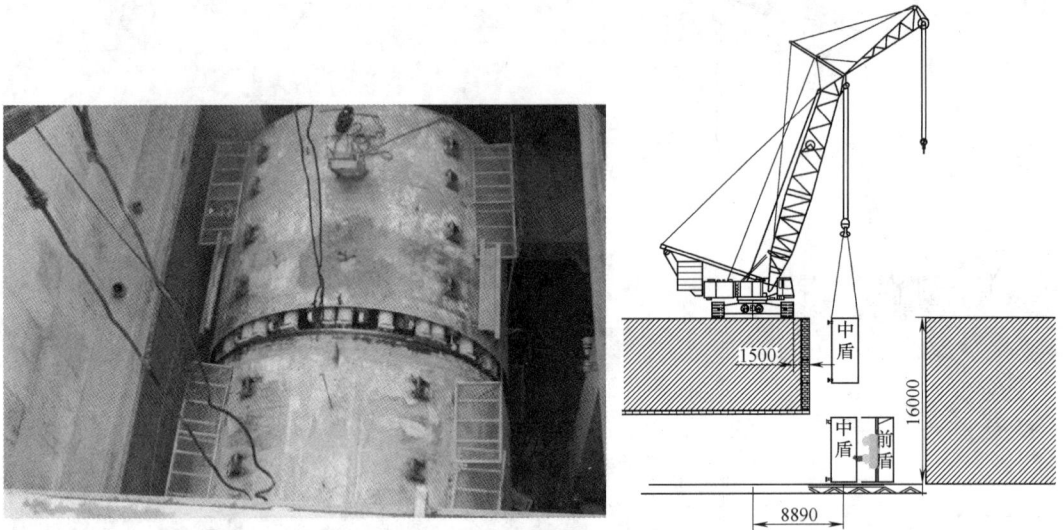

图 10-8　中盾尾盾分离及中盾吊拆示意图

55t 弓形卸扣 4 个，并与盾体上部外侧初装的 4 个吊耳连接；鹅头副杆吊钩悬挂 $L=8m$ 的 $\phi58mm-1770MPa$ 的钢丝绳 2 根、55t 弓形卸扣 2 个，并与盾体下部内侧初装的 2 个吊耳连接；在履带吊主、副钩的配合下将盾体进行翻身。QUY260t 起重机工况：主臂 $L=20m$，作业半径 $R=7.5m$，主副钩起重量 $Q=122\times0.8=97.5t>$ 负载 105t，所以在中盾翻身时可以独自完成。

（1）前盾吊拆

前盾吊拆施工工艺流程如图 10-9 所示。

前盾重量约为 120t，吊拆采用一台 260t 履带吊，自主翻身。前盾盾体上焊接 4 个吊耳，符合吊装安全要求。前盾吊装时采用 4 根长度 $L=6m$ 的 $\phi58mm-1770MPa$ 的钢丝绳、4 个 55t 弓形卸扣进行吊装下井。

（2）吊拆出井

在前盾盾壳上焊接好 4 个起吊吊耳，吊钩慢慢地将前盾缓缓吊至井口上面，然后旋转主臂到作业半径 $R=7m$ 位置进行翻身，翻身前在前盾上安装 2 个螺栓式吊耳，并与副钩连接，缓慢提升副钩进行前盾翻身。前盾出井时，QUY260t 起重机工况：主臂 $L=20m$，作业半径 $R=9m$，额定起重量 134t；最大总负载 $Q=120\times1.1=132t<$ 额定起重量 134t

（符合吊装安全规范要求）。前盾拆吊示意图如图 10-10 所示。

（3）吊装校核

前盾翻身时，260t 履带吊主钩悬挂长度 $L=6m$ 的 $\phi58mm-1770MPa$ 的钢丝绳 2 根、55t 弓形卸扣 2 个，并与盾体上部吊耳连接；鹅头副杆吊钩悬挂 $L=8m$ 的 $\phi58mm-1770MPa$ 的钢丝绳 2 根、55t 弓形卸扣 2 个，并与盾体下部法兰面上初装的 2 个吊耳连接（此吊耳为随机构件，通过高强度螺栓与前盾的法兰面连接）；在履带吊主、副钩的配合下将盾体进行翻身。QUY260t 起重机工况：主臂 $L=20m$，作业半径 $R=7.5m$，主副钩起重量 $Q=122t\times0.8=97.5t>$负载 96t，所以在前盾翻身时可以独自完成。

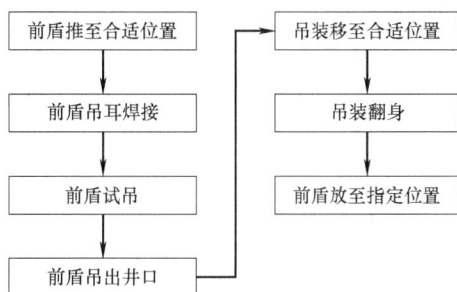

图 10-9　前盾吊拆工艺流程图

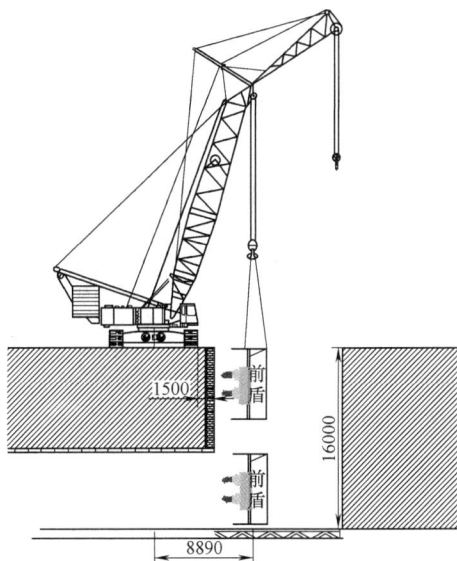

图 10-10　前盾拆吊立面示意图

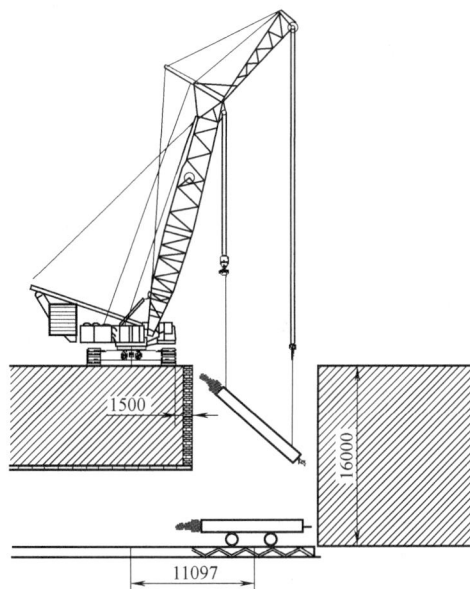

图 10-11　螺旋机拆吊示意图

（4）翻身

前盾翻身施工可参考刀盘翻身施工工艺。

6. 铺轨

在将盾构机主机吊拆完成后，在托架上铺上电瓶车轨道及拖车轨道，为后续拖车吊拆做准备。

7. 螺旋输送机出井

通过 45t 电瓶车将螺旋输送机从洞内牵引至接收井口，260t 履带吊按螺旋输送机组装的角度 23°吊起来，缓慢的让螺旋机从井口斜吊至地面。螺旋机拆吊如图 10-11 所示。

螺旋输送机自身带有 4 个（根据吊装工况选择其中的 2 个）原装吊耳，这些吊耳没有割除，符合吊装安全要求。螺旋输送机吊装时采用 2 根长度 $L=8m$ 的 $\phi40mm-1770MPa$

的钢丝绳、2 个 17t 弓形卸扣进行吊装。

8. 设备桥的吊装

设备桥（图 10-12）出井，根据连接桥吊下的实际位置情况，利用电瓶机车把后配套拖车牵引到井口合适位置，260t 履带吊配合拆除与 1 号拖车连接的销子，另一端与管片车上焊接好的钢支架焊接，焊接处满足支撑连接桥的重量和后移的强度及刚度。

连接桥的重量为 20t，采用 260t 履带吊吊装完全满足起重机吊装安全规范要求。

9. 后配套拖车出井

（1）出井程序

1）后配套拖车出井程序：皮带支架及风管固定在拖车上部→拖车起吊→拖车吊出→轮对拆除→拖车放到指定位置。

2）通过已经在井内的电瓶车，把 1 号拖车牵引到井口合适位置处。1 号拖车缓缓地吊出井口，在拖车轮对间安装固定工装，拆卸拖车上面的皮带输送机支架、风筒，然后用 260t 汽车式起重机把皮带输送机支架、风筒放入工装上，然后用绳子或扎带固定。

3）依次类推，分别吊出 1 号拖车、2 号拖车、3 号拖车、4 号拖车、5 号拖车、6 号拖车，并拆卸与前面拖车连接管线。

（2）拖车出井顺序

1）拖车出井顺序：1 号拖车→2 号拖车→3 号拖车→4 号拖车→5 号拖车→6 号拖车。

2）2 号拖车的尺寸与重量是最大的，后配套拖车吊装按 2 号拖车考虑，如图 10-13 所示，采用 260t 履带式起重机单机吊装。检查固定在拖车上的皮带支架及风管是否松懈，采用 4 根长度相等的纤维芯钢丝绳（$\phi 40mm - 1770MPa$）利用拖车上自带的四个吊耳将拖车吊起，在起吊时应该试吊一下保证绝对安全才起吊。吊出井后，放到指定的位置，然后同 1 号拖车工序，拆轮对、皮带输送机以及风筒。

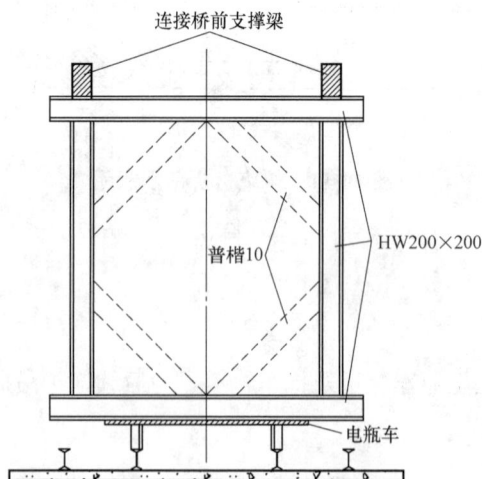

图 10-12　设备桥支撑示意图

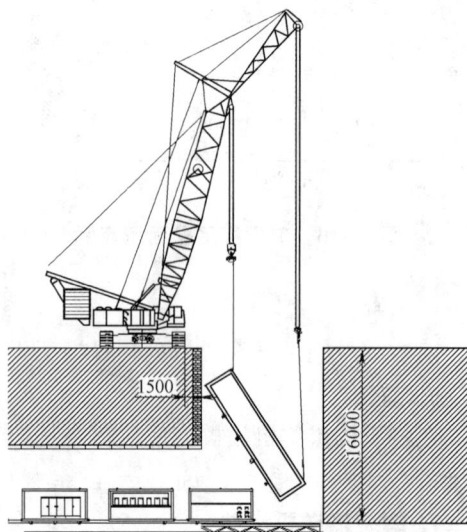

图 10-13　2 号拖车吊装立面示意图

260t 履带式起重机吊装工况：主臂 $L=20m$，作业半径 $R=14m$，额定起重量 76.1t；最大总负载 $Q=35t<$ 额定起重量 76.1t（符合吊装安全规范）。

10.3 质量控制要点及检验

10.3.1 质量控制要点

盾构解体、吊装质量控制要点主要为：

1. 解体管路清洁：管路解体前，备好各种规格型号的液压管路堵头及密封袋，管路拆除后，及时进行密封，确保液压管路的清洁、可靠。

2. 焊缝质量：所有焊接必须达到Ⅱ级焊缝标准，不能出现变形、焊渣、气泡等现象。

3. 地基承载力：吊装场地需进行地基处理及地面混凝土硬化，一般采用 C30 混凝土，浇筑厚度约 30cm，内设钢筋网片。

4. 吊装锁具：解体、吊装使用的锁具、工具需有出厂合格证或相关材质证明。

5. 吊车性能及吊装司机特种操作证。

10.3.2 质量检验

1. 管路解体完成后，检查所有管路堵头是否全部密封，且密封效果良好。

2. 所有焊缝经过探伤检测，并出具探伤检测报告。

3. 吊装场地经过地基承载力试验，并通过验算。

4. 吊装锁具经过验算后，安全系数不小于 2.5。

5. 吊装单位出具吊车性能检测合格报告，检查吊车司机特种操作证件真实性，是否在有效期内。

10.4 安全管理要求

盾构解体、吊装过程是一项综合性较强的工程，关系到机械、电气及液压系统解体的全过程，工件大、重量大，解体、吊装繁琐，且需要相应的专业技术作支撑，同时存在交叉作业、高空作业，因此，要采取各项安全措施加强现场的安全管理，预防和杜绝安全事故的发生。保证盾构解体、吊装安全的保证措施主要包括：

1. 盾构机吊装工作必须按事先制订好的盾构吊装方案进行，将盾构机准确放在指定位置。

2. 大型吊车、拖车按方案停放在指定位置，确认无误后方可进行吊装。必须严格按照吊装操作规程进行吊装。

3. 进入施工现场必须戴安全帽，高空作业人员应佩戴安全带。

4. 操作时统一指挥，互相密切配合。

5. 施工前应检查工具、机械的性能。防止绳索脱扣、破断。

6. 高空作业人员切勿急于求成，用力过猛，严禁向下丢掷工具。

7. 在井下施工时应设置足够灯光，以满足施工的需要。

8. 临边临口施工应按规定设置防护栏。

9. 解体、吊装盾构时应设置施工禁区。

10. 焊接部位必须牢固，不准有点焊、浮焊。

11. 动火作业时，应有足够的防火措施，备有足够的灭火器。

12. 吊装前，对吊耳、卸扣及钢丝绳进行安全检查，发现有损坏的，更换后方可进行吊装作业。

13. 吊装盾构时，先进行试吊，并及时检查吊车支座固定情况，如无异常情况，再进行盾构吊装作业。吊装过程中，汽车吊司机、信号指挥工密切配合，规范操作。

14. 盾构机刀盘等部件翻身时，必须由两个司索分别指挥，指挥信号必须有所区别。翻身时应先将下端缓慢提起少许，然后上端向下释放少许，在翻身的过程中要确保垂直起吊并且保持被吊物件的相对静止。

15. 桥架等斜拉起吊部件需在吊装前用长短不同的捯链固定好，吊装时司索需仔细观察确保被吊部件牢固及不会碰撞其他物体。

16. 遇到大雾、大雨、大风能见度较低的天气时应停止起吊作业。

11 盾构机带压作业

【施工目的】

盾构机在复杂地层掘进施工，由于受地质情况的限制，无法在常压条件下对盾构机刀具进行检查和更换、对刀盘磨损情况进行检查及修复、对刀盘管路进行疏通，故需要通过带压的方式进行进仓作业。压气作业是指土仓内注入压缩空气，使盾构机前端土仓与外界土层形成一个密闭的压气空间来维持土层的稳定，使得作业人员能够安全进入土仓内进行作业。压气作业属高风险作业，为了保障作业人员安全，作业时必须严格遵守相关规程操作，确保安全。

【施工依据】

1.盾构区间工程施工设计图纸、盾构区间详细勘察报告、补充地质勘察报告、施工调查等资料。

2.《中华人民共和国安全生产法》、《建筑工程安全管理条例》、《岩土工程勘察规范》GB 50021—2001、《城市轨道交通岩土工程勘察规范》GB 50307—2012、《地下铁道工程施工质量验收标准》GB 50299—2018、《盾构法隧道施工及验收规范》GB 50446—2017、《盾构法开仓及气压作业技术规范》CJJ 217—2014 等国家现行施工及验收规范、质量技术标准。

3.盾构压气作业的相关经验（以中铁装备 ϕ6250 土压平衡盾构为例）。

11.1 施工准备

11.1.1 带压作业技术准备

1. 在盾构到达预先设定的进仓里程点（尽量避免在构筑物下方）之前的两环，必须对渣土进行很好的改良，使其超出其塑性极限，几乎达到其液限，以便于螺旋输送机排渣。

2. 盾构停止掘进，刀盘停止旋转，刀盘仓室内充满已经改良好的渣土；同时从盾尾倒数第三环开始连续三环进行单液浆和双液浆密封回填，制作止水环，确保管片壁后空隙填充密实，无流水涌入刀盘，避免地下水大量涌入土仓，给作业人员带来风险。

3. 对盾壳位置用高浓度混合液进行封闭。配比为高浓度泥浆：膨润土：Ⅱ型：水＝200：200：600（根据地层情况进行调整）。

4. 根据地下水位和地质条件，确定进仓时仓室内需要保持的气压。地层不稳定时，根据水土合重测算压力。

5. 盾构的以下系统必须处于待命状态：气闸系统、低压空气系统、膨润土注入系统。所有要求的注浆口、排浆口必须处于工作状态。

6. 压气作业时，若土仓内压力不能稳定则须需向土仓内注入膨润土进而形成泥膜，直到仓内压力稳定为止；可同时选用地面注双液浆，注浆位置可选用地面泼水冒气泡处。注浆作业时要注意附近管线，防止地面隆起或者浆液进入雨污水管道，造成封堵。膨润土的拌制应提前24h进行，浆液配比为高黏度泥浆：膨润土：Ⅰ型：Ⅲ型：水＝70：10：20：800（根据地层情况进行调整），黏度93s（根据地层情况进行调整），并对性能进行试验，确保膨润土注入土仓后可以形成较好的泥膜。

7. 开始用螺旋输送机从仓室的底部排渣，在排渣的同时，向渣仓的顶部泵送膨润土泥浆（膨润土泥浆应为稠泥浆）；膨润土泥浆的压力必须高于预定的进仓气压。

8. 通过仓室内的压力进行持续监测，确定泥膜的质量。

9. 先把仓内渣土排出1/3，观察土仓的气压情况，如果气压稳定（加气量正常），地表气量无很大的泄漏。继续再将仓内渣土排出至刀盘40%～50%高的位置停止螺旋输送机排渣。

10. 在出渣的同时通过恒压器向刀盘内注入压缩空气，使刀盘上部保持在给定工作气压，在此过程中应注意保持出渣和压气的同步，当2h后加气量仍然没有变化或变化很小，则人员开始带压进仓作业。

11. 启动空气系统后，立即通过仓室的排浆口（球形阀）或螺旋输送机的排渣口排除膨润土，保持仓室内压力恒定。分步骤对仓室内的压力进行控制，以达到设定的进仓压力值。

11.1.2 带压作业人员准备

1. 带压进舱作业人员应做好身体检查，并做好换刀作业培训，熟悉进仓作业程序，并能严格遵守作业程序及安全规定；同时空气舱的操作人员应受过训练并具备专业操作资格证书才可进入人仓。

2. 作业人员进仓时必须遵守和执行所有安全规则；作业人员应熟悉刀盘及刀具的检查、刀具更换工作程序。必须定期检查所有部件（显示仪、条形记录器、热系统、钟、温度计、密封和阀）的功能。定期检查通信设备和紧急电话设备是否能按照规定要求工作。所有空气舱前部和内部的警示和信息标志都必须遵守。必须严格遵守减压程序。

3. 一般在 1.5～2.0bar 压力下作业的时间为 3～4h，除去加压、减压的必须时间，有效工作时间仅为 1.5h 左右。进仓人员休息时间必须超过 8h，每仓 3 人。进行换刀施工人员组织情况见表 11-1。

带压换刀人员及分工表（每个班次）　　　　　表 11-1

序号	项目	人数	分　工
1	调度	2	工作联系与协调
2	人仓管理员	2	指定专人负责人仓作业的管理与协调
3	班长	2	熟悉进仓施工流程
4	换刀人员	9	熟练工
5	班组内协助人员	6	包括材料供应、工具准备；风、水接入和保障等
6	电工	1	照明接入
7	刀具工程师	1	技术指导、刀具评估
8	土木工程师	1	地质评估、安全监督
9	机电工程师	1	设备故障排除
10	专职安全员	2	施工过程安全监督
11	现场医护人员	1	做好应急救援准备

4. 在带压进仓期间必须配备两名专职安全管理人员 24h 值班，并配备一名现场医护人员。

11.1.3　物资准备

1. 设备准备

（1）盾构机设备准备：保证盾构机与开仓相关的机械设备和仪表都完好。

（2）用电准备：除现有的盾构机电力系统外增加 5.5kW 汽油发电机（保证照明系统）和 $3m^3$ 柴油空压机（保证空压机能持续供气）。

（3）仓内用水准备：检查盾构机向仓内供水的管阀，保证仓内自来水供应。

（4）仓内供氧准备：准备 5 套小型医用吸氧机。

2. 机具准备

（1）作业人员根据计划准备作业所需的刀具、工具等，并把进仓作业所需工具、预计所需更换的刀具等放入人仓或仓外。

（2）作业前检查人舱内设备的完好性。检查显示仪、条形记录器、加热系统、钟、温度计、电话、紧急电话和阀等是否完好，检查门密封面是否干净、密封是否损坏。必须保证人舱内所有设备处于完好状态。换刀施工工具清单可见表 11-2。

带压换刀工具清单 表 11-2

序号	名称	规 格	单 位	数量	备 注
1	量刀尺		把	6	
2	高压水枪		把	2	
3	风动扳手		台	2	
4	开口扳手	46mm	把	2	
5	开口扳手	50mm	把	2	
6	开口扳手	41mm	把	2	
7	重型套筒	M36	个	2	
8	重型套筒	M46	个	2	
9	重型套筒	M50	个	2	
10	撬棍	1m	根	2	
11	撬棍	0.6m	根	3	
12	手拉葫芦	1.5t	个	2	
13	锤头	3.6kg	把	2	
14	钢板钻	1700W	台	1	
15	安全带		副	4	
16	防水防爆电筒	充电式	把	4	
17	钢丝钳	200mm	把	2	
18	照明灯	24V	盏	4	
19	对讲机		个	2	
20	风、水管	$\phi20mm\times20$	根	2	
21	干燥工作服		套	1/人	自行准备
22	医疗用品		套	1	专业单位
23	防毒面罩		副	5	专业单位
24	氧气呼吸瓶		个	1	专业单位
25	高压氧舱		台	1	专业单位
26	水下电焊机		台	1	专业单位

3. 其他物资准备

（1）由于带压作业对能量的消耗很大，需要为带压作业人员准备充足的高热量食物及水。

（2）准备大量的冰块用于仓内降温。

（3）准备纸笔用于仓内外交流及记录。

11.1.4 气密性实验

1. 设备气密性实验

（1）空压机检查

为保证压气作业的安全性，应对两套电动空压机电气、机械等元件进行全方位的检查维护，同时为了保证供电的连续性，对所准备的汽油发电机、柴油空压机进行检查记录。

1）检查所有空气滤芯、油气分离器等，不符合要求的进行更换。

2）检查空压机冷却油、柴油、汽油的油位是否足够。

3）检查冷却器是否能正常使用。

4）检查电气元件是否处于正常工作状态。

5）检查机械元件是否处于正常工作状态，如三角皮带等。

6）检查汽油发电机、柴油空压机工作是否正常。

（2）自动保压系统检查

对两套压缩空气系统进行检查，以确保一个系统发生故障时，另一个能够立即使用。

1）检查控制台上各旋钮是否正常，不符合要求的进行更换。

2）设定压力下自动模式观察压力指针变化。

3）设定压力下手动模式观察压力指针变化。

4）检查各气阀的响应时间是否正常。

（3）人闸检查

在高气压下，检查以下项目：

1）带式记录器必须能正常工作。

2）紧急照明必须能正常照明。

3）紧急电话必须能正常通话。

4）各个压力表必须能正常显示（提前在专业检验所进行标定）。

5）主室和入口室温度计显示必须正常。

6）主室和入口室各备一个时钟，并能正常工作。

7）主舱和前舱的溢流阀压力调为工作压力。

8）各个手动球阀开关必须正常。

9）流量计工作必须正常。

10）各个密封门开关必须正常。

11）各个加热装置加热必须正常。

（4）人闸加减压试验

试验时不要求人员进入，只进行无人压力试验，以检查主室与入口室的各功能部件在试验压力下的工作情况。

1）主室加压

① 检查显示仪表、记录仪、暖气、时钟、温度计、紧急电话、密封阀等，并检查密封门的清洁状况。

② 观察主室的带式记录器，检查工作是否正常，纸带是否足够。

③ 关闭主室舱门，确保关闭正确。

④ 关闭主室舱壁密封门，并关闭主室与入口室之间的密封门。

⑤ 人孔舱管理员缓慢地打开进气阀。

⑥ 缓慢地升高主室的压力，直到达工作压力。

⑦ 当主室内压力达到工作压力时，人孔舱管理员关闭带式记录器。

2）主室减压

① 人孔舱管理员打开带式记录器。

② 降低主室的压力，观察主室压力表和进气流量计。

③ 与此同时，人孔舱管理员同时打开排气阀，开始排气，无论如何此时压力不可以再次升高。

④ 调节进气阀和排气阀，直到达到排气过程所规定的缓慢而恒定的压力降低速度，进气流量计的流量值每人至少为：$0.5m^3/min$。

⑤ 观察主室压力表，当主室内部的气压降到第一级压力值时，人孔舱管理员通过调节排气阀和进气阀，在规定的时间内保持压力恒定。人孔舱管理员应通过主室进气流量计经常检查人孔舱的排气情况。

⑥ 在保压过程中重复第3～第5的步骤，直到舱内压力与外界的常压相同。

⑦ 人孔舱管理员关闭带式记录器并将减压过程（日期、时间、压力等）记录在人孔舱记录本上。

在整个试验过程中，必须保证所有的过程都正常。

3）副室加压

① 检查显示仪表、记录仪、暖气、时钟、温度计、紧急电话、密封阀等，并检查密封门的清洁状况。

② 观察副室的带式记录器，检查工作是否正常，纸带是否足够。

③ 关闭副室舱门，确保关闭正确。

④ 同时关闭副室与主室之间的密封门，确保关闭正确。

⑤ 人孔舱管理员缓慢地打开进气阀。

⑥ 缓慢地升高副室的压力，直到达到工作压力。

⑦ 当副室内压力达到工作压力时，人孔舱管理员关闭带式记录器。

4）副室减压

① 人孔舱管理员打开带式记录器。

② 降低副室的压力，观察副室压力表和进气流量计。

③ 与此同时，人孔舱管理员同时打开排气阀，开始排气，无论如何此时压力不可以再次升高。

④ 调节进气阀和排气阀，直到达到排气过程所规定的缓慢而恒定的压力降低速度，进气流量计的流量值每人至少为：$0.5m^3/min$。

⑤ 观察副室压力表，当副室内部的气压降到第一级压力值时，人孔舱管理员通过调节排气阀和进气阀，在规定的时间内保持压力恒定。人孔舱管理员应通过入口室进气流量计经常检查人孔舱的排气情况。

⑥ 在保压过程中重复第3～第5步的步骤，直到舱内压力与外界的常压相同。

⑦ 人孔舱管理员关闭带式记录器并将减压过程（日期、时间、压力等）记录在人孔舱记录本上。

在整个试验过程中，必须保证所有的过程都正常。

5）工作室加压

① 检查显示仪表、记录仪、暖气、时钟、温度计、紧急电话、密封阀等，并检查密封门的清洁状况。

② 观察工作室的带式记录器，检查工作是否正常，纸带是否足够。

③ 关闭工作室舱门，确保关闭正确。

④ 关闭工作室与主室之间的密封门，确保关闭正确。

⑤ 人孔舱管理员缓慢地打开进气阀。

⑥ 缓慢地升高工作室的压力，直到达工作压力。

⑦ 当工作室内压力达到工作压力时，人孔舱管理员关闭带式记录器。

6）工作室减压

① 人孔舱管理员打开带式记录器。

② 降低工作室的压力，观察工作室压力表和进气流量计。

③ 与此同时，人孔舱管理员同时打开排气阀，开始排气，无论如何此时压力不可以再次升高。

④ 调节进气阀和排气阀，直到达到排气过程所规定的缓慢而恒定的压力降低速度，进气流量计的流量值每人至少为：$0.5m^3/min$。

⑤ 观察工作室压力表，当工作室内部的气压降到第一级压力值时，人孔舱管理员通过调节排气阀和进气阀，在规定的时间内保持压力恒定。人孔舱管理员应通过入口室进气流量计经常检查人孔舱的排气情况。

⑥ 在保压过程中重复第3～第5步的步骤，直到舱内压力与外界的常压相同。

⑦ 人孔舱管理员关闭带式记录器并将减压过程（日期、时间、压力等）记录在人孔舱记录本上。

在整个试验过程中，必须保证所有的过程都正常。

2. 地层气密性实验

为确保作业人员仓内作业安全，开仓作业前，通过盾构机加压设施对土仓内加压，观察土仓压力值的变化，同时安排人员地面观察是否有漏气严重的情况，土仓压力2h内没有变化或不发生大的波动时（压力变化值＜0.05bar），表明其气密性合格。否则就应重新进行地层保气性处理措施。

（1）泥膜护壁

1）泥膜护壁主要运用于掌子面气密性差的地层。

2）泥膜制作参数选择黏度不低于60s，一般选用膨润土进行配置，经充分膨化后利用注入设备。

（2）盾壳后部止水

1）采用注浆方式对开挖面留出来的间隙进行封堵，阻止后部地层来水，并一定程度上减少土仓泄气通道。

2）盾尾脱出后管片3～5环全环采用双液浆制作止水环。同时应注意考虑盾构机长时间停机，防止浆液串入盾体及前方抱死盾尾。注浆前可通过同步注浆设备注入高黏度膨润土浆液（浆液可添加填充物）。

3）盾体径向注浆孔可采用聚氨酯等化学材料进行盾壳间密封止水。不具备盾体径向条件可在脱出盾尾第一环管片注浆头及插入管环缝ϕ20mm钢管注入。

（3）地层加固

地层加固主要分为水平及垂直注浆，水平加固可通过盾构机超前注浆孔实施。垂直通过地表注浆加固，加固范围宜盾构刀盘切口前方 10m，地面加固时可在地面泼水，在气泡处打孔注浆。

11.2 压气作业适应的相关条件

11.2.1 压气作业的地层条件

压气作业并非任何地层都适合，由于覆土厚度、土质、地下水等条件不同，有时压气施工收不到预期的效果。压气的效果受围岩条件影响，必须充分调查土层的粒度组成、土的透水性、地下水的状态、地面地质补勘、详勘钻孔的封堵情况、地面管线的埋设状况及地面建筑覆盖物的密闭性（城市道路等）。另外对盾构停机前掘进时开挖面的状态、渣土含水量的分析、空气消耗量的多少、盾体上方和尾部、成型隧道的密闭性等都要事先进行分析比较。

下面几种软弱土层比较适合压气施工：粉质土层透水性差，压气效果较好，压气气压本身的支护作用，围岩的脱水作用产生的强度会大大增强。黏性土层，土质软弱开挖面不稳定，可依靠压气气压的挡土作用和脱水作用使掌子面得到加固和稳定。

根据经验，通常需要具备以下几个条件：

1. 隧道覆土埋深大于 2 倍隧道直径。
2. 隧道正上方存在不小于 3m 的黏土层且地下水位在黏土层以上。
3. 隧道正上方不存在砂层及淤泥层等孔隙比大、压缩系数大的地层。

11.2.2 特殊条件下的压气作业的辅助措施

当地层满足上述条件，但可能由于盾构机扰动造成地层松动而保压效果不理想，可采用人工处理方式改善地层的孔隙比及压缩系数，提高地层的保气能力，达到压气作业的条件。主要方法是注入高浓度膨润土浆液，在一定的土仓压力条件下旋转刀盘，对掌子面进行渗透和护壁，提高保压效果。同时对盾尾补充注浆，减少空气流通路径。

如果压力不稳定，下降速度较快，对预设的压气作业区，提前进行地面注浆加固。重点加固盾构机上方的土层，加固范围为刀盘前后左右各 1m 的矩形区域，增加土体的密实度，从而提高地层的保压能力。

11.3 压气系统

盾构压气作业主要是在封闭的人闸（图 11-1）内完成。人闸连通土仓，由主舱和预备舱组成，两舱被压力门分隔开。主舱利用法兰与中间舱进行连接，中间舱直接焊接在压力密封隔板上，主舱通过密封隔板上的一扇门可以进入土仓。预备舱从侧面与主舱连接在一起，使得进入预备舱必须首先通过主舱才能实现。预备舱用于在压缩空气起作用的过程中向内或向外传送工具以及应急。

主舱可以进 3 人，预备舱可以进 2 人。主舱和预备舱均为分开操作，内部均配有通信系统、排气阀和通风阀、时钟、气压表、温度计、供暖等设备。

图 11-1 盾构机人闸构造图

　　排气阀和通风阀只在意外情况发生后人员被堵在里面时使用；正常情况下，进出人闸由舱门负责人进行操作；舱门负责人操作两舱的排气阀和通气阀、通信系统、气压表、人闸通风用的流量表以及带式录入系统等设备。

　　人闸通过安装在台车上的空气压缩机站供应压缩空气，管路配有相应的滤清器和安全阀。

11.4　主要施工工艺、方法与技术措施

11.4.1　施工工艺流程

　　压气作业人员进出仓流程如图 11-2 所示。

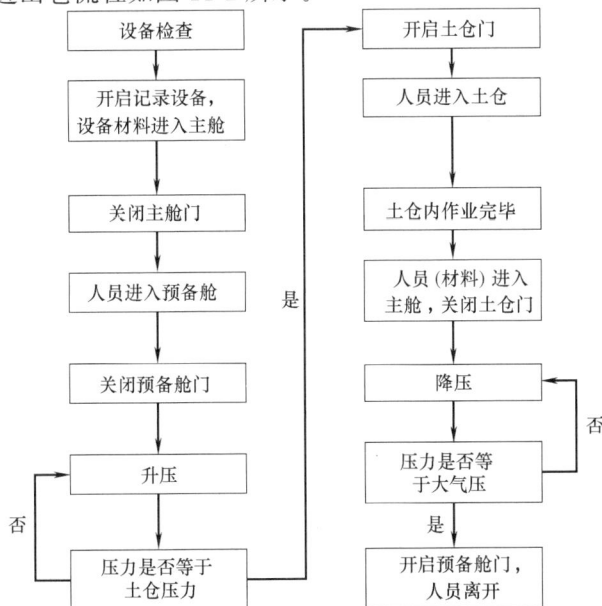

图 11-2　压气作业人员进出仓流程图

11.4.2 土仓压力设定

为了达到压气作业施工目的和保障作业人员身体健康，压气压力值的设定尤为重要。通常，压气压力以开挖面的地下水压为基准，再考虑隧道埋深来确定数值。考虑到压气压力对开挖面的任何一部分都作用相同的压力，而位于隧道顶部与底部的水压和土压大小不同，对所有的位置都给予最合适的气压条件较为困难。结合压气作业经验，参照大隧道≥6m 的标准，压气压力一般以 3/4 隧道断面处的水压力为基准，参照盾构机顶部覆土埋深，两者的比值与正常推进时顶部土仓压力平衡值的对应综合确定压气压力值。一般情况下，作业压力范围在 1.0～2.5bar 之间。但是在通常情况下会把比较出来的数值略微下调 0.1～0.3bar，主要是为了防止压力过高造成地层击穿，另外压气压力数值略低对进仓作业人员的身体健康也有好处。

11.4.3 土仓加压置换与保压

1. 为了确保掌子面的稳定，土仓加气的过程中应遵循压力平衡的原则。加气的过程是一个对土仓加压的过程，而螺旋输送机出土又是一个减压的过程。边往土仓中加气边缓慢出土，尽可能保持住土仓压力在极小的范围内变化。详细统计出土量，将土仓内的土体降到一定的高度。实现在土仓压力恒定的情况下气体与土体的置换。

2. 当土仓内土体位置下降为隧道断面的 3/4 时，停止出土。开启压气自动补偿系统，输入计算好的气压设定值。进行土仓内保压实验，一般以 4h 为宜。在这个过程中，土仓内压力不可低于输入的设定值。压气自动补偿系统工作正常，补气的频率越慢越少越好，注意观察记录。盾构台车上空压机的工作压力不应低于 5bar，满足前期设定的压气管路值。一切正常 4h 后，打开人闸室内顶部土仓壁上的平衡阀，可排出压缩空气，无水、无泥，此时可判断地层保压成功。

3. 保压成功后，继续按所述的方法进行气体与土体的置换。排出仓内土体直至满足人工进仓作业的位置，一般应在截面隧道的 3/4 处。注意渣土排放量的统计，经验值约 20m³。

4. 盾构机在气压的作用下，尽可能的后退 5cm 左右。为压气作业及处理障碍物提供有利环境，提高工作效率。

11.4.4 压气作业时间要求

1. 作业开始时，在第一个人进入上面土仓空间前，人闸值班人员应持续充气 10min，以确保上面土仓空间内空气新鲜。

2. 应严格遵守压气作业工作时间以 24h 为一个周期，工作时间不得超过 3h/班。

3. 减压时，人闸内的温度不允许在 5min 内降至 10℃以下或升至 27℃以上。

4. 在压力超过 14.7psi 或 1bar 的环境下作业的人员，减压后应留在人闸附近一段时间：当总减压时间小于 30min 时，停留 1h；当总减压时间大于 30min 时，停留 2h。

5. 作业后的 6h 内，作业人员不应承担较大强度的体力运动。作业结束后，使用电瓶车将作业工人运出来。作业后的 24h 内，不许飞行和潜水，必须留在（现场）附近。

6. 必须认真填写压气作业时间记录表。

11.4.5　土仓作业

1. 人员在土仓作业期间由自动保压系统的恒压器向刀盘供气，保证土仓内气压保持在给定值。向土仓内接入单独的管路以供氧，同时必须定期检查流速计以保证土仓的通风并排出废气。流速计安装在人舱外的卸压阀上。

2. 土仓内作业采用轮班制，根据施工工作压力选择合适的工作时间，每班 3~4 人（具体人数需根据当地轨道公司规定执行），作业人员在土仓内作业达到规定的作业时间后通过降压程序离开加压仓，下一班人员按照以上作业程序进入主舱作业。

3. 作业过程中若需向土仓内运送物资，则启用副舱。副舱的操作和空气仓类似。为作业人员安全考虑，每人每天带压工作不宜超过 3h，但可根据工作量的大小按照带压工作减压表适当调整工作时间。

11.4.6　主舱降压人员撤离

1. 主舱和土仓之间的空气舱门关闭。
2. 工作人员离开土仓进入主舱。通过主舱减压方案减压后离开主舱。
3. 第二组工作人员进入主舱室，按照第一组工作人员的作业程序进行加压、检查刀盘及减压离开主舱室。
4. 以此类推，下一组工作人员开始工作。
5. 作业人员作业过程中，由一直坐在人舱内的人员通过电话与人员仓管理员联系。

11.4.7　减压相关要求

1. 带压人员减压技术要求

按下述各项分级要求，根据减压舱减压表选择带压工作或减压方案。

（1）选择的减压方案可采用主舱阶段减压。

（2）各压力档中的横线表示该压力的工作适宜时间的限度。遇特殊情况需超过此限度时，应注意控制工作时间在表所列范围内并需有一定的保留量。

（3）采取基本减压方案时，如果工作压力与表列某压力相同则应采用下一个工作压力；如果工作时间在表列的两个工作时间之间则应采用下一个工作时间。

（4）遇不宜采用基本减压方案的情况，应选择较基本减压方案的工作时间下一、二档或工作压力下一、二档或工作时间及工作压力均下一、二档的方案作为减压方案。

（5）采用减压舱减压时，各停留期的停留时间均按表内数字；采用氧气减压时，各停留期的停留时间均按表内数字减半，若表内数字为奇数，则加 1 后再取半数。氧气减压期间连续吸氧 30min 需另加 5min 间隙呼吸空气。

2. 主舱段减压步骤

（1）人员进入主舱后，人舱管理员根据工作人员的工作时间和工作压力选择减压方案。

（2）关闭压力挡板上的小窗，压力补偿用压力挡板上的门阀。

（3）空气舱内的人员通过电话与人舱管理员联系。

（4）人舱管理员打开条形记录器。

（5）人舱管理员通过门阀开始逐渐降低主舱中的压力至第一停留期压力，并同时观察测压计和流速计。

（6）人舱管理员通过门阀、卸压阀开始空气舱的通风，但此时不应再升高压力。

（7）调节门阀、卸压阀直到通过给空气舱通风的方法使得压力能稳定而缓慢的下降，在降压过程中流速计的值必须至少 $0.5\mathrm{m^3/min}$ 每人。

（8）当空气舱的内压力到达了第一停留期的压力，人舱管理员通过调节门阀、卸压阀将压力保持在这一阶段值上，并同时记录时间。此外，还要定期检查流速计以检查空气仓的通风。

（9）压力保持期内这一程序必须重复进行直到周围的压力变为正常。在降压过程中工作人员可打开加热系统。推荐的温度范围在 $15\sim28℃$ 之间。

（10）第一停留期结束后，人舱管理员通过门阀开始逐渐降低主舱中的压力至第二停留期压力，其余各期操作方法以第一停留期减压方法为例，类推直至减压结束。此时，可打开主舱通往大气压室的空气舱的门。

（11）人舱管理员停止条形记录器，将空气舱程序（日期、时间、压力、人数等）输入空气舱手册。

11.4.8 刀具检查、更换

1. 刀具检查

（1）刀具外观检查

检查刀盘上所有刀具螺栓是否有脱落现象；检查滚刀挡圈是否断裂或脱落，若挡圈脱落，还应检查刀圈是否发生移位；检查滚刀刀圈是否完好，有无断裂及偏磨现象；检查滚刀刀体是否漏油或轴承损坏现象等。

（2）刀具磨损量的测量

滚刀在没有断裂和损坏的前提下，正确地测量滚刀刀圈的磨损量是进行更换刀具及技术人员掌握目前刀具状况的依据。刀圈产生偏磨、刀圈脱落、裂纹、松动、移位情况下必须进行更换，边缘滚刀磨损量大于10mm，正面区滚刀磨损量大于15mm，中心区滚刀磨损量在大于20mm时进行更换。刀具正常磨损及刀圈断裂、偏磨如图11-3、图11-4所示。

图 11-3　刀具正常磨损

图 11-4　刀圈断裂、偏磨

当检查完刀盘、刀具后，从中心刀开始依次往外圈更换刀具；把 1.5t 手动捯链悬挂在土仓顶部的吊耳上，吊起拆掉的刀具采用依次更换吊点办法把刀具运送出；在拆刀的同时，仓外的人员把所更换的新刀绑安装机头上旋转到正上方，再把 1.5t 手动捯链悬挂在顶部推进缸上，吊起新刀采用依次更换吊点把新刀运进土仓内；再采用拆旧刀的反顺序依次安装新刀，按刀具螺栓的紧固扭矩紧固螺栓。其他检查到磨损刀具按此顺序依次更换刀具。

所有需要更换的刀具必须经过仔细的清洗并擦干；向刀盘上安装刀具时应事先将刀盘上的安装位置清理干净；刀具更换后应重新拧紧螺栓以达到要求的紧固扭矩。

在拆刀时，如果遇到刀具螺栓因受力弯曲变形不易拆除，可采用割除的办法拆除。

2. 刀盘及管路检查

进仓作业时，除了检查刀具的磨损情况之外，还需要检查刀箱、刀盘耐磨块的磨损情况，若两者的磨损情况较严重，及时进行刀箱的更换和耐磨块的补焊。此外，还需要检查泡沫管道是否疏通（根据泡沫泵的压力确定），如果堵塞则注入膨润土加压并辅以细铁棍进行疏通。

3. 注意事项

（1）更换刀具前检查所使用工具等是否处于完好状态。

（2）严格按照刀具的拆装工序工艺要求进行，保证装配面的清洁、刀具位置对中。

（3）严格按照刀具螺栓的紧固扭矩紧固螺栓。

（4）刀具更换完毕后认真检查更换时所用的工具，防止遗忘土仓内，盾构掘进时对设备产生破坏。

（5）做好详细的刀具更换记录。

11.4.9　盾构恢复推进

当土仓作业完毕后，土仓内存有大量的压缩空气，渣土的占有量不足土仓总容积的 1/2。为了保证地层的稳定，通常在恢复推进初期采取辅助气压作业，即在盾构机向前开挖的同时，压气作业的自动补偿系统仍然在工作。首先确保土仓压力保持在设定的数值上，随着开挖下来的渣土不断填充土仓，仓压会上升，打开人闸室顶部的平衡阀释放一定量的压缩空气。注意要缓慢释放，尽可能减少土仓压力的波动，让开挖下来的渣土取代压缩空气，逐渐建立起土压平衡。通过对推进行程的计算和平衡阀释放物质的观察，最终确认渣土与压缩空气置换完成。在仓压不变的情况下，关闭压气作业的自动补偿系统，正式恢复推进。

11.5　施工中常见问题及处理方法

11.5.1　气压下降速度变大

在压气作业过程中，通过自动补偿系统调节土仓内气压使气压保持在一个恒定的范围之内，当地层中的漏气通道增多时，气压下降速度往往会逐渐变快，此时要将作业人员尽快撤离至人闸进行减压，以保证人员安全。

11.5.2　掌子面土体失稳

仓内工作人员应密切注意掌子面的稳定情况，当发现掌子面有不稳定的征兆时，应立即与仓外主管人员（盾构队队长）联系。现场主管人员接到报告后应立即向项目部报告，接到报告后，项目经理（或主管生产的项目副经理）应立即到达现场，会同现场负责人组织相关人员采取应急措施，同时，通知测量组加强地面监测频率。

采取的应急措施为：采用背板将刀盘口封闭，再用方木将背板撑在刀盘内侧。具体步骤如下：

1. 通知仓内工作人员准备出仓，抢险物资迅速到位。

2. 第二次压气进仓，同时将应急物资带入仓内。

3. 在仓内，用背板将土体失稳处的刀盘开口封闭，边封闭边用方木支撑。背板的边缘用棉布条将缝隙塞紧。

4. 将刀盘的开口封闭后，抓紧时间继续换刀。

5. 如果发现土体坍塌严重，已来不及封堵时，则关仓继续推进，待生成一段新的掌子面后再继续压气作业。

11.5.3　压气作业注意事项

压气作业换刀过程具有较强的系统性，每个环节均需要进行精心控制，其中任何一个环节的失误都将导致整个压气作业的失败。

1. 盾构机停机行程不宜过长，为以后重新建立土压平衡预留足够的开挖行程。

2. 盾构机停机后，在压气作业前利用较高的仓压使盾构机向后退 5cm 左右，尤其是在软硬不均，可以提供更换刀具的作业空间，大大提高换刀的速度。

3. 如发现刀具有问题时，应及时停机，不可抱有侥幸心态，盲目推进。这样会加剧刀具的异常损伤，增加更换刀具的难度，大大延长了换刀时间，加大成本的支出。

4. 更换刀具时，每组之间的交接尤为重要。应该在有着丰富换刀经验的工程技术人员地组织下，分析存在的难点，拿出方案，使整个换刀工作统一起来。

5. 如长时间更换刀具，土仓内的压缩空气中含氧量会大大降低，此时应根据需要，适当释放土仓内的压缩空气，置换新鲜的压缩空气，确保作业人员有一个良好的工作环境。

6. 各个压气作业设备留有的观察人员，要做好记录，机械工程师不间断巡查密切关注设备的运转状况。

7. 所有信息的共享，更有利于对整个压气作业的控制。仓内土层、地下水量、刀具的拆装现状、地面沉降监测数据、设备的运转状况、压气人员身体的状况，都是两班交接过程中要分析和共享的。

11.6　压气作业安全保障措施

项目部各部门、作业班组及人员获得预警信息后，对信息应认真加以分析，按照早发现、早报告、早处理的原则，缜密加以应对。安全监督部作为行为安全责任主管部门，要做好日常检查工作，发现安全隐患，必须坚决予以整改，对较大安全隐患，必须及时向项目部主管领导汇报。项目部主管领导获得预警信息后，应立即研究部署应对措施，按照应急预案程序和会议决定，通知各相关方面，做好预防和应急的各项准备工作。

11.6.1　开仓安全保障措施

1. 施工过程中，调度在现场 24h 值班，协调材料人力。办公室安排人员在地面 24h 值班，确保与洞内、洞外的联系。

2. 开仓后先观察掌子面的稳定情况，经判断稳定后，再进入土仓作业。

3. 开仓前及施工过程中，确保现场形成安全通道。

4. 安排土木工程师在施工现场值班，在开仓过程中以及开仓后施工过程中必须由土木工程师对掌子面稳定情况进行观察评估，确认安全后，施工人员才可进入仓内施工。一旦发现异常及时撤出施工人员，并关闭仓门。

5. 进入仓内的施工人员不得超过 8 人。

6. 换刀过程中施工人员加强自防、互防和协防，避免摔跌或砸伤。

7. 做好开仓作业组织，确保施工的有序、连续，尽快完成施工。

11.6.2　带压进仓安全保障措施

1. 有感冒或流感的人不能进入空气仓，因为可能有耳膜破裂的危险。

2. 为了保障空气仓内人员的健康必须逐渐升高空气仓的压力，将压力缓慢上升到操作压力值。人员仓管理员必须认真履行带压作业人员的减压程序，并做好时间记录，坚决杜绝减少减压时间的现象与跳期减压的现象。

3. 定期检查流速计以确保主舱通风。加、减压过程中确保舱内通风量，以保证舱内人员的安全。

4. 随时观察仓内人员的健康状况。一旦出现任何不适现象立即中断压缩空气并降压让不适人员离开空气仓。

5. 带压进仓人员按照培训知识注意保护自己，仓内工作环境比较差，作业人员遇见突发事件要保持镇定。

6. 刀盘作业时注意防止作业的工具、材料掉入到刀盘内。

7. 地表人员 24h 进行地表检测与观察，仓外人员和主机室人员要随时观察气压、刀盘仓压力的变化情况，如有变化，或遇突发情况，及时通知现场指挥人员，及时通知作业人员全部撤离至人员仓并第一时间关闭土仓门，然后通过减压程序出仓。

8. 严禁带易燃、易爆（如打火机和手机）、带电或化学物质（如密封胶）、饮料（矿泉水除外）进仓。

9. 按照进仓安全操作规程作业，压力升降按阶梯次序进行。

10. 土压仓有人作业时必须确保土压仓门处于开启状态。

11. 仓室有主舱和副舱两个，当仓内人员需要材料、物品、工具等部件时，可通过外界将这些东西放置在副舱内部。通过升、降压，主舱内的人员可打开通道门拿取物品。

12. 保证人行走通道的畅通，保证信息沟通能够迅速，准确。

13. 事前联系好有高压氧仓的医院或单位，随时具备送往医院的保压的条件。

14. 盾构供水、供电、盾构上的空压机、保压系统和照明系统处于良好的工作状态。

15. 由项目经理负责带压进仓的总体指挥和协调，机电总工负责现场组织和调配人员以及下达相关操作命令，项目书记和土木总工现场协调指挥。生产经理和安全总监一起组织好人员、资源、安全的各项事宜。

12 盾构机常压刀具更换

【施工目的】

为了保障盾构机在整个盾构隧道区间内掘进正常，需要在掘进的过程中选取适当的位置进行换刀作业，以保障此项工作的安全顺利进行。本章内容适用于盾构机在硬岩地层或自稳能力较好的地段掘进，在常压下进行刀具更换。

【施工依据】

1. 盾构区间工程施工设计图纸、盾构区间详细勘察报告、补充地质勘察报告、施工调查等资料。

2. 《地下铁道工程施工质量验收标准》GB/T 50299—2018、《盾构法隧道施工及验收规范》GB 50446—2017 等国家、行业相关规范。

3. 刀具设计图纸、技术参数等。

4. 盾构施工方面的经验等。

12.1 施工准备

12.1.1 总体规划

在盾构始发后的日常工作中加强对施工区段地质情况的了解，并与地质勘察报告相对比，对比分析实际的地质是否与地质报告中所描述的地质情况相符合，充分估计特殊地段对刀具的破坏程度，同时根据实际的地质情况并结合掘进参数变化，制定刀具及刀具配件的采购计划，进行开仓换刀。

12.1.2 地面监测工作

对将要进行开仓的位置进行地面沉降点的加密观测，进行初始值采集。在盾构停机开仓过程中，每8h对地面沉降进行一次监测，当地面累计沉降超过25mm时，立即停止换刀工作，分析原因，并根据需要及时进行地面加固。

12.1.3 设备物资的准备

（1）通风设备：用一台口径为φ300小风机向土仓内送风。
（2）照明设备：准备低压防爆灯及防爆手电做备用。
（3）工具准备：准备便携式瓦斯检测仪、安全带、麻绳、尼龙绳、走道板、气动扳手、手动扳手、手拉葫芦、铁锤、铁铲、消防斧、电焊机、氧气、乙炔、风镐、钢丝绳、水管、铁丝、照相机、吹风筒、对讲机等。具体所需机具配置可见表12-1。

所需机具配备表 表12-1

序号	名称	规格	数量	备注
1	瓦斯气体检测仪		1套	
2	榔头	0.5kg	1把	
3	手拉葫芦	1.5t	4个	刀具拆卸
4	刀具吊环		10个	刀具拆卸
5	土仓内脚踏板		1套	临时作业平台
6	风动扳手		1个	紧固螺栓
7	水管	20~50mm	1根	接入刀盘内
8	电焊机		1台	
9	扭矩扳手	1000nm	1把	紧固螺栓
10	敲击扳手	30mm、46mm	2把	
11	活动扳手	250mm、400mm	2把	
12	卡规		2把	刀具磨损检查
13	防爆强光手电		5把	照明
14	钢丝刷		5把	清理

序号	名称	规格	数量	备注
15	工具箱		1个	
16	三防日光灯	40W，36V	2只	照明
17	对讲机		4台	联络
18	安全带		5个	
19	记号笔		2只	

（4）预定更换的刀具备件。

12.1.4　盾构机性能检查

在日常做好盾构机日常维修保养的情况下，加强对换刀过程中需要用到的系统的维护保养，如：刀盘旋转液压系统、电气系统、通风系统、循环水系统、污水排出系统、压气系统、双轨梁、管片拼装机、后配套系统，从而保证换刀工作的顺利进行。

12.1.5　作业人员确定及培训

1. 在换刀作业前，对换刀人员进行确定，选择有换刀经验的工人进行作业，一旦确定不得随意更换，值班工程师严格根据名单确定进仓人员，非换刀人员严禁进入仓内。组织换刀工作小组的成员进行相应的岗前培训，对正常换刀过程中各自的工作内容进行详细的技术交底，尤其是进仓作业的人员，应做好相应的安全技术交底。

2. 根据工作量的大小组织专业的换刀操作人员及技术人员，为了加快施工进度可考虑白夜班轮流作业，每班两组，每组三人，均为熟练工。人员配置可见表12-2。

常压开仓人员配置表　　　　　　　　　　　　表 12-2

序号	班组	一班	二班	备注
1	值班经理	1	1	现场管理
2	隧道值班工程师	1	1	工作联系与协调
3	班长	1	1	熟悉开仓施工流程
4	作业人员	6	6	熟练工
5	机电工程师	1	1	设备故障排除
6	土木工程师	1	1	地质评估、安全监督
7	运输人员	3	3	材料、机具运输
8	电工	1	1	照明提供
9	机修工	2	2	风、水接入和设备保障
10	地面值班工程师	1	1	地面材料、机具配合
11	协助人员	3	3	材料供应、工具准备等
12	专职安全员	1	1	施工过程安全监督

12.1.6 应急准备

成立换刀工作小组、应急救援小组、地表监测小组及后勤保障小组。

(1) 换刀领导小组在确定换刀的时间后，组织成立换刀工作小组，小组的成员主要分为隧道内外总指挥人员、换刀操作人员、配合换刀人员和机动人员，并对相应人员的工作内容进行详细的分工。

(2) 成立应急救援小组，负责处理换刀过程中出现的突发情况，并与附近的医院保证24h能随时联系。

(3) 成立地表监测小组，对在换刀过程中地表变化的情况时时监控，并随时向换刀工作总负责人汇报。

(4) 成立后勤保障小组，对相对来说时间比较长的换刀工作提供有力的后勤保障。

12.1.7 开仓审批

经业主单位、监理单位审批后，由监理组织进行开仓条件验收，验收通过后方可进行开仓作业。

12.2 主要施工工艺、方法与技术措施

12.2.1 盾构刀具更换施工工艺

盾构换刀施工工艺流程如图 12-1 所示，盾构常压开仓施工流程如图 12-2 所示。

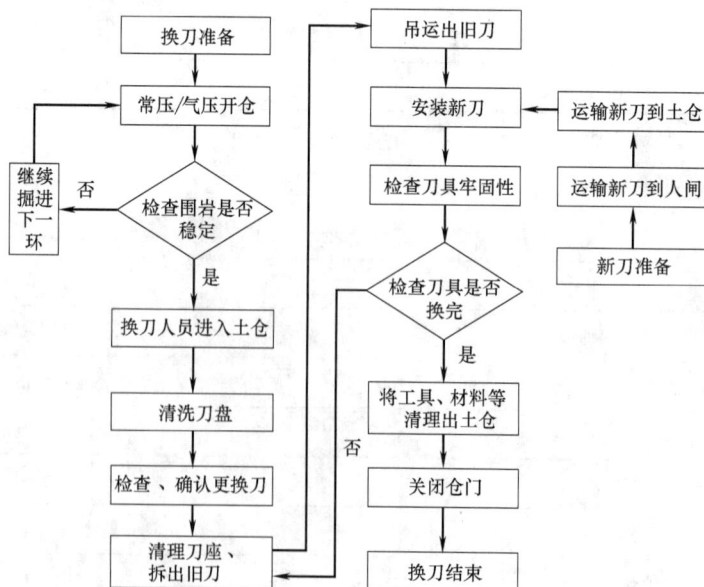

图 12-1 盾构换刀施工工艺流程图

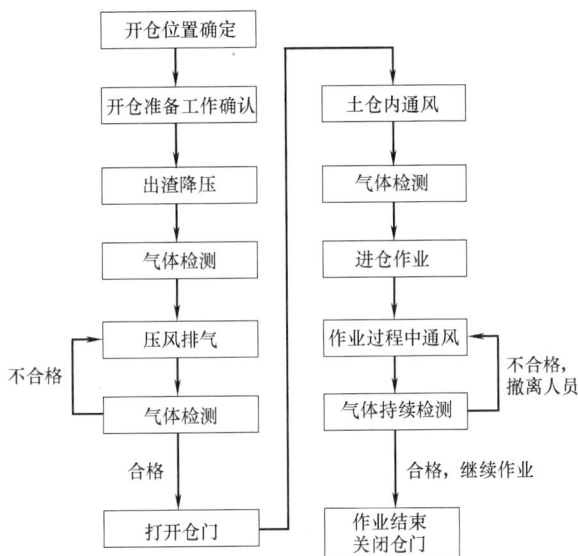

图 12-2　盾构常压开仓施工工艺流程图

12.2.2　刀具更换位置的选择

1. 仔细分析地质和地面建（构）筑物情况，根据盾构掘进和刀具磨损情况的分析，预先选择换刀点，制订换刀计划、方案。

2. 掘进参数发生如下异常变化时：

（1）刀盘驱动油压跳变值大于 30bar 或者刀盘扭矩频繁跳动。

（2）推力大、扭矩小、速度低、纠偏困难。

（3）渣温高、渣土中大量出现粒径大于 10cm 的石块（破碎带地层除外）。

12.2.3　盾构开仓换刀停机措施

1. 盾构进入指定开仓位置前，做好测量工作，计算好盾构停机环号和油缸行程距离，保证最佳停机位置。

2. 开仓前，在带压情况下排渣，然后进行地面监测，若地面无发生过量沉降，可根据地层考虑降压，然后通过隔板上的观测孔观测出水量，决定是否满足进仓条件。

3. 开仓前应环向 360°注双液浆施作止水环封堵管片与岩体之间的基岩裂隙水、承压水，同时对盾尾及盾体预留孔也进行注入一定量的膨润土浆液，防止盾尾因长时间停机而抱死。

4. 配备进仓所需的材料物资，提高换刀效率。

5. 做好应急措施及应急演练及相关应急材料物资准备到位后，方可进仓作业，出现紧急情况按应急预案处理。

12.2.4　出渣降压

在出土过程中注意观察土仓的压力变化，以判断土体的自稳性；在保证土体自稳性没问题时，由盾构机司机通过螺旋输送器，将土仓内的渣土输出，等土仓内渣土降至人仓门底部以下之后（土体处于土仓中下部），停止出渣。

12.2.5 气体检测

通过螺旋机出渣口和人仓板上的球阀对土仓内气体进行检测，并经气体检测仪进行气体检测合格后方可进行施工，并按照要求做好记录。气体检测标准见表12-3。

气体检测标准表 表 12-3

序号	气体种类	容许最高浓度	标准限量
1	O_2	$19.5\% \sim 23\%$	$\geqslant 20$
2	CH_4	不超过 0.3%	< 0.3
3	CO_2	$9000mg/m^3$	$\leqslant 0.5$
4	CO	不超过 0.0024%	$\leqslant 30$
5	氮氧化物	$5mg/m^3$	$\leqslant 5$
6	SO_2	$5mg/m^3$	$\leqslant 0.0005$
7	H_2S	$10mg/m^3$	$\leqslant 0.00066$
8	NH_3	$30mg/m^3$	$\leqslant 0.064$

12.2.6 开仓前压风排气

利用盾构机原有人仓保压系统为排气管路，盾构机主机内和后续台车全部使用原有的管路，远离灯具和高压电缆接头。利用泡沫系统管路，通过刀盘上的泡沫孔，向土仓内送风，同时打开原保压系统管路阀门，将压出气体排至预定区域，气体通过洞内压入新鲜空气稀释，随洞内空气排出洞外，如图12-3所示。

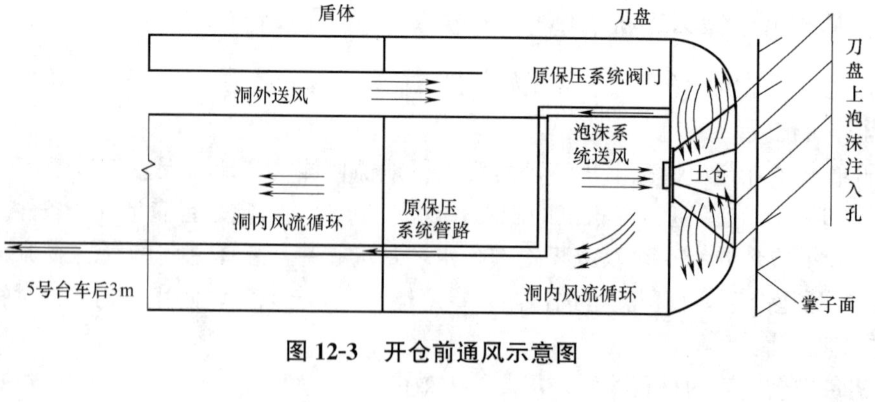

图 12-3 开仓前通风示意图

12.2.7 开仓门

1. 先进行排土、排水、放气操作，再进行气体检测，气体检测合格后，首先检查土仓压力在通风过程中是否发生变化，土仓内水位情况是否异常，清查人仓内非防爆设备，在开仓前对人仓空气质量再次进行检测，合格后方可打开仓门。

2. 开仓门注意事项

（1）开仓门前应先打开人仓和土仓之间的减压球阀（如果阀芯堵塞时用铁丝疏通），待土仓内外气压平衡后，再拆下螺栓，最后打开压板，在松开压板螺栓的过程中，要严格注意土仓内压力的变化，发现异常时，马上拧紧螺栓，以防异常情况发生。

（2）在进行刀盘检查前应准备好通信工具，并安排专人值班，以确保刀盘检查和换刀过程中，人仓、操作室和地面监控室之间的信息畅通。

（3）仓门打开后，应先由现场值班土建工程师对刀盘前方土体的稳定性及地下水情况进行确认，并得出是否具备进行刀盘检查的条件，当符合条件后，方可进行刀盘检查；当条件不符合时，应立即关闭仓门，采取应急措施。

12.2.8 仓内通风

1. 土仓内通风和气体检测

仓门打开后，气体检测人员携带气体检测仪器和防爆手电，首先对土仓顶部以及人仓附近左下和右下方空气进行检测，同时现场值班土建工程师判断地层情况，确认安全后，方可进入土仓进行下一步检测，全面检测完毕且判断地层稳定，空气质量合格，经现场负责人复核确认。判断安全后，维保人员进仓，安设安全灯具和打开通风口处仓内盖板，引入风管进行通风，开始空气循环，同时停止泡沫系统的压风，如图 12-4 所示。

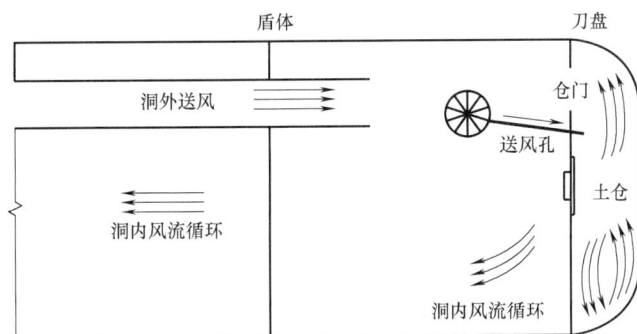

图 12-4 开仓后通风示意图

2. 作业过程中的通风和气体检测

在刀具处理过程中，必须保证通风的连续性，并由气体检测人员对土仓内气体进行不间断检测，如有异常，应及时撤出土仓内人员，加强通风力度，待土仓内气体瓦斯浓度合格后，方可继续进行进仓作业。

12.2.9 刀具、刀盘检查作业

1. 刀具、刀盘检查内容

（1）滚刀检查内容包括：滚刀的磨损量，滚刀刀圈的脱落、裂纹、松动、移位等，刀具螺栓的松动和螺栓保护帽的缺损情况。

（2）刮刀的合金齿和耐磨层的缺损和磨损以及刀座的变形情况。

（3）刀盘牛腿磨损及有无焊缝开裂情况。

（4）主轴承土仓内密封处检查有无润滑脂和齿轮油外泄情况。

（5）刀盘耐磨合金磨损情况。

（6）泡沫管、膨润土管有无堵塞。

2. 检查工作实施

（1）检查指令由机电部下达给盾构队，盾构队在接到检查命令后执行。

（2）检查工作由盾构队队长总负责，机电工程师对检查结果进行复核和确认。

（3）检查准备工作：

1）检查工具如滚刀检查量具、防爆手电、对讲机等由盾构队负责落实。

2）检查时确保洞内通风正常，确保有通向土仓的风管和水管。

3）检查前，应确保人仓内通往土仓的低压安全照明正常，并有足够的备用防爆灯。

（4）检查实施：检查工作由盾构队机械工程师、机械技师负责，同时将检查结果填写在刀具、刀盘检查记录表上，检查完毕后将表格上交机电部。

（5）检查（换刀）中注意事项：

1）检查时每次进去1人（换刀时每2人1组，不允许超过2人）。

2）检查（换刀）人员应系上安全带，以防跌落。

12.2.10　换刀、刀盘修复作业

1. 刀具、刀盘修复前准备

首先根据刀具、刀盘检查结果和刀具更换依据，确定刀具更换的具体数量和位置，以及刀盘修复的方案和工艺，然后报主管领导审批后，安排时间由盾构队组织人员实施，同时准备缺损零部件，准备刀具、刀盘修复材料和换刀工具。

2. 刀具更换依据

（1）刀圈产生偏磨、刀圈脱落、裂纹、松动、移位情况下必须进行更换，边缘滚刀磨损量大于10mm，正面区滚刀磨损量大于15mm，中心区滚刀磨损量在大于20mm时进行更换。刀具正常磨损与刀圈断裂、偏磨示意图如图11-3、图11-4所示。

（2）刮刀更换标准：合金齿缺损达到一半以上和耐磨层磨损量达2/3以上进行更换。

3. 刀具更换、刀盘修复工作实施

首先由机电部对刀盘检查结果进行核实，在换刀过程中，盾构队应派专人到现场指挥换刀，待换刀完毕后，交回机电部进行统计和备案，并将废旧刀具运至地面。

4. 换刀过程的有关规定和注意事项

（1）必须在气体检测符合标准后再进仓作业。

（2）刀具运输规定及注意事项：在刀具运输过程（包括从地面下井到进入土仓后到达换刀位置的全过程）以及旧刀具运出地面过程中，必须检查吊具、吊带等的质量，确保其安全性能的前提下方能投入使用，以免在刀具运输过程中突然断裂，导致刀具跌落，造成对人身的伤害和设备的损坏；选择合理的吊装方法和合适的吊点位置，以避免刀具的突然脱落和拉坏设备，特别禁止在推进油缸和铰接油缸活塞杆上捆绑钢丝绳作为吊点；严禁刀具碰撞设备，尤其是各类仪表、接线盒、电子仪器、油缸活塞杆等易损部位。

（3）开仓换刀作业规定及注意事项：在进入土仓作业时应注意土仓内的通风和排水，确保换刀作业人员的安全；进入土仓人员必须佩戴安全带，应时刻注意抓踩牢靠，严防打滑和跌倒；在进行换刀作业时，严禁猛敲狠打、野蛮作业，造成设备和工具的损坏。

（4）进仓换刀人员必须由身体健康，反应灵活，具有换刀经验的人员来担任。

（5）换刀过程中尽量减少刀盘转动，力争刀盘转动一周，刀具全部更换完毕。刀具更换宜做到拆一把换一把，并应做好刀具更换记录，盾构刀具更换记录表见表12-4。

刀具、刀盘检查记录表　　　　　　　　表12-4

检查部门：　　　　　　　　　　　　　　检查日期：

检查人：　　　　　　　　　　　　　　　检查时掘进里程：

检查时掘进环数：　　　　　　　　　　　地质状况描述：

滚刀检查记录			刮刀检查记录	
滚刀/齿刀刀号	磨损量（mm）	备注	刮刀刀号	磨损状况描述
中心区				
正面区				
			刀盘裂纹、磨损描述：	
边缘区				
			（必要时请附刀盘图加以说明）	

（6）开仓后若发现掌子面出现不稳定情况，应采取应急措施。如用大锤将木板（长1m，厚30mm，头部带尖）向前上方打入刀盘和土仓的缝隙，以及给刀盘进土口每隔10cm打入木支撑等，严防土体塌方造成对检查人员的伤害。

5. 瓦斯隧道动火管理

当换刀过程需要使用电焊等明火机具时，需严格遵守瓦斯隧道施工火源管理规定。

（1）瓦斯隧道洞内施工中可能产生高温、明火的焊接等工序界定为特殊工序，实行动火管理制度，动火作业前必须认真填写"瓦斯隧道动火审批表"，填写完毕并经项目部、监理批准后方可进行动火作业。

1）严控火源进入瓦斯工区。严格执行"严禁烟火进入隧道"的安全规定，施工作业人员和其他人员进洞前，应经洞口值班人员检查，严禁携带手机、电子表、火机、火柴、烟草及其他易燃易爆品，并且不得穿戴可产生静电的衣物进入瓦斯隧道。

2）洞口、洞口监控室、洞口主风机附近20m范围内不得有火源。

3）严格执行洞内电焊、气焊、喷灯焊、切割等作业动火审批程序，不得擅自动火作业。经监理单位审批后进行动火作业时，必须制定有效的安全措施，加强动火过程管理，并遵守以下规定：

① 指定专职安全员、瓦检员现场跟班检查和监督。

② 动火点附近20m风流中瓦斯浓度不得超过0.5％。

③ 动火地点前后两端各10m范围内不得有可燃物，应有专人负责喷雾洒水，并至少配置2个灭火器。

④ 动火作业完成后由专人检查，确认无残火后方可结束作业。

（2）动火作业时，瓦检员和专职安全员必须全过程监测瓦斯浓度，同时作业地点采用局部通风措施，保证该范围内瓦斯浓度不超标。

（3）动火作业施工现场无专职瓦检员、安全员监控，作业处无2个及以上灭火器时不得实施作业。

6. 关于土仓门关闭的有关规定

（1）在换刀完毕（或刀盘检查完毕）后，按照刀具更换和刀盘修复表的要求栏对落实情况进行检查，确认无误。

（2）由盾构队换刀负责人对领取的换刀工具进行清点，确保无工具和其他杂物（尤其是金属物件）遗留在土仓内。

（3）刀具处理完毕后对土仓及刀盘前方进行全面的检查，避免工具、杂物遗漏在土仓内。确认后关闭所有预留送风口、排气口、球阀及仓门，关闭情况由当班机械技术人员检查，机电总工复核，符合要求后，盾构机恢复掘进。

12.2.11　掘进前膨润土注入

开仓完成后土仓内应注入膨润土或其他细颗粒浆液后再掘进。

12.2.12　盾构通过换刀区后补充注浆

换刀完成，盾构通过后立即进行洞内二次补充注浆，补充停机过程中的地层损失。

12.3　换刀资料的整理

1. 在每次换刀完毕后，对换刀资料（包括表12-4和表12-5）进行统计和分析工作，并写出分析结论，得出刀具、刀盘磨损的规律，以便对以后换刀和掘进提供更为科学的依据。

2. 在每次换刀和刀具维修完毕后，建立各滚刀使用、维修卡片，动态记录各滚刀在全寿命周期过程中的新购、使用、维修、保养、报废的全过程，以便对各类型和厂家的滚刀进行经济性分析时提供依据。

刀具更换和刀盘修复记录表　　　　　　　　表 12-5

换刀时掘进里程：　　　　　　　　　作业部门：

完成日期：　　　　　　　　　　　换刀负责人：

滚刀/齿刀更换记录				刮刀更换记录	
刀座号	旧刀总成号	新刀总成号	备　注	刀座号	备　注

刀盘修复要求：

刀盘修复实施情况：

备注：滚刀更换备注栏填写螺栓保护帽更换和紧固记录，刮刀更换备注栏填写刮刀座孔变形（用数字说明）以及修复情况。

12.4　其他注意事项

1. 开仓操作，必须经项目经理与土木、机电总工程师许可后进行。

2. 开仓作业的一切准备工作必须提前做好，一旦开仓必须保证作业立即开始。

3. 开仓后先观察掌子面的稳定情况，经判断稳定后，再进入土仓作业。

4. 在作业过程中必须由专人负责掌子面稳定情况观察，一旦发现异常及时撤出施工人员，并关闭仓门，经观察，有坍塌发生时，在可能的情况下必须立即进行处理，若坍塌现象严重必须立即关闭仓门。

5. 做好开仓作业组织，确保施工的有序、连续，尽快完成施工。

6. 制定专门开仓和进仓作业的安全技术措施交底书，对所有参与开仓过程的人员进行全面的技术交底，达到所有人员熟悉进仓作业程序和相关要求。

7. 在人员进入工作仓作业期间，尽量减少电瓶车在隧道内运行次数，确保紧急情况时，隧道不会因为电瓶车脱轨或抛锚造成隧道堵塞。

8. 在开仓期间，尽量减少盾构机维修工作，确保地质条件恶化和放弃开仓时，能够尽快开始推进。

9. 保持地面和隧道内的通信畅通，隧道内同监控室保持联络通畅，地面发生状况及时通知监控室、应急抢险救援人员，并及时完成信息上报。

12.5 安全管理要求及保障措施

1. 安全保障措施

（1）建立健全安全质量责任制，进仓、检查刀盘及换刀作业、运输严格按规程操作。

（2）严格遵守开仓作业流程，保证气体检测合格方能进仓作业。

（3）严格执行低瓦斯隧道瓦斯检测制度，认真填写瓦斯检测日报表。

（4）进行必要的岗前培训，对作业人员上岗前针对进仓、检查刀盘及换刀作业的特点进行安全教育，树立起安全作业的意识。

（5）项目部领导实行24h现场值班制度。

（6）保证现场材料供应，确保作业过程的有效运转。

（7）人仓、自动保压系统由专人负责操作，同时做好各项记录。值班工程师现场24h值班，在值班过程中做好进仓作业的各种记录并收集、整理，并及时上报项目部。

（8）每班作业时，电工应加强用电管理，确保工地施工安全。

（9）作业人员作业时应佩戴好个人防护用品，防止意外伤亡事故的发生。

（10）开辟紧急安全通道，确保紧急情况时，可以将人员通过电瓶车运送至井口，便于抢救。

（11）在人员进入工作仓作业期间，尽量减少电瓶车在隧道内运行次数，确保紧急情况时，隧道不会因为电瓶车脱轨或抛锚造成隧道堵塞。

（12）在开仓期间，尽量减少盾构机维修工作，确保地质条件恶化和放弃开仓时，能够尽快开始推进。

（13）严格遵守低瓦斯隧道动火管理制度。

2. 技术保障措施

（1）作业初期，在专业技术人员的指导下进行进仓作业，并聘请一名医护人员进行现场的急救工作。

（2）作业人员进入土仓前必须防止渣土的坠落和突然涌水。进仓前要进行仔细地观察，无异常情况后方可进仓。

3. 瓦斯检测及预警机制

（1）瓦斯浓度预警

在开仓换刀的过程中要持续对隧道内各处进行瓦斯浓度的监测，保证隧道施工的安全。瓦斯浓度是指在回风流中的检测所得到的平均浓度，检测地点为盾构机台车外20m处。瓦斯浓度达到0.3%时，对隧道内作业人员进行预警；瓦斯浓度达到0.5%时，隧道内应停机，人员撤出。

（2）瓦斯浓度预警处理措施

1）针对人工和自动瓦斯浓度监控体系检测出的不同瓦斯浓度，视情况采取不同的措施进行处置，确保施工安全。

2）在施工中必须严格要求和经常进行阶段性的检查，使瓦检工能够严格按照岗位职责，做好检测数据的记录、收集工作，确保数据的真实可靠，为处置不同瓦斯浓度提供决策依据。隧道内瓦斯（甲烷）浓度限值及超限处理措施见表12-6。

隧道内瓦斯（甲烷）浓度限值及超限处理措施表   表 12-6

序号	地点	限值	超限处理措施
1	低瓦斯工区任意处	0.3%	查明原因,加强施工通风及瓦斯监测
2	低瓦斯工区任意处	0.5%	超限20m范围内立即停工,查明原因,加强通风监测
3	局部瓦斯积聚 （体积大于0.5m³）	1.0%	超限处附近20m停工,切断电源,撤人,进行处理,加强通风
4	盾构出土口周边	1.0%	盾构停工,撤人,切断电源,查明原因,加强通风等
5	工作面回风流中	1.0%	停工、撤人、处理
6	局扇及电气开关10m范围内	0.5%	停机、通风、处理
7	电动机及开关附近20m范围内	1.0%	停止运转,撤出人员,切断电源,进行处理
8	竣工后洞内任何处	0.5%	查明渗漏点,进行整治

3）注意事项

① 任一时刻瓦斯浓度，螺旋机出土口的位置最高，该部位在任何时间都将是最危险的地方，全体施工人员必须严格执行瓦斯隧道施工规范，严禁违章作业，时刻提高警惕，防止事故的发生。

② 节理裂隙发育地段瓦斯浓度升高，施工中根据情况应及时汇报，经项目部批准可采取超前探测。

（3）隧道瓦斯检测安全技术措施

1）对瓦斯隧道施工必须制订并实施相应的瓦斯检测等制度。

2）隧道内所有地点瓦斯浓度不得超过0.5%，瓦斯浓度达到0.3%时，应进行预警；当浓度超过0.5%时，应停止工作，查明原因，加强通风监测，待采取措施处理后进行再次检查，确认安全后方可施工。

3）每班进出口各工作面均应安排专职瓦检工跟班检测瓦斯，瓦检工应实行现场手上交接班制。

4）所有传感器、报警仪、光干涉式甲烷测定仪、便携式多参数测定仪均应每7d调校一次，每半年送专业机构检定一次，合格后方可使用，确保仪器准确、灵敏、可靠。

5）加强对洞内死角，尤其是隧道顶部等各个缺陷处通风不良、瓦斯易聚集的地点，严格进行浓度检测，如瓦斯浓度超过0.5%以上时，应立即采取局部加强通风措施进行处理。

6）隧道因突然停电时，瓦检工必须立即组织人员撤出隧道，瓦斯检查人员必须立即对隧道进行人工检测，每30min检测一次，从洞口逐渐向内进行。检测方法按平时布置的测点进行。

7）瓦斯检查人员要做好检查瓦斯的详细记录，每班要进行交接签字，瓦斯工、技术员、施工员（工班长）接班时要查阅上班的检测记录，并向项目部安全专管部门汇报。

8）瓦检工应做好人工瓦斯检测记录，并每天按时交安全部存档。技术部进行数理统计和分析，提前掌握洞内瓦斯溢出的发展动态，发现有异常现象，及时向项目总工程师、项目经理提出采取措施处理的建议。

9）项目经理或总工程师应每天审阅通风瓦斯日报表，安排人员携带瓦斯检测仪器进洞复查。

10）当2台或2种以上瓦斯检测仪对瓦斯浓度检测结果不一致时，以浓度显示值高的为准。

11）瓦斯监测专业技术人员每天要例行检查各类传感器、监测系统设备（含传输电缆）、监测探头等，检查安设位置是否正确、仪器有无损坏、是否失效，如发现异常，立即处理，不留隐患。

13 盾构隧道施工测量

【施工目的】

盾构隧道施工测量的主要目的是：1. 通过联系测量将地面坐标和高程传递到地下隧道中，建立起地面地下统一的坐标系统；2. 通过测量导向系统来控制盾构机沿着设计的轴线线路掘进，实现隧道的贯通；3. 通过人工复测盾构机姿态、管片姿态，与测量导向系统数据进行检核比较，实现测量复核。

由于盾构机导向系统的不同，盾构隧道施工测量的方法也不尽相同。本章选取国内著名导向系统——米度 MTG-T 为例进行介绍，其他导向系统如 VMT、力信 RMS-D 的测量方法与其类似。

【施工依据】

1. 盾构区间工程设计文件、业主（监理）文件中有关测量专业的技术要求和规定、工程测量交接桩书等。

2. 依据《城市轨道交通工程测量规范》GB/T 50308—2017、《城市测量规范》CJJ/T 8—2011、《铁路工程测量技术规范》TB 10101—2009、《全球定位系统（GPS）测量规范》GB/T 18314—2009、《卫星定位城市测量规范》CJJ/T 73—2010、《国家一、二等水准测量规范》GB/T 12897—2006 等国家、地方及行业有关规范、强制性标准等。

13.1 施工准备

13.1.1 技术准备

1. 广泛收集测区及其附近已有的控制测量成果和地形图资料。

（1）控制测量资料包括：成果表、点之记、路线图、计算说明和技术总结等。收集控制测量成果资料时要查明施测年代、作业单位、依据规范、坐标系统、高程系统、施测等级和成果的精度评定。

（2）成果精度指 GPS 网、导线控制网的测角、点位、最弱边、相对点位中误差；水准路线中每公里偶然中误差和水准点的高程中误差等。

（3）收集的地形图资料包括测区范围内及周边地区各种比例尺地形图和专业用图，主要查明地图的比例尺、施测年代、作业单位、依据规范、坐标系统、高程系统和成图质量等。

2. 收集合同文件、工程设计文件、业主（监理）文件中有关测量专业的技术要求和规定。

3. 调查测区内交通现状，以便确定合理的控制网测量方案，测量时选择合适的交通工具。

4. 组织测量人员进行安全技术交底。

13.1.2 测量仪器及测量人员配置

1. 测量仪器配置

测量仪器及工具配置见表 13-1。

测量仪器及工具配置表　　　　　　　　　　　表 13-1

序号	仪器及工具名称	数量	主要性能参数
1	全站仪	1 台套	测角精度≤1″，测距精度≤1+1.5ppm，带免棱镜、激光照准功能
2	电子水准仪	1 台套	每公里往返测量中误差±0.3mm/km
3	对讲机	4 台	
4	强光手电	4 个	
5	反射片	若干	尺寸：2cm×2cm、4cm×4cm
6	六角扳手	1 套	
7	膨胀螺栓	若干	ϕ12mm（M8 型号）
8	虎口钳	1 把	
9	电钻	1 把	ϕ12mm
10	钢丝	1 卷	ϕ0.3mm
11	阻尼液	2 桶	废机油
12	锤球	3 个	10kg 重锤 2 个（两井联系测量） 5kg 重锤 1 个（高程联系测量）
13	钢卷尺	1 把	量程：30～50m
14	强制对中托盘	若干	
15	测钉	若干	3～5cm 长
16	吊篮	若干	
17	铝合金型材	1 根	尺寸：3500×75×45mm（长度可根据实际情况调整）
18	水平尺	1 根	1m 长

注：全站仪、电子水准仪、钢卷尺均应检定合格方可投入使用。

2. 测量人员配置

以一个区间两台盾构机为例，盾构施工测量人员配置如下：测量工程师 1 人，测量员 4 人。

13.2 主要施工工艺、方法与技术措施

13.2.1 盾构施工测量施工工艺流程

盾构施工测量施工工艺流程如图 13-1 所示。

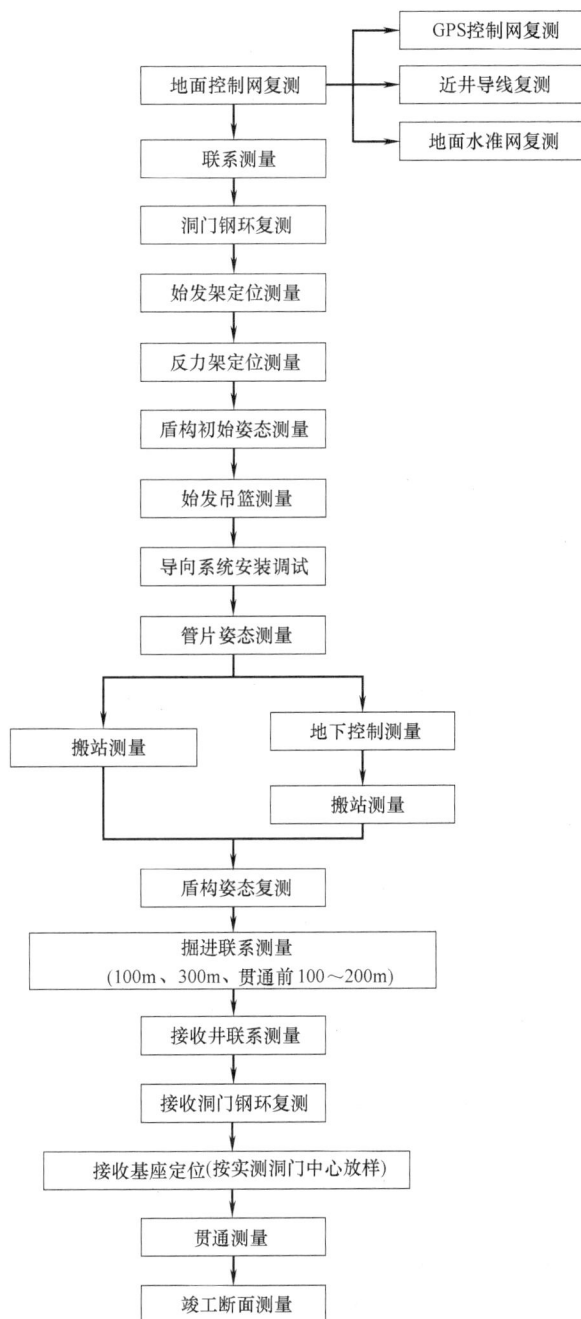

```
地面控制网复测 ──┬──→ GPS控制网复测
                ├──→ 近井导线复测
                └──→ 地面水准网复测
       ↓
    联系测量
       ↓
  洞门钢环复测
       ↓
  始发架定位测量
       ↓
  反力架定位测量
       ↓
  盾构初始姿态测量
       ↓
  始发吊篮测量
       ↓
  导向系统安装调试
       ↓
  管片姿态测量
       ↓
 ┌─────┴─────┐
 ↓           ↓
搬站测量   地下控制测量
 │           ↓
 │        搬站测量
 └─────┬─────┘
       ↓
  盾构姿态复测
       ↓
  掘进联系测量
 (100m、300m、贯通前100～200m)
       ↓
  接收井联系测量
       ↓
  接收洞门钢环复测
       ↓
 接收基座定位(按实测洞门中心放样)
       ↓
   贯通测量
       ↓
  竣工断面测量
```

图 13-1 盾构施工测量流程图

13.2.2　地面控制网复测

地面平面控制网分为三个等级：一等网为全市轨道交通控制网，应用 GPS 定位测量方法，一次全面布设；二等网为线路控制网；三等网为线路加密控制网，应分别采用GPS 定位、精密导线方法，分期布设。

1. GPS 控制网复测

（1）GPS 控制网复测的基本技术要求见表 13-2。

卫星定位控制网测量作业基本技术要求　　　　　　　　　　表 13-2

序号	项目	一等	二等
1	接收机类型	双频	双频或单频
2	观测量	载波相位	载波相位
3	接收机标称精度	$5mm+2\times10^{-6}\times D$	$5mm+5\times10^{-6}\times D$
4	卫星高度角(°)	≥15	≥15
5	同步观测接收机台数(台)	≥3	≥3
6	有效观测卫星数(颗)	≥4	≥4
7	每站独立设站数(次)	≥2	≥2
8	观测时段长度(min)	≥120	≥60
9	数据采样间隔(s)	10～30	10～30
10	点位几何图形强度因子(PDOP)	≤6	≤6

注：D 为相邻控制点间的距离（km）。

（2）GPS 卫星控制网的主要技术指标见表 13-3。

卫星定位控制网 GPS 测量的精度指标　　　　　　　　　　表 13-3

控制网等级	平均边长(km)	固定误差 a (mm)	比例误差 b (mm/km)	相邻点的相对点位中误差(mm)	最弱边的相对中误差
一等	10	≤5	≤2	±20	1/200000
二等	2	≤5	≤5	±10	1/100000

注：平均边长统计不包括已知点与未知点的连接边。

（3）作业前应对卫星定位接收机和天线等设备进行常规检查，检查内容应包括：仪器检定结果、电池容量、光学对中器和接收机内存容量等。

（4）观测前应根据接收机数量、控制网设计图形以及交通情况编制作业计划，观测中可根据实际情况进行必要的调整。

（5）GPS 控制网复测应满足以下要求：

1）天线定向标志应指向正北，且经整平、对中后，其对中误差应小于 2mm；

2）每时段观测前、后量取天线高各一次，两次互差小于 3mm 时，应取其两次平均值作为最后结果；

3）应严格按规定的时间开机作业，保证同步观测同一组卫星；观测开始后，应及时记录或输入有关数据并随时注意卫星信号和信息存储情况；外业观测手簿可按表 13-4 的内容填写；

4) 每日观测结束后，应及时将存储介质上的数据进行拷贝，并应及时将外业观测记录结果录入计算机进行数据处理。

GPS 外业观测记录手簿 表 13-4

工程名称：＿＿＿＿＿＿＿＿＿ 日期：＿＿＿＿＿＿ 测量时段：＿＿＿＿

点号			天气状况	
仪器高		开始时间	仪器高（平均）	量取位置
仪器高		结束时间		
仪器编号（后四位）			记录员	
测站略图及障碍物情况			备注	

（6）GPS 数据处理采用接收机厂家研发的配套 GPS 解算软件，基线解算采用卫星广播星历坐标作为基线解的起算数据，基线解算结果中基线长度中误差输出值不应超过 2σ，σ 是基线长度中误差，计算公式见式（13-1）：

$$\sigma = \sqrt{a^2 + (bd)^2} \tag{13-1}$$

式中　a——固定误差（mm）；

　　　b——比例误差系数（mm/km）；

　　　d——相邻点间的距离（km）。

（7）GPS 控制网的基线数据均应经同步环、独立环及复测边检核，并应满足以下要求：

1）同步环各坐标分量及全长闭合差满足式（13-2）～式（13-5）的要求：

$$W_x \leqslant \frac{\sqrt{N}}{5}\sigma \tag{13-2}$$

$$W_y \leqslant \frac{\sqrt{N}}{5}\sigma \tag{13-3}$$

$$W_z \leqslant \frac{\sqrt{N}}{5}\sigma \tag{13-4}$$

$$W = \sqrt{W_x^2 + W_y^2 + W_z^2} \leqslant \frac{\sqrt{3N}}{5}\sigma \tag{13-5}$$

式中　N——同步环中基线边的个数；

　　　W——环闭合差；

　　　σ——基线长度中误差（mm）。

2）独立基线构成的独立环各坐标分量及全长闭合差应满足式（13-6）～式（13-9）的要求：

$$W_x \leqslant 2\sqrt{n}\sigma \tag{13-6}$$

$$W_y \leqslant 2\sqrt{n}\sigma \tag{13-7}$$

$$W_z \leqslant 2\sqrt{n}\sigma \tag{13-8}$$

$$W \leqslant 2\sqrt{n}\sigma \tag{13-9}$$

式中　W——独立环环闭合差；

　　　n——独立环中基线边的个数；

　　　σ——基线长度中误差（mm）。

3）复测基线长度较差应满足式（13-10）的要求：

$$d_s \leqslant 2\sqrt{n}\sigma \tag{13-10}$$

式中　d_s——基线长度较差；

　　　n——同一边复测的次数；

　　　σ——基线长度中误差（mm）。

（8）GPS 控制网的三维无约束平差及施工坐标系下的约束平差均应符合相关规范的要求，平差结果应包含相应坐标系中的坐标、基线向量改正数、基线边长、方位角及相关中误差、相对点位中误差的精度信息、转换参数及其精度信息等。

2. 精密导线二级控制网复测

（1）精密导线测量主要技术要求见表 13-5～表 13-7。

精密导线测量主要技术要求　　　　　表 13-5

控制网等级	闭合环或附合导线平均长度（km）	平均边长（m）	每边测距中误差（mm）	测角中误差（″）	方位角闭合差（″）	全长相对闭合差	相邻点的相对点位中误差（mm）
三级	3	350	±3	±2.5	$\pm5\sqrt{n}$	1/35000	±8

注：1. n 为导线的角度个数，一般不超过 12；2. 附合导线路线超长时，宜布设结点导线网，结点间角度个数不超过 8 个。

精密导线观测技术要求（mm）　　　　　表 13-6

控制网等级	水平角测回数		边长测回数	测距相对中误差
三等	Ⅰ级全站仪	Ⅱ级全站仪	往返测距各 2 测回	1/80000
	4	6		

距离测量限差技术要求（mm）　　　　　表 13-7

全站仪等级	一测回中读数间较差	单程各测回间较差	往返测或不同时段结果较差
Ⅰ级	3	4	$2(a+b\times D)$
Ⅱ级	4	6	

注：1. $a+b\times D$ 为仪器标称精度，a 为固定误差，b 为比例误差，D 为距离测量值（以 km 计）；2. 一测回是指照准目标一次读数 4 次。

（2）精密导线网应沿线路方向布设，并应布设成附合导线或者闭合导线的形式。

（3）附合精密导线的边数宜少于 12 个，相邻的长边不宜大于短边的 2 倍，个别短边的边长不应小于 100m。

（4）相邻导线点间以及导线点与其相连的卫星定位点之间的垂直角不应大于 30°，视线离障碍物的距离不应小于 1.5m，避免旁折光的影响。

（5）当导线点上只有 2 个方向时，应采用测回法观测，且应满足下列要求：

1）应观测左、右角，且左、右角平均值之和与 360°的较差应小于 4″；

2）前后视边长相差较大时、观测需调焦时，宜用正倒镜法先观测后视边，然后再调焦正倒镜法观测前视边，此时一个测回中不同方向可不考虑 2C 较差的限差；

3）水平角观测一测回内 2C 较差，Ⅰ级全站仪为 9″，Ⅱ级全站仪为 13″。同一方向值各测回较差，Ⅰ级全站仪为 6″，Ⅱ级全站仪为 9″。

（6）当导线点上的观测方向数超过 3 个时，应采用方向法观测，方向数不多于 3 个时可不归零。方向法观测水平角的技术要求见表 13-8。

方向观测法水平角观测技术要求（″）　　表 13-8

全站仪等级	半测回归零差	一测回内 2C 较差	同一方向值各测回较差
Ⅰ级	6	9	6
Ⅱ级	8	13	9

（7）导线内业计算取位，观测方向值及各项改正数取至 0.1″，边长观测值及各项改正数取至 1mm，边长与坐标取至 1mm，方位角取至 0.1″。

3. 水准控制网复测

（1）采用二等精密水准测量方法沿最佳的线路联测每个水准点，形成闭合或附合水准路线。

（2）二等精密水准的观测方法应按照下列要求进行：

1）二等水准测量采用单线往返测量，同一区段的往返测应使用同一类型的仪器和转点尺垫沿同一路线进行。

2）往测观测次序为：奇数站上：后-前-前-后，偶数站上：前-后-后-前。

反侧观测次序为：奇数站上：前-后-后-前，偶数站上：后-前-前-后。

3）二等精密水准测量观测的视线长度、视距差、视线高度应符合表 13-9 的规定。

水准测量观测的视线长度、视距差、视线高度的要求（mm）　　表 13-9

等级	视线长度		水准仪类型	前后视距差	前后视累计差	视线高度
	仪器等级	视距				
一等	DS1	≤50	光学水准仪	≤1.0	≤3.0	下丝读数≥0.3
			电子水准仪	≤1.5	≤6.0	≥0.55 且≤2.8
二等	DS1	≤60	光学水准仪	≤2.0	≤4.0	下丝读数≥0.3
			电子水准仪	≤2.0	≤6.0	≥0.55 且≤2.8

4）二等精密水准测量每一测站的测站限差应符合表 13-10 的规定。

水准测量的测站观测限差（mm）　　表 13-10

等级	上下丝读数平均值与中丝读数之差	基、辅分划读数之差	基、辅分划所测高差之差	检测间歇点高差之差
一等	3.0	0.4	0.6	1.0
二等	3.0	0.5	0.7	2.0

注：使用数字水准仪观测时，同一测站两次测量高差较差应满足基、辅分划所测高差较差的要求。

（3）水准测量内业计算取位，高差中数取至 0.1mm，二等水准最后的高程成果取至 1.0mm。

13.2.3 联系测量

联系测量的目的是将地面坐标和高程传递到地下隧道中，建立起地面、地下统一的坐标系统，以便指导隧洞施工。联系测量包括平面联系测量和高程联系测量。

联系测量是连接地上与地下的一项重要工作，为提高地下控制测量精度，保证隧道准确贯通应根据工程施工进度，应进行多次复测，复测次数应随贯通距离增加而增加，一般在隧道掘进到 100m、300m 以及距贯通面 100～200m 时分别进行一次。

当隧道单向掘进长度超过 1500m 时，掘进至盾尾距始发面 600m 后每 500m 必须增加一次联系测量，并加测陀螺定向以提高定向测量精度。

1. 平面联系测量

平面联系测量的方法很多，常用的是两井定向测量法，如图 13-2 所示。

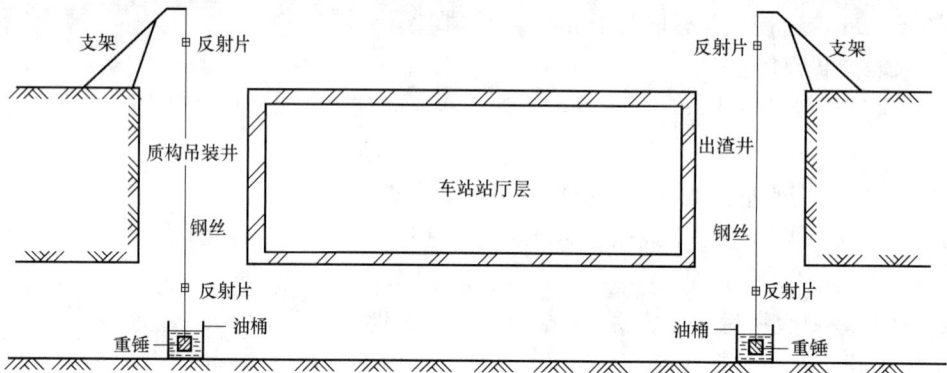

图 13-2　两井定向示意图

（1）两井定向联系测量需要准备的工具材料有：ϕ0.3mm 钢丝、10kg 重锤 2 个、2 桶阻尼液、2cm×2cm 徕卡反射片 4 个。

（2）利用盾构吊装井和出渣井分别吊下 ϕ0.3mm 钢丝，悬挂 10kg 重锤，重锤应浸没在阻尼液中。

（3）两井定向联系测量时，两根钢丝间距离应大于 60m，特殊情况下不得小于 30m。

（4）边长测量采用全站仪测距，读至 0.1mm。边长采取往返测量三测回，各测回较差应小于 1.0mm。井上与井下同一边边长较差应小于 2mm。

（5）角度观测应采用Ⅰ级全站仪，用测回法观测四测回，各测回间同一方向观测值互差应不超过 ±4″。

（6）联系测量应独立进行三次，取三次的平均值作为最终成果。

（7）对于单向掘进距离小于 1000m 的隧道，地下导线起始边方位角的互差不大于 ±12″；对于单向掘进长度大于 1000m 的，起始边方位角的互差不大于 ±12″/$\sqrt{L}$，L 为单向掘进长度，单位以 km 计。

2. 高程联系测量

高程联系测量，通过竖井悬挂钢尺导入法把高程传递至车站底板的控制点上，向地下传递高程的次数，与坐标传递同步进行。先作趋近水准测量，再作竖井高程传递，如图 13-3所示。

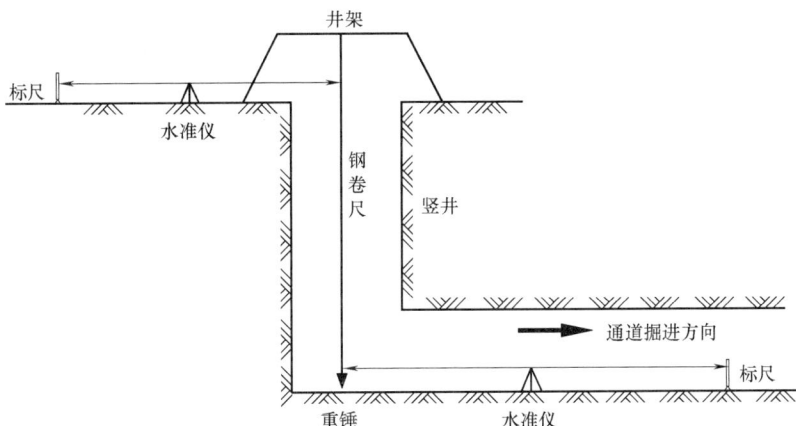

图 13-3 高程联系测量示意图

（1）高程联系测量需要准备的工具材料有：检定合格的 50m 钢卷尺 1 把、5kg 重锤 1 个。

（2）在竖井处悬挂钢尺，钢尺底部悬挂 5kg 重锤，确保观测过程中钢尺静止。地面和地下两台水准仪同时观测读数，独立观测三次，测回间应变动仪器高，三次测得的地面、地下水准点间的高差较差不大于 3mm 时，取平均值使用；高差较差大于 3mm 时，应重新测量。

（3）高差应进行尺长和温度改正，当竖井深度超过 50m 时，还应进行钢尺自重张力改正。

13.2.4 地下控制测量

地下控制测量包括地下导线控制测量和地下水准控制测量。地下导线和水准控制测量的起算点，应利用直接通过联系测量传递到地下的控制点成果。地下控制测量应在每次联系测量完成后进行复测。

1. 地下导线控制测量

（1）从隧道掘进起始点开始，直线隧道每掘进 200m 或曲线隧道每掘进 100m 时，应布设地下导线控制点，并施测地下控制导线。

（2）地下平面控制点宜布设成强制对中托盘的形式，如图 13-4 所示，减少对中误差。

图 13-4 强制对中托盘实物图

（3）地下导线测量按精密导线精度的要求施测。

（4）左、右角各测二测回，左、右角平均值之和与 360° 较差小于 4″，边长往返观测各二测回，往返观测平均值较差应小于 4mm。

（5）每次延伸地下控制导线前，应对已有的控制导线点进行边长和角度的检测，确保控制点未发生挪动。

2. 地下水准控制测量

（1）地下水准控制测量采用二等水准测量方法。

（2）地下水准点可以和地下导线点共用同一个点，若是单独埋设时宜间隔 200m 埋设一个。

（3）水准线路往返较差、附合或闭合差为 $\pm 8\sqrt{L}$ mm。

（4）水准测量应在隧道贯通前进行三次，并应与传递高程测量同步进行。重复测量的高程点间的高程较差应小于 5mm，满足要求时，应取逐次平均值作为控制点的最终成果指导隧道掘进。

13.2.5 施工测量

盾构施工测量工作包括：始发（接收）洞门钢环复测、始发（接收）托架和反力架定位测量、盾构机初始姿态人工测量、导向系统安装调试、搬站测量、管片姿态测量等。

1. 洞门钢环复测

（1）洞门钢环复测以联系测量成果的地下平面控制点和高程控制点为基准，检查洞门里程、中线、高程、洞门圈横竖径、预埋钢环的位置。

（2）洞门钢环复测时，全站仪用免棱镜测量模式，沿着钢环内边缘一圈采集若干个离散点的三维坐标，用最小二乘法拟合计算出钢环圆心三维坐标，并与设计钢环圆心三维坐标进行比对，确定成型后的钢环的实际偏差量，给始发架和反力架定位测量提供参考依据。洞门钢环圆心拟合计算如图 13-5 所示。

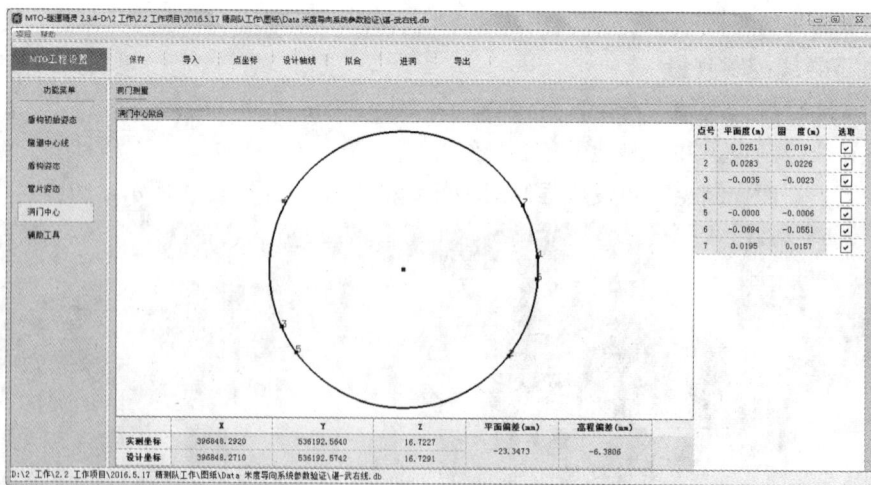

图 13-5　洞门钢环圆心拟合计算

2. 始发架和反力架定位测量

盾构机初始状态主要决定于始发托架和反力架的安装，因此始发托架的定位在整个盾构施工测量过程中显得格外重要，反力架的定位又决定了盾构机能否顺利始发，因此始发托架和反力架的定位必须严格按照规范实施。始发/接收托架如图 13-6 所示，反力架如图 13-7 所示。

图 13-6　始发/接收托架实物图

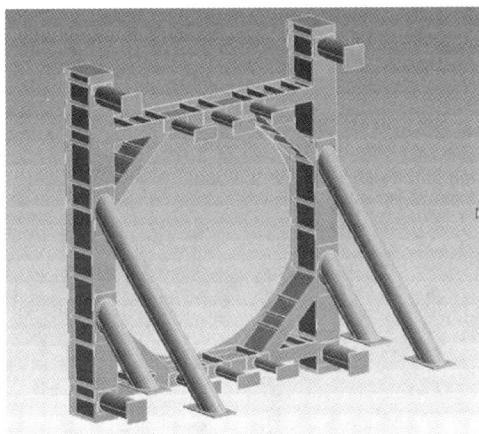

图 13-7　反力架示意图

（1）盾构机始发托架测量主要控制导轨的中线与设计隧道中线偏差不能超限，导轨的前后高程与设计高程不能超限，导轨下面是否坚实平整等。

（2）另外托架导轨前端放样时抬高 2～3cm，减小盾构机进洞时栽头对盾构姿态的影响。

（3）反力架的定位包括平面位置定位、高程定位和倾斜度定位。

（4）反力架的平面位置根据负环管片的环数和始发托架的位置而定，反力架左、右立柱连线必须与隧道中心线垂直。

（5）反力架的钢环中心线标高根据线路中心线标高和实际盾体中心线标高而定，保证反力架钢环中心与实际盾体中心线重合。

（6）反力架钢环面与盾体中心线垂直，控制精度为：高程偏差≤±5mm，左右偏差≤±10mm，竖直趋势≤±2‰。

3. 盾构机初始姿态人工测量

（1）盾构机下井组装完毕后，必须用人工测量方法测定盾壳或内部精密结构件特征点，并计算盾构机始发前的初始姿态参数，包括测量盾构机的平面偏差、高程偏差、水平偏航角、俯仰角、滚转角、刀盘切口里程，盾构姿态示意图如图 13-8 所示。盾构机姿态测量计算数据取位精度要求见表 13-11。

盾构机姿态测量计算数据取位精度要求　　　　　　　　表 13-11

序号	测量内容	取位精度
1	平面偏差	1mm
2	高程偏差	1mm
3	俯仰角	1′
4	方位角	1′
5	滚转角	1′
6	切口里程	0.01m

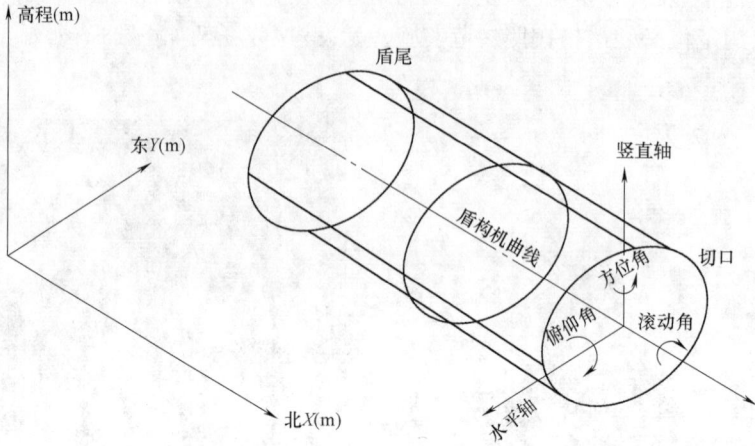

图 13-8 盾构姿态示意图

（2）利用联系测量直传到地下的控制点，尽可能多的测量盾构机结构上的参考点三维坐标，测量误差应在±3mm 以内。选取的参考点尽量的平均分布，以确保测量成果的可靠。盾构姿态参考点分布如图 13-9 所示。

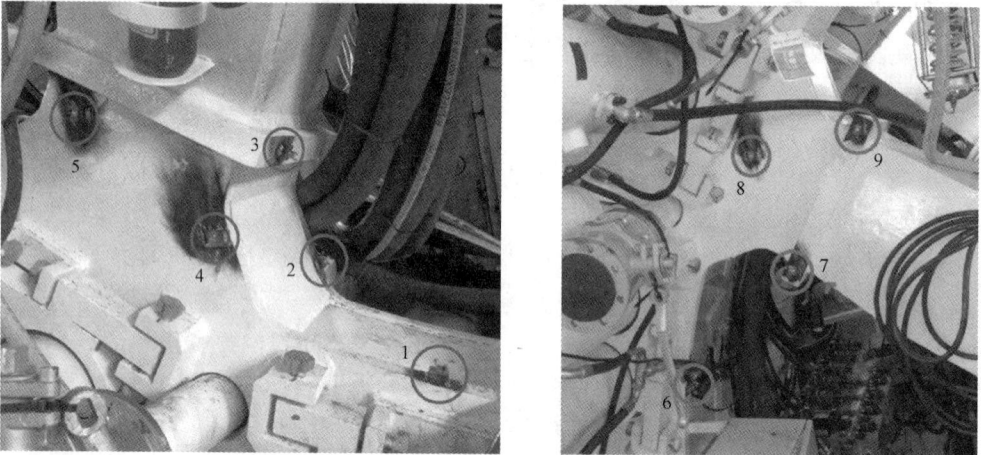

图 13-9 盾构姿态参考点分布图

（3）将实测的参考点三维坐标输入米度隧道精灵软件中，计算出盾构初始姿态。

（4）应及时利用人工测量法的盾构初始姿态成果与盾构机导向系统中显示的盾构姿态进行检核校正。

（5）盾构机始发掘进后，盾构姿态宜每 100 环人工复测一次；盾构机到达接收井前 50 环应增加人工姿态复测频率。

4. 导向系统安装调试

导向系统的硬件包括全站仪、激光靶、工业电脑、中央控制箱、无线电台等。软件主要是 MTG-T 导向系统软件。导向系统构造图如图 13-10 所示。

（1）全站仪的安装

全站仪安装在吊篮底盘上，底盘为归心标底盘，将吊篮悬挂在车站中板底部固定后，

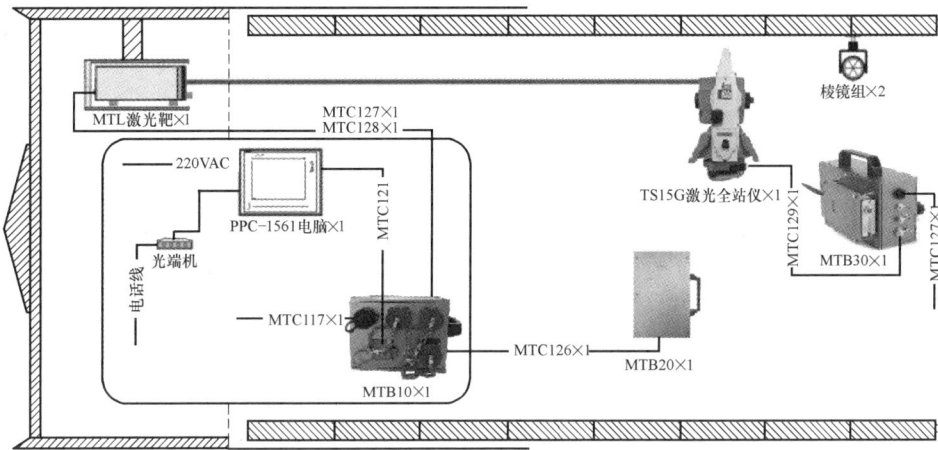

图 13-10　导向系统构造图

全站仪放在底盘上整平即满足要求。全站仪安装如图 13-11 所示。

（2）后视棱镜的安装

在全站仪能观测到的位置，满足通视的条件。后视棱镜的安装如图 13-12 所示。

（3）激光靶的安装

激光靶安装在盾尾的特定支架上，出厂前已由工程师负责焊接，焊接时要保证安装支架的水平。激光靶的安装实物图如图 13-13 所示。

（4）工业电脑的安装

工业电脑安装在盾构操作室内，由螺栓固定在操作柜上。工业电脑的安装实物图如图 13-14 所示。

图 13-11　全站仪安装实物图

图 13-12　后视棱镜安装实物图

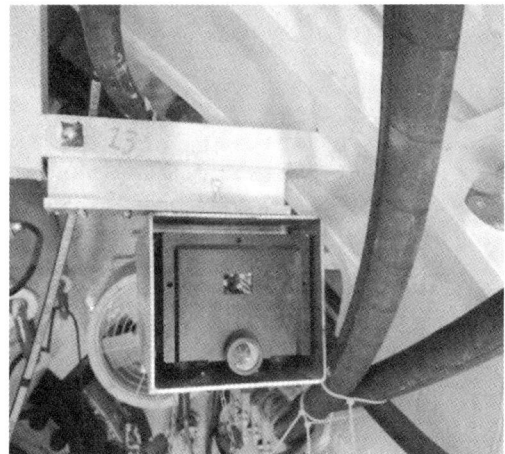

图 13-13　激光靶安装实物图

（5）中央控制箱的安装

控制箱安放在盾构机操作室外侧立柱上，并将准备好的激光靶与控制箱连接。中央控制箱的安装如图 13-15 所示。

图 13-14　工业电脑安装图

图 13-15　中央控制箱安装图

（6）无线电台的安装

本地无线电台安装在盾构机连接桥上，安装结果如图 13-16 所示；远程电台安装在全站仪支架的平台上，安装结果如图 13-17 所示。

图 13-16　本地无线电台安装图

图 13-17　远程无线电台安装图

（7）软件的安装

MTG-T 导向系统软件安装在盾构机操作室内工业电脑上的 C 盘里面，MTG-T 软件主界面如图 13-18 所示。在 MTG-T 软件主界面的【隧道中线】中输入设计线路参数，设计线路参数包括平曲线参数、竖曲线参数、平面偏移量、竖直偏移量等，如图 13-19 所示。

（8）设站定向

在 MTG-T 软件【向前移站】的吊篮坐标中输入测站、后视棱镜三维坐标，在设站定向页面选择对应的点测量并设置，设站定向运行调试如图 13-20 所示（状态栏将提示已完成设站定向）。

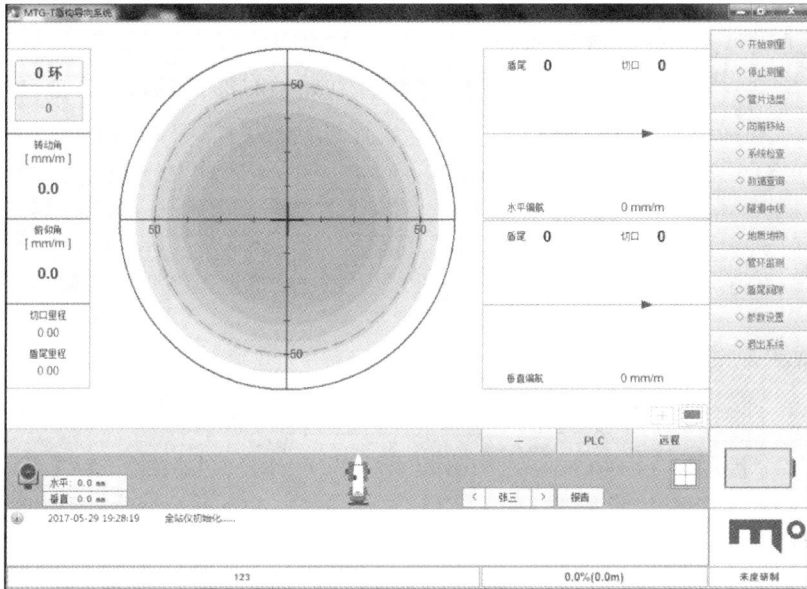

图 13-18 MTG-T 软件主界面图

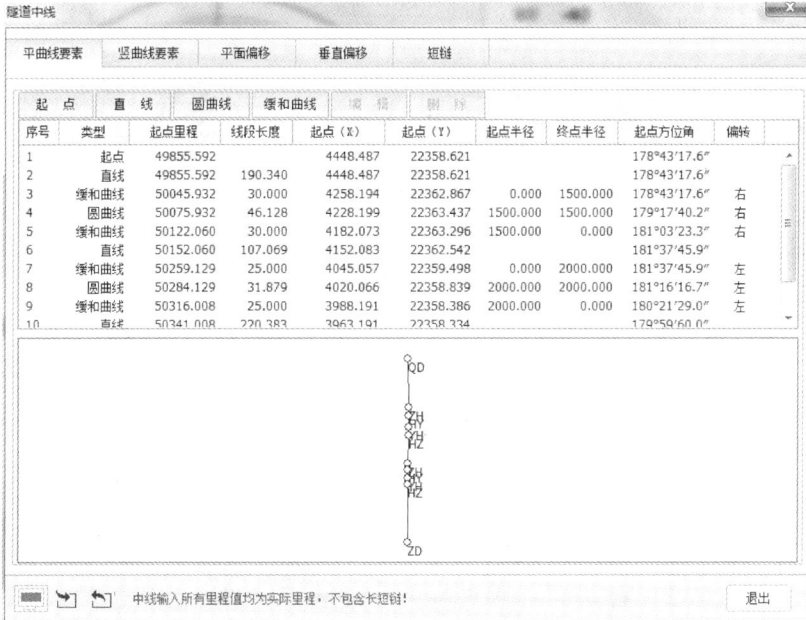

图 13-19 设计线路参数图

（9）工业电脑网口 IP 地址设置

工业电脑中两个网口（导向系统、PLC 及远程监控）IP 地址设置如图 13-21 所示。

说明：工业电脑有两个网口，一个网口用于连接导向系统，一个网口用于连接盾构 PLC。导向系统本地连接 IP 地址始终是 0 段，地址的最后一位数字可任意设置，除 112 以外。PLC 连接 IP 地址要视盾构机型号而定，当前用的是中铁装备盾构机，装备盾构机

PLC 地址都是 9 段，最后一位数可任意设置，但不能与装备盾构管理系统已使用的地址重复，而且最终设置的 IP 地址要用于配置 PLC 连接的配置文件中，所以一旦 PLC 配置成功后，地址就不能再做任何改动，否则 PLC 连接断开，导向系统读取不到所需的盾构参数，此时想要恢复 PLC 连接，要么把地址恢复到始发时的设置，要么根据当前地址重新配置 PLC。建议把地址恢复到始发时的设置（两个网口的 IP 只需设置"IP 地址"和"子网掩码"这两项即可，其他都无需设置）。

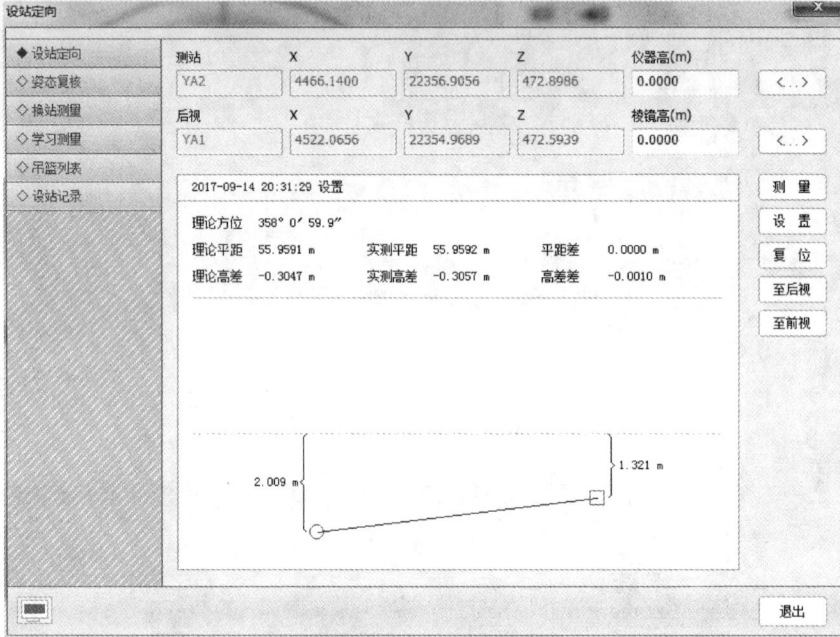

图 13-20　设站定向图

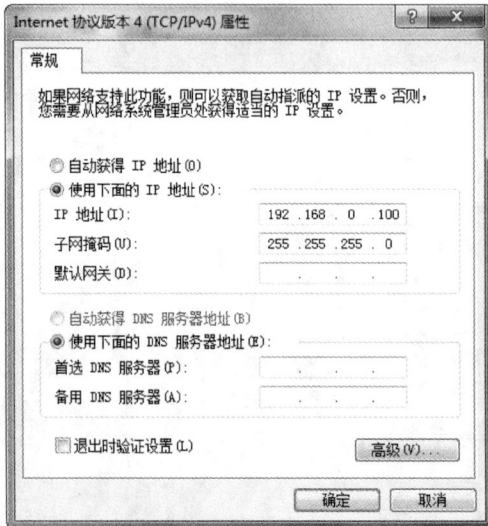
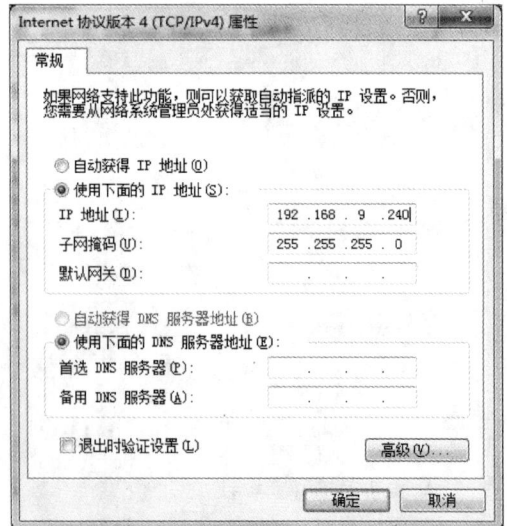

(a)　　　　　　　　　　　　　　　　(b)

图 13-21　IP 地址设置

(a) 导向系统本地连接 IP 地址；(b) PLC 连接（远程连接）IP 地址

5. 搬站测量

盾构机在掘进过程中，导向系统的测量机器人是安放在管片上的吊篮托架上，它实时测量盾体上的激光靶坐标，指导盾构机按设计的轴线线路掘进。当盾构机掘进更远了，测量机器人测不到激光靶的时候，测量员就要把测量机器人往前搬站，称为搬站测量。

（1）搬站测量需要准备的测量仪器工具有：全站仪、对中杆、吊篮、电钻、膨胀螺栓、六角扳手、强光手电、对讲机等。

（2）搬站测量前必须先在盾构操作室查询、记录此时盾构机导向系统的姿态数据。

（3）先在1号台车右上角的隧道管片壁上选取前后通视情况良好的位置，用电钻钻孔，将导向系统的测量机器人吊篮安装在该处，用六角扳手将膨胀螺栓紧固，确保吊篮安装稳固。

（4）在盾构隧道通视条件良好的情况下，盾构导向系统搬站测量，与地下控制导线点的传递测量频次宜遵循"逢移必传"的原则，即每次搬站，导向系统吊篮的置镜点与后视点，必须通过重新测量，从控制导线点获得坐标参数。若是搬站通视条件不好，可放宽至"隔一传一"，即每2次搬站时，导向系统吊篮的置镜点与后视点，必须通过重新测量，从控制导线点获得坐标参数。将后视棱镜安装到前视吊篮上，将全站仪架设在后视吊篮上，输入实测的后视吊篮三维坐标（高程要换算成全站仪的仪器中心高程），重新后视定向后，测出前视吊篮的棱镜三维坐标。

（5）搬站测量完成后，再次查询、记录盾构机导向系统姿态数据，并对比分析，搬站前后的盾构姿态较差应控制在20mm内，超限时要分析查找原因，必要时重新测量复测吊篮坐标。搬站测量记录表见表13-12。

搬站测量记录表 表13-12

工程名称：_____ 区间：____区间___线隧道 环号：___
测量：____ 日期：____ 开始时间：____ 完成时间：____

换站前坐标数据 / 换站前姿态

点号	类别	北坐标 X(m)	东坐标 Y(m)	高程 H(m)
	测站			
	后视			

类别	盾尾(mm)	盾首(mm)	里程
水平			
垂直			
滚动角		mm/m	
俯仰角		mm/m	

换站后坐标数据 / 换站后姿态

点号	类别	北坐标 X(m)	东坐标 Y(m)	高程 H(m)
	测站			
	后视			

类别	盾尾(mm)	盾首(mm)	里程
水平			
垂直			
滚动角		mm/m	
俯仰角		mm/m	

盾构操作手： 值班工程师：

6. 管片姿态测量

由于在盾构掘进过程中，刚拼装的管片还没有来得及注入双液浆加固，因此还不稳定，经常发生管片位移现象。有时位移量很大，特别是上浮，位移量大常常引起管片限界超限。因为地铁施工中规定，拼装好的管片允许最大限界值是±10cm。为了防止管片的侵限，我们首先是提高控制测量的精度外，其次是提高导向系统的精度，最后就是通过每天的管片姿态测量，实测出管片的位移趋势，采取措施尽量减小位移量。同时，管片姿态测量还起到人工复核导向系统的作用。

管片姿态测量需要制作一把管片尺，即用铝合金型材（3500mm×75mm×45mm，可根据实际情况调整长度）、1m长水平尺、4cm×4cm的反射片制作成如图13-22所示。

（1）管片姿态测量需要准备的测量仪器工具有：全站仪、对中杆、管片尺、钢卷尺等。

（2）全站仪后视定向，将管片尺放置在管片横向接缝处精确整平，用钢卷尺量出反射片中心到管片内底的高差，并输入到全站仪棱镜高里，开始照准反射片，测存三维坐标，点号按管片环号来命名，如图13-23所示。

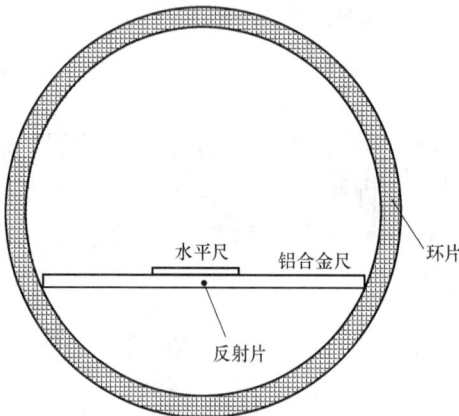

图 13-22　管片尺示意图

图 13-23　管片姿态测量

（3）盾构掘进过程中，应逐环测量成型管片姿态，重叠测量上一次3～5环已经稳定了的管片，宜测量靠近隧道里侧的管片端的姿态（该处管片靠近盾尾，管片姿态与导向系统显示的盾尾姿态最符合）。

（4）数据计算处理，从全站仪中数据下载到电脑上，反射片坐标反算出该管片的里程和偏距，然后根据设计里程和隧道中线偏移量计算出对应的设计管片圆心三维坐标，从而推算出管片的水平位移和竖直位移。

13.2.6　贯通测量

隧道贯通后要进行贯通误差测量和贯通控制测量，其中贯通误差测量包括平面贯通误差测量和高程贯通误差测量，贯通控制测量包括贯通导线测量和贯通水准测量。

1. 平面贯通误差测量，在隧道贯通面处即吊出井位置处，采用坐标法从始发井向出洞车站处测定贯通点坐标，并归算到预留洞口的断面和中线上，求得横向贯通误差和纵向贯通误差，平面贯通中误差±50mm。坐标法测量平面贯通误差测量如图 13-24 所示。

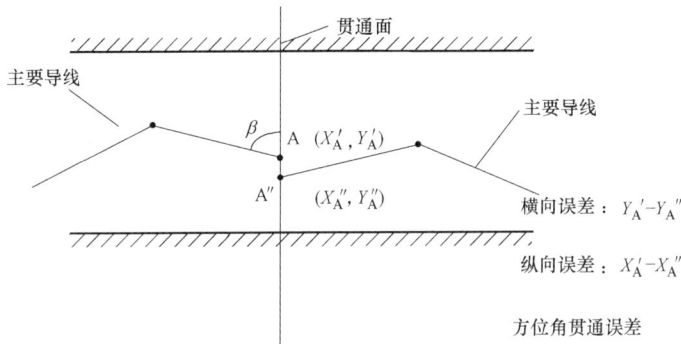

图 13-24　坐标法测量平面贯通误差

2. 高程贯通误差测量，用水准仪从两端测定贯通点的高程，其互差即为竖向贯通误差，高程贯通中误差±25mm。水准法测量高程贯通误差测量如图 13-25 所示。

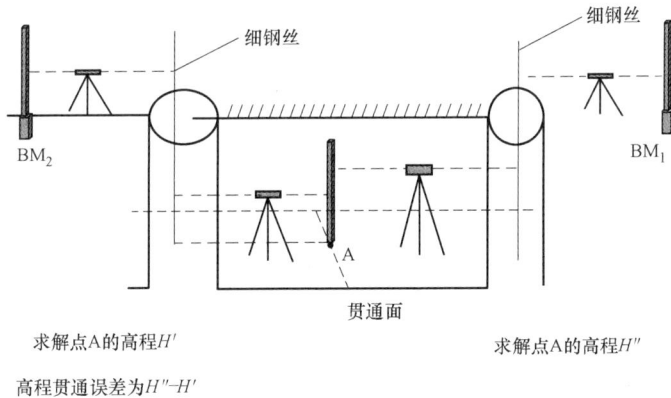

图 13-25　水准法测量高程贯通误差

3. 隧道贯通后，地下导线由支导线经与另一端基线边联测变成了附合导线，支水准变成了附合水准，当闭合差不超过限差规定时，进行平差计算。

4. 按导线点平差后的坐标值调整线路中线点，调整后再进行中线点的检测，高程应用平差后的成果。

5. 隧道贯通后导线平差的新成果作为净空测量、调整中线、测设铺轨基标及进行变形监测的起始数据。

13.2.7　竣工测量

在进行竣工断面测量前应先进行贯通导线测量和贯通水准测量，贯通控制测量的长度至少为两站一区间。当项目部测量组施测的贯通导线测量和贯通水准测量成果经第三方测量单位复测合格后，方可作为净空测量、调整中线、测设铺轨基标及进行变形监测的起始数据。

隧道净空断面测量通常按照设计院或第三方测量单位给定的《竣工断面测量要求》进行作业，并且竣工测量成果还应满足城市轨道交通工程竣工测量与验收的要求。

1. 隧道贯通后，地下导线由支导线经与另一端基线边联测变成了附合导线，支水准变成了附合水准，当闭合差不超过限差规定时，进行平差计算。

2. 按导线点平差后的坐标值调整线路中线点，调整后再进行中线点的检测，高程应用平差后的成果。

3. 结构横断面测量，可采用Ⅲ级全站仪、断面仪等进行。断面测量精度横向允许误差为±10mm，圆形断面高程偏差应小于10mm。

4. 沿里程增大方向，盾构法施工的直线段每隔 6m（管片 4 环）、曲线段（含曲线以外的 20m 直线）每隔 4.5m（管片 3 环）测量一个断面，测点为管片接缝处的突出点。

5. 曲线起点、缓圆点、中点、圆缓点、终点、盾构进出洞位置、联络线通道范围内的断面突变处及施工偏差较大段须加测断面。

6. 以线路专业施工图的设计线路中心线为测量基准线，左、右线均需要进行断面测量。

7. 测点距基准线的横距是指轨顶设计高程以上规定高度位置由基准线至结构内壁的距离。

8. 顶部测点是设计线路中心线在结构顶部内壁的投影点，底部测点是设计线路中心线在结构底部内壁的投影点，均以高程表示。

9. 圆形隧道须测量以下测点（共 12 点，如图 13-26 所示）：

（1）设计线路中心线处的顶点、底点。

（2）位于轨顶设计高程以上 3970、3470mm 的左横距及其高程、右横距及其高程，测点编号分别为左上、右上、左上 1、右上 1。

（3）位于圆心（在设计线路中心线上）的左横距及其高程、右横距及其高程，测点编号分别为左中 1、右中 1。

（4）分别位于轨顶设计高程以上 900mm、0mm（即轨顶高程处）的左横距及其高程、右横距及其高程，测点编号分别为左中 2、右中 2、左下、右下。

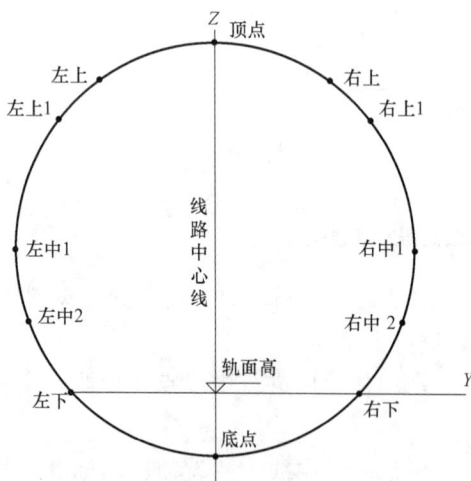

图 13-26 圆形隧道断面测量特征点

10. 编制、提交《地铁××号线工程隧道断面测量报告（××工点××里程)》，内容包括测量方法、使用仪器、工作时间、工点里程、成果精度、采用的基准点等，并按要求的参考表"××市轨道交通××线工程隧道断面测量记录表"编制最终测量结果，如图 13-27所示。全部成果均数字化，文字为 Win-Word2003 或以上版本，表格为 Win-Excel2003 或以上版本，图件为 AutoCAD2004（dwg 格式）。

××市轨道交通××线工程　隧道断面测量记录表

工点（站、区间）：××区间盾构段右线

隧道类型：　**圆形隧道**

测量时间：　**2018 年××月××日**

断面里程		实测断面				实测高程				设计高程	坐标	备注
		左		右		顶点	底点	顶点至底点	轨面至底点	轨面高		
		L(mm)	H(m)	L(mm)	H(m)	(m)	(m)	高程差(m)	高程差(m)	(m)		
右 DK09+812.184	上	2016	24.418	1880	24.418	25.213	19.880	5.333	1.008	20.888	X-399285.954	
	中₁	2759	22.728	2625	22.728							
	中₂	2648	21.738	2508	21.738						Y-523812.012	
	下	2200	20.888	2065	20.888							
右 DK09+816.699	上	2018	24.409	1927	24.409	25.239	19.894	5.345	0.985	20.879	X-399283.808	
	中₁	2739	22.719	2650	22.719							
	中₂	2612	21.729	2522	21.729						Y-523815.985	
	下	2156	20.879	2064	20.879							
右 DK09+821.215	上	2030	24.400	2031	24.400	25.304	19.936	5.368	0.934	20.870	X-399281.7	
	中₁	2700	22.710	2695	22.710							
	中₂	2551	21.720	2544	21.720						Y-523819.978	
	下	2059	20.870	2052	20.870							
右 DK09+825.736	上	2131	24.391	2047	24.391	25.369	19.988	5.381	0.873	20.861	X-399279.632	
	中₁	2744	22.701	2660	22.701							
	中₂	2561	21.711	2477	21.711						Y-523823.999	
	下	2037	20.861	1951	20.861							

制表：　　　　　　复核：　　　　　　审核：　　　　　　日期：

图 13-27　盾构隧道断面测量记录成果表

11. 根据工程进度和工程需要，向承担调线调坡的设计单位提供签署齐全的纸质分段隧道断面测量报告（含断面测量成果）和电子文件各一套。

13.3　质量控制标准与控制要点

在盾构隧道施工测量全过程中坚持"质量第一、优质服务"的原则，建立健全质量保证体系；为确保本工程质量、工期，将实行目标管理；确保测量全过程严格按照测量规范、规程的技术规定及方案实施，及时进行复测，指导和解决测量难题，确保测量工作万无一失。

测量工作不允许出现误差超差的情况，在施工中，必须高度重视测量工作，必须加强施工测量复核。为确保施工测量高质量的作业，特制定以下技术措施：

1. 施工放样前将施工测量方案报监理和第三方测量单位审批。内容包括施测方法、操作规程、观测仪器设备的配置和测量专业人员的配置等。

2. 测量仪器由专人负责保管和维护，建立专业测量组，专人观测和成果计算并进行换手复核。

3. 建立测量复核制度，按"逐级复核制"的原则进行施测。首先由测量员对施工控制网进行精密测量，对施工点位进行放样，然后由测量工程师进行检核；测量成果资料上报项目总工程师，确认无误后由监理工程师和第三方测量单位对上述工作进行复核，确保测量工作的准确。测量管理实行"三级管理，两级测设、三级复核"的测量制度。

4. 加强对测量控制点的保护，防止移动和损坏；一旦发生移动和损坏，应立即报告监理和第三方测量单位，并与之协商补救措施。

5. 用于本工程的测量仪器和设备，应按照规定的日期送到具有检定资格的部门检定，检定合格后方可投入使用。

6. 用于盾构施工测量的图纸资料，测量技术人员必须认真看图审核，必要时联系设计单位核定，确认无误无疑后，方可使用。

7. 经常复核洞内有变形地方附近的导线点、水准点，随时掌握控制点的变形情况，关注量测信息。在测量工作中，随时检查点位变化。严格遵守各项测量工作制度和工作程序，确保测量成果的准确性。

8. 测量外业前，测量技术人员对内业资料进行检查，所采用的测量方法、测量所用点位坐标以及测量作业的目的向测量员进行交底，做到人人明白；平面和高程测量要形成检核条件，满足校核条件要求的测量才能成为合格成果，否则返工重测。

9. 外业前，列出所要用的测量仪器和工具，检查是否完好。在运输和使用测量的过程中，应注意保护，如发现仪器异常，应立即停止使用并送检，并对上述检测成果重新做出评定。

10. 测量过程中，必须清除干扰，须停工的停工，以保证测量精度。

11. 测量外业后，应检查外业记录的结果是否齐全、清晰、正确，另有一人复核结果无误后，向工区现场责任工程师交底。

12. 原始观测数据，应在现场用铅笔记录在规定格式的外业手簿中。测量技术人员要认真整理内外业资料，保证所有测量资料的完整。测量必须一人计算，换手背靠背复核。

13. 积极与测量监理工程师和第三方测量单位进行联系、沟通和配合，听取监理工程师和第三方测量单位提出的测量技术要求和意见，并把测量结果和资料及时上报，经审批确定无误后方可进行下步工序的施工。

14. 和相邻标段互相沟通，共用导线点和高程点的测量资料信息共享，点位共同保护，适时的组织共用点位的联系测量，保证相邻标段之间衔接处的贯通精度。

13.4 安全及环境保护管理要求

1. 安全管理要求

现场施工人员，在任何情况下不得违章指挥或违章施工，并遵守如下纪律：

（1）进入施工现场必须戴安全帽，正确使用个人劳保防护用品。人员必须穿戴安全背心。

（2）禁止酒后上岗作业。

（3）现场测量人员自觉服从安全员和监理的检查。

（4）现场施工人员自觉遵守施工现场和业主安全治安方面的各项管理要求。

（5）对施工现场所使用的测量仪器注意安全放置，杜绝由于使用和放置不当而造成的事故。

（6）对有关需现场制作且制作时干扰较大的加工作业应尽量远离公共区域。

（7）加强现场施工用电管理，比如测量时照明用电应由施工单位专业电工操作。

2. 环境保护管理要求

测量作业时注意保护工地环境卫生，垃圾、包装物、下脚料要随时清理，切实加强现场管理。

14 盾构机维修保养管理

【施工目的】

盾构机作为大型的施工设备，更好地进行盾构机维修保养管理工作，可以保证其机况良好，提高盾构机利用率，延长其使用寿命。

【施工依据】

1. 盾构机设计图纸、技术参数和使用说明书。
2. 机械设备管理方面的相关管理办法、制度等文件。
3. 盾构机维修保养方面的经验。

14.1 盾构机维修保养

14.1.1 盾构维修保养内容

1. 日维修保养内容（表 14-1）。

日维修保养内容 表 14-1

日保养内容　　　　　　　　　　年　月　日

序号	系统名称	部件名称	日维保工作	补充说明	完成情况	备注
1	盾壳	盾尾油脂系统	控制阀的操作测试			
		盾壳油脂润滑泵	检查油脂润滑泵			
		铰接密封	检查铰接渗漏情况	每天对铰接密封注油脂		
2	刀盘	旋转接头密封	检查是否有液体泄漏,清洁旋转接头内部仓室	当有液体泄漏时立即停止掘进		
3	刀盘驱动	主轴承	检查油位,必要时加注;检查是否有液体泄漏			
		驱动密封,润滑点	检测所有润滑喷嘴	每天每个孔手动油脂加入孔加入油脂 LS—EP2		
4	螺旋输送机	驱动密封	检查泄漏仓是否有液体泄漏,每周对手动润滑孔加注油脂			
5	盾壳、油水分离设备	所有空气清洁装置	排水、清洁过滤器,必要时更换、灌油			
6	管片拼装机	拼装机轨道	检查轨道和轮,必要时进行清洁,涂少量黄油			
		拼装机头	检查滤芯有无泄漏,抓举油缸压力和抓举头有无损坏			
		警示系统	操作测试			
7	压缩空气	空压机	检查冷却器液位、空压机顶部风扇有无堵塞、检查皮带及各部位螺栓的松紧程度、储气罐	检查时保证空压机在不工作状态下,并且经过泄压,储气罐每天放一次水		
8	管片吊机	警示灯和警示喇叭	操作测试			
		轨道	检查、清理轨道上的异物	检查时关闭吊机电源,不准操作		
9	注浆	泥浆泵		每天注浆前应检查管路的堵塞情况,注浆后及时清理管路防止堵塞。每天对注浆机内密封件进行清洁,清洁后涂少量油脂重新安装		

续表

序号	系统名称	部件名称	日维保工作	补充说明	完成情况	备注
10	液压系统	液压油箱	检查油位、油温,检查所有滤芯工作情况,泵站压力和冷却水进出口油温	观察油温和冷却水进水温度		
		液压管线	检查软管的磨损和管接头的泄漏情况	如发现泄露立即停机,将相关阀组关闭,重新紧固管接头、更换密封或软管,拆接头时随时封口,防止异物进入液压系统		
11	渣土输送系统	皮带机	检查各滚子的转动,刮板的磨损和边缘引导装置及皮带的跳动	当滚子不转时更换滚筒,皮带出现倾斜时调整滚子的高度,跳动过大时张紧皮带,每周对驱动进行润滑		
12	所有电机和泵		检查轴承的声音,温度和密封,必要时更换部件	每月对电机进行润滑		
13	水系统	外循环水	检查进水压力、温度,检查热交换器清除污垢	检查水压		
		内循环水	检查水箱水位,内外循环水压力及各传感器接头	检查水压		
14	清洁工作	负责区域	定时进行清洁			

维保人签字:　　　　　　　　　　　　维保工程师:

2. 月维修保养内容（表14-2）。

月维修保养内容 表14-2

月保养内容　　　　　　　　　年　月　日　第　月

序号	系统名称	部件名称	月维护工作	补充说明	完成情况	备注
1	盾壳	压力壁门	润滑铰接			
		人仓	润滑所有门上的铰接			
		行星齿轮和驱动马达	检查冷却水的流速			
2	螺旋输送机	螺旋管	目视,也可用超声探测仪检查螺旋管的厚度			
3	拼装机	拼装机轴承	检查轴承螺栓			
4	注浆系统	泵	润滑控制杆和接头,检查工作零件和柱塞的紧固度	如控制杆接头出现较大划痕则更换接头,检查后在接头上涂少量润滑油脂		
5	加泥系统		润滑所有需润滑部位			
6	注浆系统	压力表和压力传感器	检查工作情况			
7	压缩空气	空压机	换油、更换油过滤器、检查皮带			
8	拖车	走行轮	润滑调节螺栓、轮轴			
9	液压系统	所有液压蓄能器	检查压力,必要时添加			
10	渣土运输系统	皮带输送机	检查变速箱油位,润滑轴承,必要时增加皮带张力			
11	所有吊机		润滑链条			

维保人签字:　　　　　　　　　　　　维保工程师:

3. 季度维修保养内容（表 14-3）。

季度维修保养内容

表 14-3

			季度保养内容		年 月 日 第 季度	
序号	系统名称	部件名称	季度维护工作	补充说明	完成情况	备注
1	刀盘驱动	主轴承	取油样、测试油的污染度和含水量			
		行星齿轮	检测油的质量，必要时更换			
2	吊机	所有起吊设备	检查荷载链的张力变形和磨损，检查悬挂卸扣的破裂和变形			
3	液压系统	液压油箱	取油样、测试油的污染度和含水量			
4	压缩空气	空压机	紧固电气接头，更换空气过滤器和油过滤器			
5	膨润土	膨润土泵	润滑轴承			

维保人签字：　　　　　　　　　　　　　　维保工程师：

14.1.2　盾构维修保养方法及要求

1. 盾构机的维护保养工作遵守十字作业方针：清洁、润滑、紧固、调整、防腐。

2. 盾构机维修保养工作必须制订与其对应的维修保养计划，并严格按照计划执行。

3. 盾构机维修保养采用日常巡检保养和定期停机维修保养相结合的方式，每天进行日常巡检保养。采取以日常保养为主，停机维修保养为辅的方式，保养项目与实施情况应有详细的记录。

4. 每天检查盾构机中心回转接头是否有渗漏，并对回转接头的灰尘进行清理，防止灰尘进入主驱动，如图 14-1 所示。

图 14-1　盾构机中心回转接头

5. 每天检查主轴承齿轮油液位并两个月化验一次齿轮油以检查主驱动轴承的磨损情况。盾构机主轴承液位观察管，如图 14-2 所示。

6. 每周检查一次主驱动观察腔是否有齿轮油或油脂，以判断主驱动密封是否失效。

7. 及时清理盾壳内的污泥和砂浆，防止长时间污染油缸活塞杆，如图 14-3 所示。

8. 定期检查管片吊机的磨损情况，必要时进行修理和更换。

9. 定期检查拼装机抓取机构的压力，必要时进行调整。

10. 定期检查螺旋后仓门的安全紧急气囊在断电情况是否工作，如图 14-4 所示。

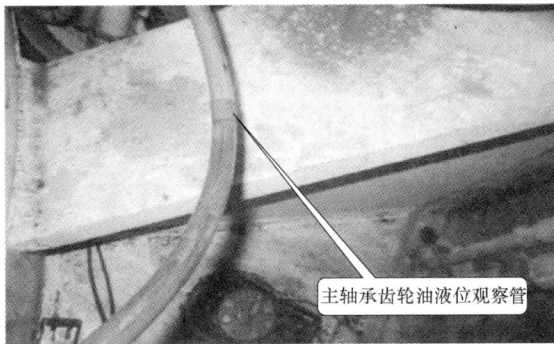

图 14-2 盾构机主轴承液位观察管

图 14-3 盾构机推进油缸

图 14-4 螺旋输送机后闸门紧急制动装置氮气罐

11. 每天检查刀具磨损检测的压力是否正常以了解刀具的磨损，如图 14-5 所示。

12. 定期打开油箱底部球阀排出油泥，如图 14-6 所示。

13. 隧道温度过高或者循环水流量降低时清洗循环水滤芯及冷却器，如图 14-7 所示。

图 14-5 刀盘刀具磨损检测压力表

图 14-6 盾构机 2 号拖车液压油箱底部排污阀示意图

167

14. 项目部必须建立严格的油水管理制度，定期、定点抽取油样进行化验分析，以检测结果来指导油水管理工作。盾构机冷却循环油滤芯及取样口，如图 14-8 所示。

15. 项目部应配备基本的油水检测设备以及检测人员，水的含量必须少于 0.1%。液压油不同水含量的状态，如图 14-9 所示。

图 14-7　冷却循环水散热器示意图

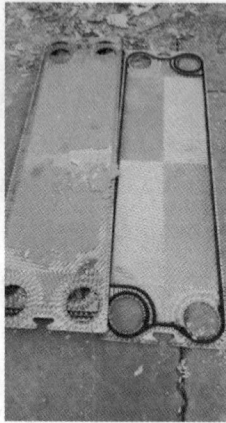

取样加油口

图 14-8　盾构机 2 号拖车冷却循环油滤芯及取样口示意图

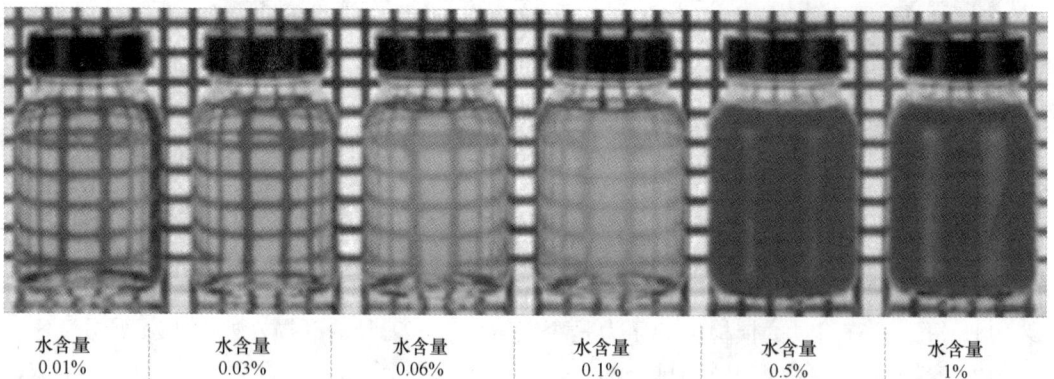

| 水含量 0.01% | 水含量 0.03% | 水含量 0.06% | 水含量 0.1% | 水含量 0.5% | 水含量 1% |

图 14-9　液压油不同水含量的状态示意图

16. 定期对盾构机实行状态监测，记录土仓压力、泥水状态、推力、扭矩、转速、姿态、排土量、温度、地下水位等相关数据，进行分析，为维修保养提供依据。

17. 进行焊接工作时，注意尽可能让焊接地点与当地连接处靠近。任何情况下不允许电流通过油缸、轴承（尤其是主轴承）或导向器。

18. 在拆卸任何管路时，必须用专用清洗剂彻底清洗接头及周边环境，扳手也应清洁，并用绸布擦拭干净。拆卸清洗管路具体操作步骤，如图 14-10 所示。

19. 拆开管路后不能立即连接的，需用专业堵头将管口封堵，如图 14-11 所示，以免粉尘及水介质进入，封堵前堵头应清洗干净。在拆卸管路时不得戴手套。

20. 定期在挤压泵的软管上涂抹凡士林以减少对软管的摩擦。盾构机膨润土挤压管，如图 14-12 所示。

21. 当 HBW 分配阀堵塞需要拆解时用彩色油性笔做好记号再拆卸，以便安装，如图 14-13 所示。

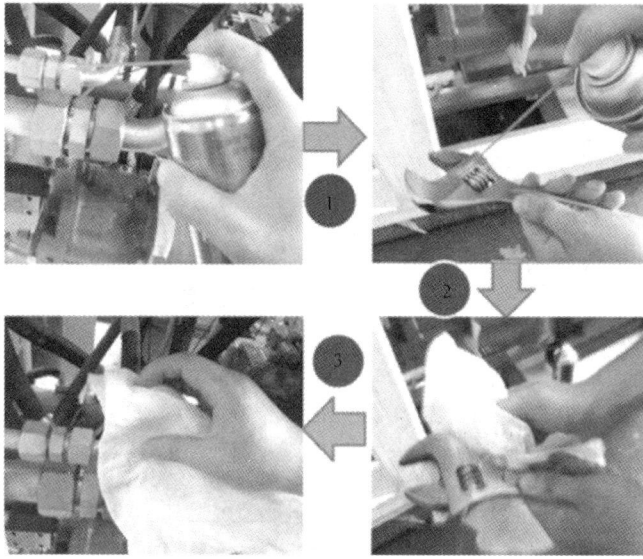

图 14-10　拆卸清洗管路具体操作示意图

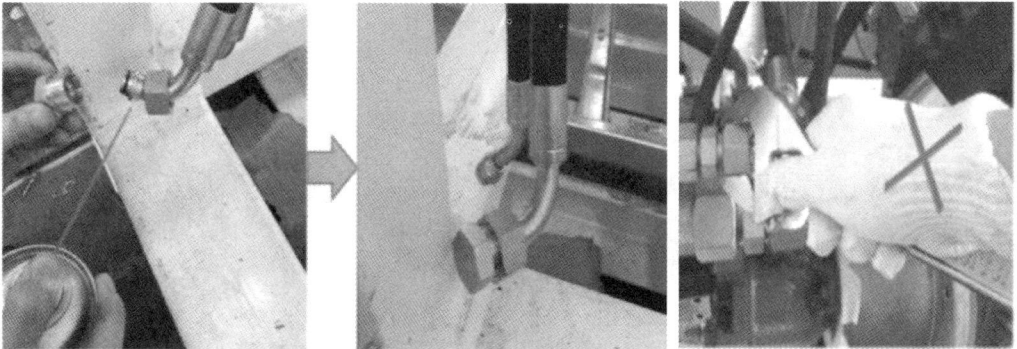

图 14-11　拆卸管路的示意图

图 14-12　膨润土挤压管

图 14-13　HBW 分配阀

22. 每天检查储气罐下部的排水阀是否正常，以保证气动元件运行良好，如图 14-14 所示。

23. 定期对电气元件除尘和干燥处理，清理前必须断电，如图 14-15 所示。

图 14-14　盾构机空气储气罐

图 14-15　盾构机电气及模块
清理示意图

24. 维保工作必须遵循以下安全说明：

（1）断开要维护的电气部件的开关，并确保维护期间不会工作。

（2）在液压系统维护之前必须关闭相关阀门和降压，必须防止液压油缸的缩回和液压。

（3）液压系统的维护保养必须注意清洁，严禁使用棉纱等易起毛的物品清洁管接头内壁、油桶、油管等。

25. 盾构正常施工阶段，每个掘进班应充分重视设备保养的重要性，在掘进过程中做好盾构机的随机保养工作。进行随机保养工作时，一定要按照设备的工作顺序，在保证安全的情况下进行。

26. 维修工作必须做到随坏随修，及时恢复机械的技术性能，确保设备处于良好状态。严禁将不同用途的部件随意改用，需要更换的重要配件，应达到原机的要求。

27. 严禁拆卸安全性、指示性的传感器、安全阀、仪表等，如有损坏应及时更换。

28. 需在盾构机上安装、拆卸、技术改造部件或系统时，必须报公司物设部审批，在物设部组织专家经过技术论证批准后方可实施，并及时更新随机图纸。

29. 故障查找建议

盾构机上的零部件因磨损可能出现故障,故障源一般来自两方面:液压系统元件、电子系统原件。首先查看上位机上报警状态页是否有报警消息,如果控制板上的控制元件已起动而功能并未实现,可检查液压系统和电子系统的连接从而确定是哪一部分的故障。首先断开电气连接阀,其次起动控制键,如测量仪器显示电压或电流正确,则可初步确定故障是液压系统元件造成的。

14.2 盾构设备常见故障处理

盾构设备常见故障原因分析及预防、排除见表14-4。

盾构设备常见故障原因分析及预防、排除表　　　　　表 14-4

序号	故障现象	故障原因分析	故障预防及排除
1	泵不供油	泵吸油口蝶阀未打开	打开阀
		油箱油量不足,会导致泵吸空并产生噪声	立刻关闭泵。补充适量液压油
		电机泵联轴器松动或折断	检查、修理或更换联轴器
		电机转向不对	立即停泵,将电机接线调相
		液压油黏度过高	通常这种情况是由于环境温度太低,黏度大引起的。启动补油泵使油温达到正常状态
		吸油管或滤网堵塞	拆下吸油管检查是否通畅,如果通畅,排油,彻底清洗油箱,更换吸滤,注入新油
		变量泵斜盘未动作	检查控制油,调整泵的设置
		泵内部损坏	解体检查,更换损坏件
2	液压系统漏油或渗漏	管接头没有安装好	更换接头或密封,重新安装
		密封老化,致使密封失效	
		油温过高,致使液压油黏度过小,造成漏油	检查冷却器是否正常工作
		阀与阀块或各阀块之间的接合面处密封损坏或加工密封槽不标准	更换密封圈,或更换阀块
		系统压力持续增高致使密封圈损坏失效	更换接头或密封,重新安装
		系统的回油背压太高使不受压力的回油管产生泄漏	检查液压系统回油管路
		处于压力油路中的溢流阀、换向阀内泄漏严重	检查液压系统压力是否正常
3	系统无压力	加载阀未启动	加载阀得电
		泵压力设置太低	调节泵压力
		输出管路未接好或破损	检查软管,更换破损件
		系统中有一个或多个换向阀接通油箱	确定各换向阀位置,置中位,直至正常工作
		溢流阀压力设置太低或失效	确定影响系统的溢流阀,正确设置,如有必要,进行修理或更换
		泵内部损坏	拆下分解,更换损坏零件

序号	故障现象	故障原因分析	故障预防及排除
4	泵运行噪声	油量不够,造成泵吸空	立即停泵、补油
		吸油管渗漏导致泵吸空	立即停泵。检查吸油管连接,夹紧,修理或更换
		进口堵塞	确认进口截止阀是否打开,确保进口油路畅通
		呼吸器堵塞	更换呼吸器
		泵转向不对	停泵、电机调相
		泵内部损坏	解体分解,更换损坏件
5	执行元件速度太慢	系统有空气	排气
		控制阀阀芯未完全打开使部分旁路油回油箱	检查影响系统的操作阀工作情况,必要时修理或更换
		由于控制油路压力过低,先导控制阀没有完全移动到位	检查控制油路压力
		泵没有达到标称流量	见故障泵不供油栏
		执行元件内部由于磨损、密封损坏或内壁拉毛,造成旁通	拆卸检查,更换密封,如果内壁拉毛,更换执行元件
6	油温过高	流经溢流阀的流量过大	调整溢流阀压力
		冷却水流量不够或进水温度高	检查进水流量,设置冷却塔
		水冷却器堵塞或结垢	拆检冷却器
		高压泵额外漏损	用测试仪检查泵输出流量
		泵出口安全阀压力低于泵设置的恒压值	调高泵出口安全阀压力,应高于泵设置的恒压值25bar以上
7	液压系统压力失常	检查阀芯是否卡死	更换阀芯
		泵转向不对	检查泵的转向
		泵的功率不足或者内泄漏严重	检查电机输出是否正常、检查泵是否老化
		阀体内泄漏	更换阀体
		密封圈老化造成泄漏	更换密封圈
		压力开关失灵或压力传感器损坏	更换压力开关或传感器
8	刀盘驱动电机不启动	电气故障原因	参照上位机启动条件页面与报警提示
		润滑油流量或压力低	校准流量、压力
		润滑油流量开关设置不当或故障	检查开关和连接
		补油压力低于设定值	检查补油系统
		支撑压力开关设置不当或故障	检查压力设置,否则检查电路
9	液压系统和润滑系统驱动电机不启动	电气故障原因	参照上位机报警提示
		油量不足	补油到合适油位
		电机启动过载、跳闸	检查电机供电主回路
10	密封润滑指示灯不指示	油路分配阀故障	解决油路分配阀功能故障
		油路分配阀开关不工作	在此情况不要连续运转,否则缺油润滑损坏设备,立即检查开关和电路
11	零部件转动声音异常或者震动异常	检查啮合齿轮是否正常	若损坏更换齿轮
		检查轴承是否损坏	若损坏更换轴承
		控制电源灯是否亮	未接通控制电源,应接通电源

14.3　盾构机的存放

1. 盾构机拆卸后应妥善保存，不能露天放置。关键部位如主控室、配电柜、变压器、高压电缆及控制线路等应仔细包装，做好防寒、防晒、防潮、通风等保护措施。

2. 盾构机的主要结构件如刀盘、盾壳等需做防锈处理，结构件的连接面应涂抹油脂防护。

3. 盾构机的存放场地要求交通便利，能进行大件吊装和运输，方便维修。

4. 盾构机的存放要有专人负责，定期检查，做好记录。

14.4　盾构机项目维修与技术改造

1. 盾构机项目维修是在状态监测的基础上，针对盾构某个系统、部件进行有计划的恢复其性能的修理。

2. 盾构机项目维修应在盾构机状态评估的基础上，由公司物设部组织专题会议讨论决定。

3. 盾构机项目维修过程中，公司物设部应派专人任驻厂检验员，对更换的零配件把关，并做好记录，建立档案，以便使用过程中对该零配件的跟踪。

4. 盾构机改造

（1）由使用盾构机的项目部提出改造项目的申请报告，将比选方案、论证后的改造方案（可行性研究、计算资料、设计图纸等资料）上报公司物设部，公司物设部组织专家讨论决定。

（2）改造后的鉴定结果、技术资料、实验记录等有关资料应列入技术档案。

15 盾构隧道管片生产

【施工目的】

盾构隧道管片是盾构施工的主要装配构件，起到为盾构隧道承担抵抗土层压力、地下水压力以及一些特殊荷载的作用。盾构隧道管片是盾构法隧道的永久衬砌结构，盾构隧道管片质量直接关系到隧道的整体质量和安全，影响隧道的防水性能及耐久性能。在管片生产过程中，必须加强管片生产各环节的过程控制，以保证盾构隧道线型和质量达到设计与规范要求。

【施工依据】

1. 盾构区间工程施工设计图纸、盾构区间详细勘察报告、补充地质勘察报告、施工调查等资料。

2. 《普通混凝土配合比设计规程》JGJ 55—2011、《混凝土用水标准》JGJ 63—2006、《普通混凝土用砂、石质量及检验方法标准》JGJ 52—2006、《混凝土外加剂应用技术规范》GB 50119—2013、《通用硅酸盐水泥》GB 175—2007、《混凝土结构工程施工质量验收规范》GB 50204—2015、《钢筋焊接及验收规程》JGJ 18—2012、《混凝土强度检验评定标准》GB/T 50107—2010、《混凝土质量控制标准》GB 50164—2011、《地下铁道工程施工质量验收标准》GB/T 50299—2018、《高强混凝土结构技术规程》CECS 104—1999、《预制混凝土衬砌管片》GB/T 22082—2017、《盾构隧道管片质量检测技术标准》CJJ/T 164—2011 等国家现行施工及验收规范、质量技术标准。

15.1 施工准备

15.1.1 生产准备

1. 必须具有符合要求的生产厂区和车间，生产线布置符合工艺要求。

2. 模具已安装完毕且已经过验收。

3. 混凝土搅拌、运输、振捣等设备安装调试并经过安全检查；各种计量器具、计量设备通过标定；管片养护设施准备齐全。

4. 施工组织设计和各种工艺经过审批和工艺评定，各种原材经试验检测合格，混凝土经试配确定配合比，配合比应符合设计及规范要求。

5. 对操作人员进行技术交底及培训，未经培训合格者，不得上岗，特殊工种应持证上岗。

15.1.2 原材料准备

1. 对砂石料、水泥、外加剂、钢筋、脱模剂等原材料进场应有产品质量证明文件，并应按国家有关标准规范进行复验。质量应符合国家现行标准和所承建工程的设计要求。

2. 水泥采用强度等级必须满足设计要求，其强度、安定性、凝结时间、细度等技术质量标准应符合《通用硅酸盐水泥》GB 175—2007 的规定。

3. 进场水泥应做好标识，不同品种、不同标号、不同编号的水泥应分别堆码。水泥不得露天堆放，贮存水泥的仓库应设在地势较高处，周围应设排水沟。水泥仓库要求干燥通风、防潮湿。袋装水泥在装卸、搬移过程中不得抛掷，堆码高度不得超过 1.5～2.0m，库存水泥自出厂日期到使用日期不得超过三个月，否则须经检测站重新检验后，确定能否使用。

4. 细骨料采用硬质洁净粒径在 5mm 以下的天然河砂中的中砂，其级配、碱活性、有害物质含量等主要技术要求应符合相关规范的要求。

5. 使用含有活性二氧化硅或其他活性成分，可能引起碱骨料反应的细骨料时，应进行专门检验，在确认对混凝土质量无害时，方可使用。当检验判定有潜在危害时，应采用含碱量小于 0.6% 的水泥，或采用能抑制碱骨料反应的掺合料，并不得使用含钾、钠离子的混凝土外加剂。

6. 运到工地的细骨料应按不同产地等条件分批贮存，做好标识，并应进行外观检查和取样试验（做有害物质与级配试验）按批提出试验报告，作为本批细骨料的技术依据。

7. 混凝土用的粗骨料采用坚硬耐久的碎石，其母岩的抗压强度与混凝土设计强度之比应大于 2，碎石的粒径为 5～20mm，其颗粒级配、有害物质、压碎指标含量技术要求应符合相关规范的要求，并对粗骨料进行碱活性试验。

8. 储存碎石的料仓，应经常检查有无离析碎石及聚积成堆的石粉，如发现应及时清除。

9. 拌制和养护混凝土用的水采用天然井水或饮用水。其有害物质含量应符合《混凝土用水标准》JGJ 63—2006 的有关规定。

10. 钢筋化学成分、力学性能、工艺性能符合《钢筋混凝土用钢 第1部分：热轧光圆钢筋》GB 1499.1—2008、《低碳钢热轧圆盘条》GB/T 701—2008 和《钢筋混凝土用钢 第2部分：热轧带肋钢筋》GB 1499.2—2007 的有关规定。

11. 检查每批钢筋的外观质量，钢筋表面不得有裂纹、结疤和折叠；表面的凸块和其他缺陷的深度和高度不得大于所在部位尺寸的允许偏差（带肋钢筋为横肋的高度）；测量本批钢筋的直径偏差。

12. 钢筋的牌号、级别、强度等级、直径应符合设计要求。钢筋在运输、贮存过程中应防止锈蚀、污染和避免压弯。装卸钢筋时不得从高处抛掷。

15.1.3 劳动力及施工机具配置

1. 劳动力配置

以每天按40环生产任务为例，管片生产劳动力配置如下：混凝土工30人、钢筋工40人、普工30人。

2. 机具配置

管片生产机具配置情况见表15-1。

管片生产主要机械设备表   表 15-1

序号	机械名称	数量(台)	主要性能参数
1	钢筋切断机	3	钢筋切断直径范围：6~40mm
2	钢筋弯弧机	4	钢筋弯弧直径：6~32mm
3	钢筋弯箍机	10	钢筋弯箍直径：8~25mm
4	CO_2弧焊机	24	
5	钢筋片靠模	24	
6	管片生产模具	4套	
7	混凝土搅拌站	1	生产能力：60m³/h；自动上料、监控、打印
8	叉车	6	其中载重能力6t的3台，3t的3台
9	桥式起重机	4	起升重量10t，起升高度9m
10	门式起重机	2	起升重量10t，起升高度7m
11	燃油锅炉	2	蒸发量：2t/h；功率1364kW
12	管片翻片机	8	载重量4t，翻转角度90°~180°
13	装载车	2	载重量4t，功率125kW
14	对焊机	1	额定容量150kVA
15	管片检漏台	2	
16	吊具	4	
17	冷拉机	1	
18	管片抗弯试验	1	

15.2 主要施工工艺、方法与技术措施

15.2.1 管片生产工艺流程

管片生产工艺流程如图15-1所示。

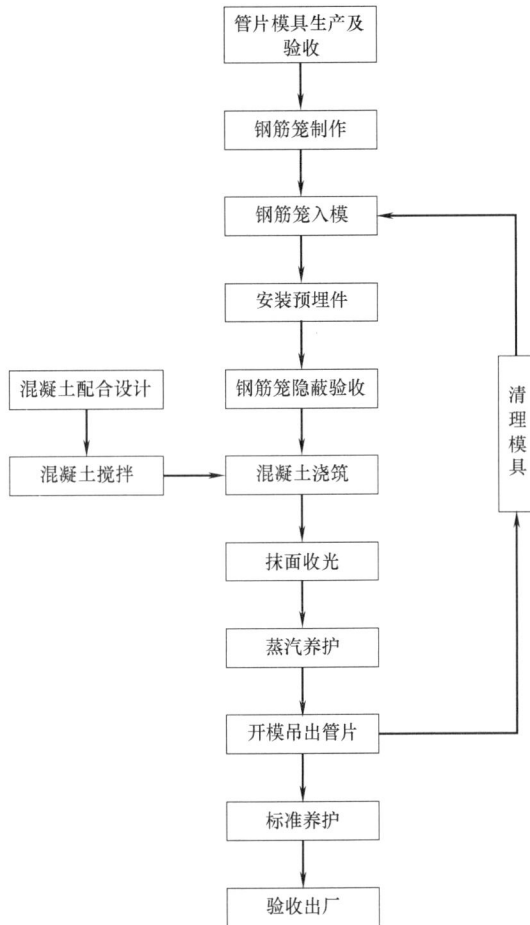

图 15-1　管片生产工艺流程图

15.2.2　模具设计与制作

1. 模具设计应符合下列规定：

（1）管片模具应具有足够的承载能力、刚度和稳定性，应具有良好的密封性能、不漏浆，保证在规定的周转使用次数内不变形。

（2）模具应便于支拆。

2. 模具制作应符合下列规定：

（1）模具应由专业模板厂加工制造。

（2）管片模具制作必须编制完善的技术文件（包括图纸、技术要求、验收标准等）。

（3）制作模具的各类材料应符合现行国家标准（或进口国标准）的规定；选用焊条的材质、性能及直径的大小应与被焊物的材质、性能、厚度相适应。

（4）管片模具各组成部件加工精度应符合模具设计图纸的要求，如图 15-2 所示。

（5）新制作的模具到场安装后须进行检查验收，符合要求后方可进行试生产。在试生产的管片中，随机抽取 3 环进行试拼装检验，其结果必须合格。

图 15-2　管片模具示意图

3. 合模与脱模应按下列规定进行：

（1）模具组装：应按模具使用说明书规定顺序模具组装，并对模具进行检查。模具组装时，应保证模具接缝严密，模具之间的连接螺栓齐全和拧紧。模具组装后应对模具去毛、除锈和清洁。钢模合拢后，用内径千分尺在快速校验刻痕点对组装后的模具进行宽度校验，若超过误差允许范围，必须重新调整直至符合要求。管片钢模具组合校验监测如图 15-3所示。

图 15-3　钢模具组合校验检测

（2）合模前应仔细清理模具各部位，脱模剂应采用质量稳定、脱模效果好、不影响外观的水溶性脱模剂，脱模剂要均匀喷涂，不宜过多，喷在模具表面不流淌，不集油为合格，特别留意模具角落不能漏喷。如有积液，喷完后应用棉纱、碎布擦拭均匀，达到模具表面见亮不见油的效果。管片模具涂刷脱模剂如图 15-4 所示。

图 15-4　管片模具涂刷脱模剂示意图

（3）环、纵向螺栓孔预埋件、中心吊装孔预埋件和模具接触面应密封良好；钢筋骨架和预埋件严禁接触脱模剂。

（4）管片的脱模强度不应小于20MPa。脱模时，应注意保护管片和模具。

（5）脱模时应按规定降温，且出模时管片表面温度与环境气温差不应大于20℃。

4. 模具每周转100次，必须进行系统检验，其允许偏差见表15-2。

模具允许偏差表

表 15-2

序号	项目	允许偏差(mm)	检验方法	检查数量
1	宽度	±0.4	内径千分尺	6点/片
2	弧弦长	±0.4	样板	2点/片，每点2次
3	边模夹角	≤0.2	靠尺、塞尺	4点/片
4	对角线	±0.8	钢卷尺、刻度放大镜	2点/片，每点2次
5	内腔高度	−1～+2	高度尺	4点/片

15.2.3 钢筋加工与安装

1. 钢筋和骨架制作的基本要求：

（1）当钢筋的品种、级别或规格需作变更时，应事先办理设计变更。

（2）应采用焊接骨架，钢筋骨架应在符合要求的胎具上制作。

（3）钢筋骨架必须通过试生产，经检验合格后方可批量下料焊接成型及制作。

2. 钢筋加工应符合下列规定：

（1）应按钢筋下料单进行钢筋切断或弯曲。

（2）弧形主筋加工时应防止平面翘曲，成型后表面不得有裂纹，且成型尺寸应正确。

（3）受力钢筋的弯钩和弯折应符合《混凝土结构工程施工质量验收规范》GB 50204—2015中的有关规定。

（4）除焊接封闭环式箍筋外，箍筋的末端应作弯钩，弯钩形式应符合设计要求；当设计无具体要求时，应符合下列规定：

1）箍筋弯钩的弯弧内直径应符合《混凝土结构工程施工质量验收规范》GB 50204—2015中的有关规定。

2）箍筋弯钩的弯折角度应符合设计要求；当设计无具体要求时，箍筋弯钩的弯折角度应为135°，且弯后平直部分长度不应小于箍筋直径的10倍。

（5）钢筋调直应符合《混凝土结构工程施工质量验收规范》GB 50204—2015的相关规定。

3. 钢筋骨架成型应符合下列规定：

（1）钢筋焊接前，必须根据施工条件，进行试焊，合格后方可施焊；焊工必须持证上岗。

（2）焊丝进厂应有合格证书，焊接骨架时，应按料表核对钢筋级别、规格、长度、根数及胎具型号。焊接应根据钢筋级别、直径及焊机性能合理选择焊接参数；钢筋应平直，端面整齐；焊接骨架的焊点设置，应符合设计要求；当设计无规定时，骨架的所有钢筋相交点必须焊接；钢筋骨架成型应对称跳点焊接。

（3）焊接成型时，焊接前焊接处不应有水锈、油渍等；焊后焊接处不应有缺口、裂纹及较大的金属焊瘤。

（4）预埋件的材质、加工精度和焊接质量应满足设计和规范要求。

（5）钢筋骨架制作成型后，应进行实测检查并填写记录；检查合格后，分类码放，并设明显标识牌。

（6）保护层垫块规格应符合设计要求，应绑扎牢靠。钢筋骨架入模后，应检查各部位保护层应符合设计要求。

4. 钢筋及骨架制作与安装质量应符合下列要求：

（1）在浇筑混凝土之前，应进行钢筋隐蔽工程验收。管片钢筋验收如图 15-5、图 15-6 所示。

图 15-5　钢筋标准圆弧检测

图 15-6　钢筋笼入模后校验

（2）钢筋加工的形状、尺寸应符合设计要求，其允许偏差见表 15-3。

钢筋加工允许偏差和检验方法　　　　　　表 15-3

序号	项　目	允许偏差(mm)	检验方法	检查数量(同类型、同设备)
1	主筋和构造筋剪切	±10	尺量	抽检≥5件/班
2	主筋折弯点位置	±10	尺量	抽检≥5件/班
3	箍筋内净尺寸	±5	尺量	抽检≥5件/班

（3）钢筋骨架安装的允许偏差见表 15-4，管片钢筋入模安装如图 15-7 所示。

钢筋骨架安装位置的允许偏差和检验方法　　　　　　表 15-4

序号	项目		允许偏差(mm)	检验方法	检查数量
1	钢筋骨架	长	+5，−10	尺量	每片骨架检查 4 点
		宽	+5，−10	尺量	每片骨架检查 4 点
		高	+5，−10	尺量	每片骨架检查 4 点
2	受力主筋	间距	±5	尺量	每片骨架检查 4 点
		层距	±5	尺量	每片骨架检查 4 点
		保护层厚度	+5，−3	尺量	每片骨架检查 4 点
3	箍筋间距		±10	尺量	每片骨架检查 4 点
4	分布筋间距		±5	尺量	每片骨架检查 4 点
5	环、纵向螺栓孔和中心吊装孔		畅通、内圆面平整		

15.2.4　混凝土浇筑

1. 混凝土强度和冬期施工的一般规定：

（1）预制钢筋混凝土管片强度评定应符合《混凝土结构工程施工质量验收规范》GB

图 15-7　管片钢筋笼安装示意图

50204—2015 中的有关规定。

（2）检验混凝土强度用的混凝土试件的尺寸及强度的尺寸换算系数参见《混凝土结构工程施工质量验收规范》GB 50204—2015 中的有关规定；评定混凝土强度的试件应为标准试件，所有试件的成型方法、养护条件及强度试验方法应符合普通混凝土力学性能试验方法标准的规定。

（3）混凝土的冬期施工应符合国家现行标准《建筑工程冬期施工规程》JGJ/T 104—2011 和施工技术方案的规定。

2. 有抗渗要求的工程，混凝土配合比设计要满足下列要求：

（1）混凝土坍落度不宜大于 70mm。

（2）水泥用量不得少于 280kg/m³。

（3）混凝土中总的碱含量和最大氯离子含量应符合现行国家及地方有关标准。

（4）混凝土的抗渗等级应符合设计要求。

3. 混凝土生产与运输应符合下列规定：

（1）首次使用的混凝土配合比应进行开盘鉴定，其工作性应满足设计配合比的要求。开始生产时应至少留置一组标准养护试件，作为验证配合比的依据。

（2）应严格按施工配合比投料。混凝土原材料计量偏差应符合《混凝土结构工程施工质量验收规范》GB 50204—2015 中的有关规定。

（3）每工作班至少测定一次砂石含水率，并据此提出施工配合比。

（4）混凝土应搅拌均匀、色泽一致，和易性良好。应在搅拌或浇筑地点检测坍落度，应逐盘做目测检查混凝土粘聚性和保水性。

（5）混凝土运输、浇筑及间歇的全部时间不应超过混凝土的初凝时间。

4. 混凝土浇筑应符合下列规定：

（1）混凝土应连续浇筑成型；根据生产条件选择适当的振捣方式；振捣时间以混凝土表面停止沉落或沉落不明显、混凝土表面气泡不再显著发生、混凝土将模具边角部位充实并有灰浆出现时为宜，不得漏振或过振。

（2）管片浇筑成型后，在初凝前应再次进行压面、收光，清理表面厚浆，防止开裂，要求收光抹面不得少于 3 道，平整度±1.5mm。管片混凝土表面刮面、收光抹面如图 15-8 所示。

图 15-8　混凝土表面刮面、收光抹面示意图

（3）浇筑混凝土的同时应留置试件。混凝土试件留置应符合规范的规定，所做试件应具有代表性。

5. 管片养护及脱模

（1）管片混凝土振捣成型并抹面收光 2h 后，混凝土表面用手压有轻微的压痕时，在管片外弧面上盖上湿润的养护布。混凝土浇筑成型后至开模前，应覆盖保湿，管片养护需要预养护，静停时间不少于 1h，管片可采用蒸汽养护或自然养护方式进行养护。

（2）当采用蒸汽养护时，应经试验确定混凝土养护制度。管片混凝土预养护时间不宜少于 2h，升温速度不宜超过 15℃/h，降温速度不宜超过 10℃/h，恒温最高温度不宜超过 60℃。出模时管片温度与环境温度差不得超过 20℃。

（3）管片拆模前必须检查早强砖达到 20MPa 后方可拆模，拆模时一定要掌握拆模顺序和预埋件拆卸方法，防止崩边碰角。管片脱模如图 15-9 所示。

图 15-9　管片脱模示意图

（4）起吊：管片起吊采用专用机器，真空吸盘机，管片起吊时，吸盘与管片对中，确保管片垂直出模，以免损坏管片，在管片起吊高出模 200mm 后加设帆布带，做好安全保护措施。管片起吊如图 15-10 和图 15-11 所示。

然后起吊至翻转区进行翻转，翻转后用叉车运送到修补区进行外观和尺寸等质量检查并验收合格后将其堆放在成品堆放区，当构件表面出现表面气泡、色差或棱角损伤等一般缺陷时应按修补方案及时对构件进行修补处理。管片翻转如图 15-12 所示，管片修补处理如图 15-13 所示。

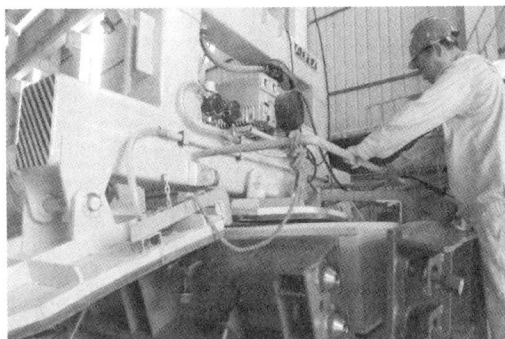

图 15-10　真空吸盘机起吊管片

图 15-11　管片起吊保护

图 15-12　管片用翻转机翻转

图 15-13　管片修补处理

（5）产品保护层检测及标示：

管片修补完毕后，要检查钢筋保护层厚度，不合格管片作为废弃管片处理。管片保护层检查如图 15-14 所示。

混凝土管片标识：每个管片检查完成后都要进行标示，在管片的内弧面角部须喷涂标记，标记内容应包括：管片型号、模具编号、生产日期、生产厂家、合格状态。每一片管片必须独立编号。管片产品标示如图 15-15 所示。

图 15-14　管片保护层检查

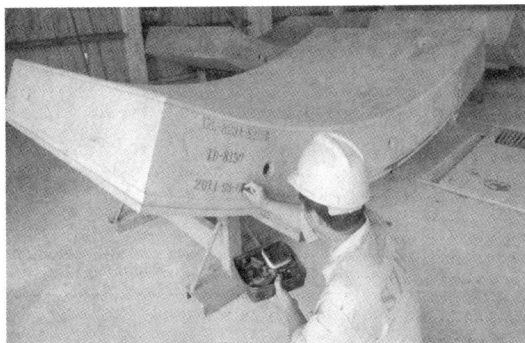

图 15-15　管片产品标示

（6）二次养护及堆放：标示完成后，管片在贮存阶段宜采取适当的方式进行养护且养护周期不得少于 14d。非冬施期间生产的管片宜置于水中养护贮存 7d 以上，冬施期间生产的管片宜喷涂养护液进行养护，养护液要求为 $170\sim200g/m^2$，必须喷涂均匀，不得积液，管片喷涂养护液如图 15-16 所示。喷涂完毕后，进行产品堆放，要求每堆不得超过 6 块，间距纵向 500mm 宽，横向 800mm 宽，管片底部用混凝土条加木板垫放或枕木垫放，管片之间用 $150\times150\times150mm$ 混凝土砖块加木板堆放。管片产品堆放如图 15-17 所示。

图 15-16　管片喷涂养护液

图 15-17　管片产品堆放

15.2.5　成型管片

（1）水平拼装：每套钢模，每生产 200 环后应进行水平拼装检验一次，其结果允许偏差见表 15-5。

管片水平拼装检验允许偏差　　　　　　　　表 15-5

序号	项目	允许偏差(mm)	检验频率	检验方法
1	环向缝间隙	2	每环测 6 点	塞尺
2	纵向缝间隙	2	每条缝测 2 点	塞尺
3	成环后内径	±2	测 4 条(不放衬垫)	钢卷尺
4	成环后外径	+2～+6	测 4 条(不放衬垫)	钢卷尺

（2）预制钢筋混凝土管片的质量要求：

1）预制钢筋混凝土管片应按设计要求进行结构性能检验并满足要求。

2）吊装预埋件首次使用前必须进行抗拉拔试验，试验结果应符合设计要求。

3）管片混凝土外观质量不应有露筋、孔洞、疏松、夹渣、有害裂缝、缺棱掉角、飞边等缺陷。麻面面积不得大于管片面积的 5%。

4）日生产每 15 环应抽取 1 块管片进行检验，预制钢筋混凝土管片的尺寸允许偏差和检验方法见表 15-6。

预制成型管片允许偏差　　　　　　　　表 15-6

序号	项目	允许偏差(mm)	检验方法	检查数量
1	宽度	±1	卡尺	3 点
2	弧弦长	±1	样板、塞尺	3 点
3	厚度	+1～+3	钢卷尺	3 点

5）管片成品应定期进行检漏试验，检漏标准按设计抗渗压力恒压 2h，渗水深度不超过管片厚度的 1/5 为合格。

15.2.6 管片贮存和运输

1. 管片贮存场地必须坚实平整。雨期应加强贮存管片的检查，防止地基出现不均匀沉降。

2. 管片应按适当的方式分别码放。采用内弧面向上的方法贮存时，管片堆放高度不应超过6层；采用单片侧立方法贮存时，管片堆放高度不得超过4层。不论何种方法贮存，每层管片之间必须使用垫木，位置要正确。管片运输应采取适当的防护措施。

3. 贴胶准备出厂，出货前20d进行贴胶工作，管片贴橡胶止水条如图15-18所示，粘贴橡胶止水条程序为：管片止水条槽内清洁干净，胶水均匀涂刷在管片止水条槽和橡胶止水条上，按要求静止一定时间再将橡胶止水条安装在管片槽内，用橡皮锤将橡胶止水条敲紧，胶水刷涂需均匀、无积胶，敲打应均匀有力，不得漏敲。将贴好止水条的管片装车准备出货，如图15-19所示。

图 15-18 管片贴橡胶止水条

图 15-19 准备出货

15.2.7 钢管片制作

1. 钢管片材质应符合下列规定：

（1）钢材的品种、规格、性能等应符合现行国家产品标准和设计要求。进口钢材产品的质量应符合设计和合同规定标准的要求。

（2）钢材的表面外观质量除应符合国家现有关标准的规定外，尚应符合：

1）当钢材的表面有锈蚀、麻点或划痕等缺陷时，其深度不得大于该钢材厚度负允许偏差值的1/2。

2）钢材表面的锈蚀等级应符合现有国家标准《涂覆涂料前钢材表面处理　表面清洁度的目视评定　第1部分：未涂覆过的钢材表面和全面清除原有涂层后的钢材表面的锈蚀等级和处理等级》GB/T 8923.1—2011规定的C级及C级以上。

3）钢材端边或断口处不应有分层、夹渣等缺陷。

（3）厚度大于或等于40mm的钢板，应按《厚钢板超声检测方法》GB/T 2970—2016方法进行超声波检验，钢板的质量应达到该标准中的Ⅱ级要求。

（4）焊接材料的品种、规格、性能等应符合现行国家产品标准和设计要求。

（5）焊接材料应进行抽样复验，复验结果应符合现行国家产品标准和设计要求。

（6）钢结构防腐涂料、稀释剂和固化剂等材料的品种、规格、性能等符合现行国家产品标准和设计要求。防腐涂料和防火涂料的型号、名称、颜色及有效期应与其质量证明文件相符。开启后，不应存在结皮、结块、胶凝等现象。

2. 钢管片制作应符合下列要求：

（1）划线切割：按图纸要求准确设定切割线，所有构件必须整块下料，严禁拼接焊缝。

（2）钢材如有弯曲应矫正后才能使用。矫正后的钢材表面，不应有明显的凹面或损伤，划痕深度不得大于 0.5mm，且不应大于该钢材厚度负允许偏差的 1/2。矫正后的允许偏差见表 15-7。

钢材矫正后允许偏差   表 15-7

项目		允许偏差（mm）	图　　例
钢板的局部平面度	$t \leqslant 14$	1.5	
	$t \geqslant 14$	1.0	1000

（3）钢板焊接全部采用二氧化碳气体保护焊。并按《二氧化碳气体保护焊工艺规程》JB/T 9186—1999 操作。

（4）焊工必须经考试合格并取得合格证书。持证焊工必须在其考试合格项目及其认可范围内施焊。施工单位对其首次采用的钢材、焊接材料、焊接方法、焊后热处理等，应进行焊接工艺评定，并应根据评定报告确定焊接工艺。

（5）加工光洁度应满足设计要求。

（6）钢管片所有构件均应按设计要求进行防腐处理并满足设计要求。

3. 钢管片质量应符合下列要求：

（1）单块钢管片外形尺寸允许偏差见表 15-8。

钢管片外形尺寸允许偏差   表 15-8

序号	项目	允许偏差（mm）
1	管片宽度	±1
2	管片弧弦长	±1
3	管片厚度	+1～+3
4	环面间平行度	0.5
5	环面与端面、环面与内弧面的垂直度	1.0
6	端面、环面平面度	0.2

（2）成环钢管片三环水平拼装允许偏差见表 15-9。

钢管片三环水平拼装允许偏差   表 15-9

序号	项目	允许偏差（mm）	检验频率	检验方法
1	环向缝间隙	2	每环测 6 点	塞尺
2	纵向缝间隙	2	每条缝测 2 点	塞尺
3	成环后内径	±2	测 4 条（不放衬垫）	用钢卷尺量
4	成环后外径	+2～+6	测 4 条（不放衬垫）	用钢卷尺量

（3）焊缝表面不得有裂纹、焊瘤等缺陷。一级、二级焊缝不得有表面气孔、夹渣、弧坑裂纹、电弧擦伤等缺陷。且一级焊缝不得有咬边、未焊满、根部收缩等缺陷。

（4）主要焊缝应进行按 50% 比例 PT（着色探伤）或 MT（磁粉探伤）检查。

15.3 质量控制标准与控制要点

1. 在正式生产管片前要进行试生产，并做示范衬砌，三环试拼装。通过测量管片内径、外径、环与环、块与块之间的拼接缝隙，从而评价管片的尺寸精度和形位偏差，对管片和模具进行检验。

2. 注重养护，确保充分养生，蒸养后水养。

3. 做好抗拔、抗弯、抗渗试验。

4. 正确堆放防止管片碰撞损坏。

5. 为确保管片生产的进度及质量，应重点对模具、原材料、混凝土搅拌、钢筋加工及安装、混凝土浇筑、管片养护、存放和运输等各个环节严格控制，并把好质量验收关。

6. 根据设计要求对管片成品的精度进行检测。精度要求见表 15-10。

管片成品精度控制   表 15-10

类型	宽度（mm）	弧弦长（mm）	厚度（mm）
1.5m管片	±1.0	±1.0	+1～+3

7. 外观质量检查要求

每块管片都应进行外观质量检验，管片表面应光洁平整、无蜂窝、露筋、无裂纹、无缺角、无杂物等。吊装孔螺栓及纵横向安装螺栓的 PVC 套管应完整。安装位置正确无破损。

8. 缺陷判别规则见表 15-11。

管片缺陷判断   表 15-11

序号	项目	不合格内容	处理
1	吊装管螺栓	漏装或破裂	严重缺陷
2	PVC 螺栓套	漏装、堵塞	严重缺陷
3	宽度	超差	严重缺陷
4	破损	外弧破损高度超过止水条，内弧面破损露筋	严重缺陷
5	裂缝	非贯穿性干缩裂缝、非贯穿止水槽且宽度小于 0.2mm 裂缝	一般缺陷
		贯穿止水槽裂缝	严重缺陷
6	外观	麻面、掉皮、棱角磕碰、翘曲不平、飞边凸肋等	一般缺陷
		孔洞、疏松、露筋	严重缺陷
7	杂物	混凝土内夹杂有杂物且深度超过保护层厚度	严重缺陷

15.4 安全管理要求

1. 严格执行厂部的各项安全生产规章制度。建立健全各级各部门的安全生产责任制，责任到人。

2. 对从事管片生产的全体管理、操作人员进行安全、技术交底。

3. 操作司机必须经培训考试合格后方可独立操作，工作过程中严格听从起重工的指挥。

4. 严格按照操作规程操作车间内的一切机械设备，做好日常检查保养工作。非操作人员严禁使用，电气设备维修保养一律由电工进行，机械停止使用必须切断电源。雨天生产更要注意用电安全。

5. 吊运钢丝绳、夹具、销轴等工具使用之前必须检查，不符合使用要求，应及时修复或调换。

6. 上料系统中砂石料斗上下运动要注意周围人员动态，搅拌机设备需要定期检查，对易损件应经常检查及更换。

7. 合理布局、规范标识、划区包干、责任到人、安全作业、文明生产。

16 盾构隧道管片成品检验与维护

【施工目的】

为了确保管片进场的质量，保证盾构施工的顺利进行，指导现场管片成品检验与维护作业。

【施工依据】

主要依据《预制混凝土衬砌管片》GB/T 22082—2017、《混凝土结构工程施工质量验收规范》GB 50204—2015、《地下铁道工程施工质量验收标准》GB/T 50299—2018、《盾构隧道管片质量检测技术标准》CJJ/T 164—2011 等国家现行施工及验收规范、质量技术标准。

16.1 施工准备

1. 盾构管片成品检验人员必须取得相关资格证书，操作辅助工作必须经过安全、技术培训，取得合格证。

2. 管片成品维护机具人员配置见表 16-1。

管片成品维护机具人员配置表　　　　　　　　　　　表 16-1

序号	工种	数量	备　注
1	龙门吊司机	2	负责管片运输
2	司索	4	负责管片运输
3	止水条粘贴	4	负责止水条粘贴
4	普工	2	防雨、防晒
5	合计	12	

16.2 管片成品检验

16.2.1 单块管片宽度尺寸检查

脱模时，先将钢模的侧模及端模打开，由质检员对每块管片的宽度进行测量。

单块管片宽度设计允许偏差：±1mm。

检查数量：每 10 环抽检 1 环。

检验方法：0～2000mm 精度 0.05mm 游标卡尺量测（检查点数：不少于 3 个点），如图 16-1 所示。

图 16-1　单块管片宽度尺寸检查示意图

16.2.2 单块管片厚度尺寸检查

管片吊运至平板车后，由质检员测量每块管片的厚度。

单块管片厚度设计允许偏差：±1mm～＋3mm。

检查数量：每 10 环抽检 1 环。

检验方法：0～500mm 精度 0.05mm 游标卡尺量测（检查点数：不少于 3 个点），如图 16-2 所示。

图 16-2　单块管片厚度尺寸检查示意图

16.2.3　管片外观检查

管片表面应平整、无缺棱、掉角、麻面和露筋；最大允许裂缝宽度为 0.2mm（不允许贯穿止水带的裂缝出现）；注浆孔应完整、PVC 管内无水泥浆等杂物，止水带附近不允许有缺陷。

检查数量：全数检查。

检验方法：目视观察。

16.2.4　产品标识检查

1. 管片标识内容：产品型号、生产序号、生产日期等标识。

2. 管片标识位置：（1）内弯弧面右上角；（2）正对内弯弧面的右面端面上端。

检查数量：全数检查。

检验方法：目视观察，如图 16-3、图 16-4 所示。

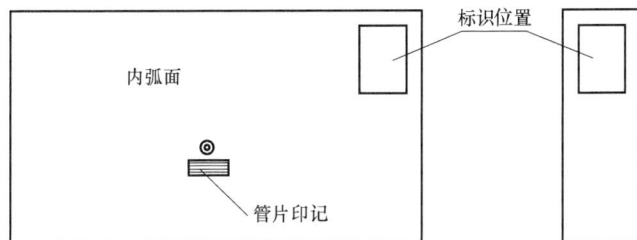

图 16-3　管片产品标识示意图

图 16-4 管片产品标识实物示意图

注：B1Z——管片型号；7——模具编号；A——钢筋类型；0105——B1Z管片累计生产数；

180127——生产日期：2018 年 1 月 27 日

16.2.5 三环水平拼装检验

三环水平拼装允许偏差：符合《地下铁道工程施工质量验收标准》GB 50299—2018 的相关规定。

环向缝间隙：≤2.0mm（检验方法：内表面插塞尺测定，每缝测 6 个点）。

纵向缝间隙：≤2.0mm（检验方法：内表面插塞尺测定，每缝测 3 个点）。

成环后内径：±2.0mm（用 0~20m 钢卷尺测 4 条）。

成环后外径：±2~+6mm（用 0~20m 钢卷尺测 4 条）。

检验数量：每生产 200 环管片抽查 3 环做水平拼装检验，如图 16-5 所示。

图 16-5 管片三环水平拼装检验示意图

16.2.6 混凝土抗压强度检验

管片混凝土抗压强度等级：满足设计要求。

检验数量：每班管片生产抽样制作抗压强度试件 3 组，分别测试脱模强度、标准养护 7d 及 28d 强度，每 100 环管片制作同条件养护试件 1 组，送委外试验室检验，以标准养护 28d 强度作为最终强度依据，如图 16-6 所示。

图 16-6　管片混凝土抗压强度检验示意图

16.2.7　混凝土抗渗检验

管片混凝土抗渗等级：满足设计要求。

检验数量：每生产 30 环管片抽样制作抗渗压力试件一组，送委外试验室检验，测试管片混凝土抗渗性能。

16.2.8　管片检漏性能试验

检验方法：按 0.2、0.4、0.6、0.8MPa 压力逐级加压，0.2、0.4MPa 恒压 5min，0.6MPa 恒压 30min，0.8MPa 恒压 120min，渗水最大深度不得超过管片厚度的 1/5 为合格。管片检漏装置封胶条位置不得大于管片周边 25cm。

检验数量：每生产 100 环管片抽查 1 块作检漏测试，连续 3 次达到标准，则改为每生产 200 环抽检 1 块管片做检漏测试，再连续 3 次达到检测标准，最终检测频率为每生产 400 环抽查 1 块管片做检漏测试。如果出现一次检测不达标，则恢复每生产 100 环抽查 1 块管片做检漏测试的最初检测频率，再按上述要求进行抽检。

检验工具：管片检漏测试架，如图 16-7 所示。

图 16-7　管片检漏性能试验示意图

16.2.9 管片抗弯性能检验

管片抗弯试验采用短期静力加载试验，采用荷载分配梁来实现管片内侧弯矩，取加载点间距为 1/3 管片跨度，以测定管片裂缝荷载值、管片挠度和水平位移，检验管片的承载力是否符合设计要求。

现场试验检测应依据管片配筋图，不同类型的配筋分别进行试验，抗弯试验荷载的参数由管片设计单位提供。抗弯试验应在监理工程师的（设计单位、监理单位等）见证下进行。试验用仪器，应按规定期限进行检定。

检验方法：

1. 管片抗弯性能检验应采用分级加载方式，如图 16-8 所示，每次加载值应符合表 16-2 的要求，每次恒载时间不少于 5min，记录每级荷载值作用下的荷载点位移，并施加下级荷载。

管片抗弯性能检验加载值　　　　　　　　　　　表 16-2

分级 荷载值	一级	二级	三级	四级	五级	六级	七级
分级加载值 设计荷载值	20%	20%	20%	20%	10%	5%	5%
累计加载值 设计荷载值	20%	40%	60%	80%	90%	95%	100%

2. 当管片出现裂缝后，应继续持续加载 10min，观察混凝土裂缝的开展，如图 16-9 所示，并取得本级荷载值为开裂荷载实测值。

图 16-8　管片抗弯性能检验示意图

图 16-9　管片抗弯性能裂缝检查示意图

当加载到设计荷载，应继续持荷 30min，观察混凝土裂缝开展，记录最大混凝土裂缝宽度，随后卸载，终止检验。

每级加载应计算中心点竖向计算位移，荷载点竖向计算位移，水平点计算位移并记录荷载作用下的裂缝位置（长度、宽度）。

加载完成后应绘制重点竖向位移、荷载点竖向位移、中心点竖向位移与荷载的关系曲线。

3. 当出现位移变量异常突变，混凝土管片加荷载点处出现局部破坏应重新检验。

检验频率：每生产 1000 环，检 1 块管片进行管片抗弯性能检验。

16.2.10 管片拉拔性能检验

管片拉拔性能检验是对混凝土管片中心吊装孔预埋受力件进行拉拔试验，评价管片吊装孔的拉拔性能。

检验方法：管片拉拔性能检验应采用分级加载方式，如图 16-10 所示，每级加载时间不应少于 5min，并记录每级荷载作用下的螺栓位移量。每级加载值应满足下表要求。当拉拔检验荷载达到设计荷载时，应继续持荷 30min 并每 5min 测量一次螺栓位移，记录荷载与位移，终止试验并观察管片裂缝开展情况。管片拉拔性能检验加载值见表16-3。

管片抗拉拔性能检验加载值 表 16-3

分级荷载值	一级	二级	三级	四级	五级	六级	七级
分级加载值 设计荷载值	20%	20%	20%	20%	10%	5%	5%
累计加载值 设计荷载值	20%	40%	60%	80%	90%	95%	100%

检验频率：每生产 1000 环，对 1 块管片的抗拉拔性能进行检验。

图 16-10 管片抗拉拔性能检验示意图

16.2.11 管片进入施工现场检验

管片止水条粘贴是否牢固，有无脱胶情况，管片有无破损，螺栓孔是否完好，孔内是否畅通，如图 16-11 所示。

195

图 16-11　管片止水条粘贴示意图

16.2.12　质量检验记录表格

1. 混凝土试件抗压试验记录。
2. 混凝土抗压强度试验报告。
3. 混凝土抗渗试验原始记录。
4. 混凝土抗渗等级检验报告。
5. 混凝土强度（性能）试验汇总表。
6. 混凝土试块强度统计、评定记录。
7. 单块管片检查表。
8. 三环水平拼装检验报告。
9. 管片抗渗试验报告表。

16.3　质量控制要点

1. 管片脱模后在吊运过程中，管片与绳索间应垫以橡胶垫物不能直接接触，以防勒伤，绳索用纹盘收紧，使管片得以紧固。

2. 脱模后管片应首先搁置在具有保护橡胶皮的平板车上进行降温处理，侧面以 T 型木条间隔防止放置时碰撞。

3. 管片在进水池养护时应有专人指挥，防止发生碰撞。

4. 喷淋场地应坚实平整，在喷淋养护时管片应竖向放在柔性垫条上，高度不得超过两层，管片之间用 T 型木条隔开，防止碰撞。

5. 管片在运至堆放场地后，应放在坚实平整的场地上，弯弧向上堆放整齐，管片底部与管片之间应用垫块隔开，高度不得超过 5 片。

6. 管片在堆场及运至施工现场后如发现有被撞、损坏、污染的管片应及时修补。

7. 管片运至施工现场后，凡在管片堆放区域施工或装卸运输，都要采取防护措施，防止管片被磕撞刮碰等损坏，或因砂浆、混凝土等的溅落而被污染。

8. 运至施工现场的管片首先应进行软木衬垫的粘贴，按照每一环 18 片 A 型软木衬垫、20 片 B 型软木衬垫、4 片 C 型软木衬垫来进行粘贴。

9. 有效采用护、包、盖、封等管片成品保护措施，视不同情况，分别对管片进行局部封闭处理。

10. 止水条粘贴后 12h 后方可下井拼装。

16.4　安全管理要求

1. 管片在施工现场吊装过程中应有专人进行指挥，相互配合，确保安全。吊装管片时管片带应两边对齐，不能有歪斜，避免操作人员把手指夹到吊带里面，以免夹伤，保证管片带两边对齐的情况下龙门吊才能起吊运行。

2. 提倡文明施工，禁止在管片上进行钻孔和其他非正常作业。

3. 管片由电瓶车运输至 1 号台车双轨梁处，在管片吊运过程中，必须由专人操作，准确运输至管片小车上，避免发生碰撞。

17 盾构隧道管片选型与拼装

【施工目的】

管片选型正确与否和管片拼装质量控制，直接影响成型隧道线型、质量和防水效果，施工中应加强对管片选型与管片拼装管理和过程控制，确保盾构隧道质量达到设计与规范要求。本章适用于盾构隧道用通用环和标准环以及左、右转弯环管片选型与拼装施工。

【施工依据】

1. 盾构区间工程施工设计图纸、盾构区间详细勘察报告、补充地质勘察报告、施工调查等资料。

2. 《城市轨道交通岩土工程勘察规范》GB 50307—2012、《地下铁道工程施工质量验收标准》GB/T 50299—2018、《盾构法隧道施工及验收规范》GB 50446—2017 等国家现行有关施工及验收规范、质量技术标准。

17.1 施工准备

1. 管片选型技术人员必须熟悉设计图纸，根据设计图纸进行管片的排版及选型。
2. 对管片拼装作业人员进行安全、技术交底。
3. 管片拼装机具及劳动力配置

管片拼装所需机具及劳动力见表17-1、表17-2。

管片拼装所需主要机具表　　　　　　表 17-1

序号	名称	规格	数量	备 注
1	管片拼装机	与盾构机配套	1	用于管片拼装的盾构机配套设备
2	管片拼装机遥控器	与管片拼装机配套	1	
3	单双轨梁	与管片拼装机配套	1	
4	风动扳手	配置 36mm、41mm 套筒	2	一把备用
5	梅花扳手	S17、S19	各一把	备用
6	榔头		2	
7	钢尺		1	

管片安装作业劳动力组织表　　　　　　表 17-2

序号	岗 位	人 员
1	土建工程师	1
2	单双轨梁操作手	1
3	管片安装机操作	1
4	螺栓连接及紧固	3

17.2 主要施工工艺、方法与技术措施

17.2.1 管片拼装施工工艺流程

管片拼装施工工艺流程如图17-1所示。

17.2.2 管片选型

管片的形式为平板型单层管片衬砌，衬砌环纵、环缝均采用弯螺栓连接，通过合理的管片选型使管片错缝拼装。

1. 管片选型的影响因素

（1）盾尾间隙的影响。如果盾尾间隙过小，则盾构机在掘进过程中盾尾将会与管片发生摩擦，增加盾构机向前的阻力和造成管片压坏引起隧道渗漏水，同时盾尾密封效果减弱造成盾尾漏浆。

（2）推力油缸行程和铰接油缸行程差对管片的选型的影响。盾构机是依靠推力油缸顶

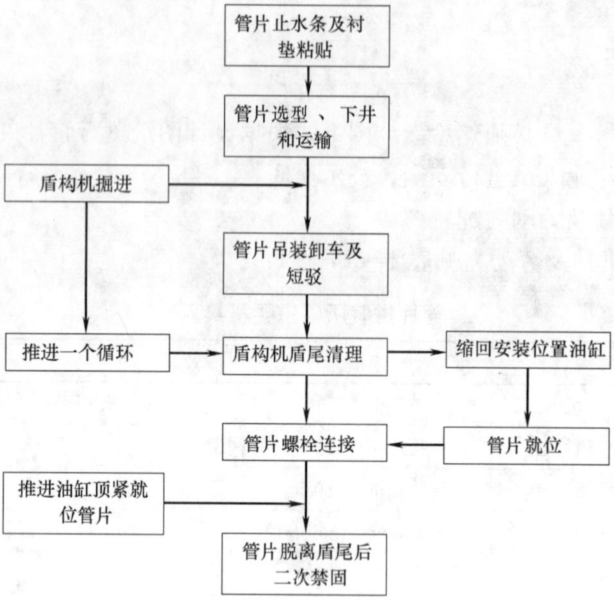

图 17-1 管片拼装施工工艺流程图

推在管片上产生的反力向前掘进的,推力油缸按上、下、左、右四个方向分成四组,每一个掘进循环这四组油缸的行程的差值反映了盾构机与管片的平面位置之间的空间关系,可以看出下一个掘进循环盾尾间隙的变化趋势。当管片平面不垂直于盾构机轴线时,各组推进油缸的行程就会有差异,当这个差值过大时,推进油缸的推力就会在管片环的径向产生较大的分力,从而影响已拼装好的管片以及掘进姿态。

通常以各组油缸行程的差值大小来判断是否应该拼装转弯环,在两个相反的方向上的行程差值超过 40mm 时,就应该拼装转弯环来进行纠偏。通过转弯环的调整使左右与上下的油缸行程差值控制在 30mm 以内,有利于盾构掘进及保护管片不受破坏。

(3)铰接油缸可以伸缩,有利于曲线段的掘进及盾构机的纠偏。同样铰接油缸的行程差也影响管片选型。这时应将上下或左右的推进油缸行程差值减去上下或左右的铰接油缸行程差值,最后的结果作为管片选型的依据。

2. 管片选型原则

管片选型的原则有三个:管片选型要适合隧道设计线路,管片选型要适应盾构机的姿态,根据现有的管模数量、类型及生产能力。

(1)管片选型要适合隧道设计线路

根据隧道中线的平曲线和竖曲线的走向,管片分为标准环、左转弯、右转弯三类(个别城市采用通用环)。直线上选标准环,左转曲线上选左转环,右转曲线上选右转环。

1)弯环管片偏转角计算

依照曲线的圆心角与转弯环产生的偏转角关系可知:

$$\theta = 2\gamma = 2\arctan(\delta/D) \tag{17-1}$$

式中 θ——转弯环的偏转角(°);

δ——转弯环的最大楔形量的一半(mm);

200

D——管片直径（mm）。

2）缓和全线上转弯环管片用量计算

在缓和曲线段内，缓和曲线切线角 β 与一环转弯环的偏转角 θ 的比值即为曲线上所需管片的数量。以某盾构区间左线 JD_9 为例进行计算。

① 某盾构区间管片技术参数如下：管片长度：1500mm；管片内径：5400mm；管片厚度：300mm；管片外径：6000mm；转弯环楔形量：38mm。

② 盾构区间左线 JD_9 的曲线要素见表 17-3。

某盾构区间左线 JD_9 的曲线要素表 表 17-3

符号	量值	符号	里程
α_y	23°53′24″	ZH	K6＋273.459
R/m	450.000		
L_s/m	60.000	HY	K6＋333.459
T/m	125.625	QZ	K6＋397.275
L/m	247.632	YH	K6＋461.091
E/m	10.300	HZ	K6＋521.091

由相关数据计算可得：$N＝\beta/\theta＝10.53$（环）

N——单条缓和曲线需加设的弯环管片用量。

由此可见在 JD_9 的单条缓和曲线上需放 10.53 环转弯环管片，但管片要成环拼装，0.5 环就要和圆曲线组合综合考虑，整条曲线的弯环数按取整数进行取舍，如果有不足 1 环的管片存在，则需多拼出 1 个转弯环，而不能少拼，即拼 11 环。

3）缓和曲线上转弯环管片位置确定

考虑切线角 β 累计超过转弯环偏转角 θ 的一半时即应该放置一个转弯环管片，可以计算出当 $\beta＝0.5\theta$、1.5θ、2.5θ、3.5θ……时所对应曲线长，即将每一个弯环所对应的曲线长度逐个计算出来。再通过曲线位置计算出转弯环在线路上的具体里程。

（2）管片选型要适应盾构姿态

管片是在盾尾内拼装，所以不可避免地受到盾构姿态的约束。管片要尽量垂直于盾构轴线，让盾构机的推进油缸能垂直地推在管片上，这样使管片受力均匀，掘进时不会产生管片破损。同时也要兼顾管片与盾尾之间的间隙，避免盾构机与管片发生碰撞而破损管片。当因地质不均、推力不均等原因，使盾构机偏离线路设计轴线时，管片选型要适应盾构姿态。

根据盾构姿态选管片的计算方法举例如下：

假定推进油缸（push rams）行程：上：1850mm，下：1830mm，左：1820mm，右：1840mm。

铰接油缸（articulation ramas）行程：上：80mm，下：70mm，左：62mm，右：75mm。

盾尾间隙：上：65mm，下：80mm，左：60mm，右：90mm。

因推进油缸、铰接油缸安装在中盾上，反力支座在不同部位，所以推进油缸的行程差减去铰接油缸的行程差是管片要校正的偏移量。

上下（上减下）：（1850－1830）－（80－70）＝＋10mm

右左（右减左）：（1840－1820）－（75－62）＝＋7mm

盾构机油缸的行程差大于 5mm 时，需要选楔形环，下一环所选楔形环管片的最大楔形量应处于右上方，管片走向应左向下，即要选左转环 10 点或右转环 4 点。

如果盾尾和管片都处于真圆状态，上下盾尾间隙之和及左右盾尾间隙之和分别等于 150mm。所选管片走向应使盾尾间隙趋于均等。

盾尾间隙差：上下（上减下）：65－80＝－25mm

右左（右减左）：90－60＝＋30mm

通过盾尾间隙判断，下一环管片走向应该是右下方，即选右转环 11 点或 10 点。

但行程差判断下一环管片走向应是左下方。综合考虑油缸行程差和盾尾间隙，管片应拼向下，或向右下方，那么只能从右转 11 点和 10 点两个里面选一个不通缝的点位。

管片选型时，只有盾尾间隙接近警戒值（60mm）时，才根据盾尾间隙选择管片。

（3）根据现有的管模数量、类型及生产能力

根据设计图纸，初步进行管片排版，确定各种类型的管片的数量，同时根据生产厂家的模具类型和生产能力，确定管片生产情况。为了满足每天正常掘进进度的要求，可用转弯环代替标准环，例如用一套左转环和一套右转环来代替两个标准环。

3. 盾构机系统选管片

根据盾构机自身系统程序中对各种相关因素的预先设定，程序会对所有后续管片进行评估，其中不利因素最少的一环会被选中。程序会沿已经计算好的纠偏曲线进行下一次模拟计算，预测第二环管片选型，即程序把预测的上一管环作为参考管环，进行下一管环顺序计算。

以下以 VMT 系统程序管片选择步骤：

在一环掘进当中，主千斤顶的行程达到 1700mm 左右时，手动测量上一环管环的盾尾间隙。当掘进结束，推进油缸未收缩前，按相应格式把测的盾尾间隙输入程序，VMT 系统就开始计算管片拼装点位。当计算结果出来后，接着操作人员应当检查上一环管片选型是否正确。如果其前面的操作无误，则此类管片应当是正确的。

如果对建议的管环满意，则可进行管片拼装。

如果对建议的管环类型不满意或现有管片的类型限制，则可对其进行更换。首先选择要被替换的管环，接着选定希望用的管片类型。

如果一个管环是通过这种方式手动改变的，则管环类型型号码的两边就会有"××"标识。此时就会对纠偏曲线进行重新计算。如果管片类型选择错误，后续管片就呈现红色警告。

17.2.3 管片拼装

1. 拼装机械设备

管片拼装器整体外形为一圆环状，套装在 2 个拼装器行走悬伸臂上，主要用于管片的拼装。其拼装头具有 6 个自由度，包括随拼装器的前后移动、旋转运动、伸举运动和绕管片自身的三轴旋转运动，管片拼装手通过操作控制台能够精密控制管片的动作和定位。管片拼装器由液压驱动，拼装器旋转的旋转角度在±200°范围。管片拼装机安装如图 17-2 所示。

图 17-2 管片拼装机安装示意图

2. 管片的堆放运输

（1）管片出厂前逐片进行尺寸、外观的检测，不合格者不允许出厂。外观的检测内容有：管片表面光洁平整，无蜂窝、露筋，无裂痕、缺角，无气、水泡，无水泥浆等杂物；灌浆孔螺栓套管完整，拼装位置正确。轻微的缺陷进行修饰，止水带附近不允许有缺陷。

（2）达到龄期并检验合格的管片有计划的由平板车运到施工现场，管片运输时之间用垫木垫实，以免使管片产生有害裂纹，或棱线部分被碰坏。

（3）管片到达现场后卸到管片堆放区，管片现场存放如图 17-3 所示。管片堆放区应选择适当，以免因其自重造成场所不均匀沉降和垫木变形而产生异常的应力和破裂。在卸之前对管片进行逐一的外观检测，不符合要求（裂缝、破损、无标志等）的管片立即退回。管片吊放到两节拖车上，之间用 10cm×10cm 方木垫隔，拖卡上也预先安放了方木垫块以方便管片堆放。管片贴密封垫后，经专人检查合格（位置、型号、粘结牢固性等）才可吊下隧道使用。储存时，必须注意，不能让油类、泥等异物污损管片，混凝土管片的接头配件确保不发生腐蚀。

图 17-3 管片现场存放托架示意图

（4）管片下井采用龙门吊进行。洞内运输采用电瓶车牵引管片车运输。管片车上的管片堆放有序，堆放次序是依据下一环的管片拼装顺序。管片下井运输如图 17-4 所示。

图 17-4　管片下井运输示意图

（5）管片运到盾尾附近后，由专门设备卸到靠近安放位置的平台上，管片卸放至安装平台如图 17-5 所示，再送到管片拼装器工作范围内，并被从下到上依次拼装到相应位置上。当最后一块插入块拼装紧固后，一环管片即拼装完毕，可以进行下一环的掘进。

图 17-5　管片卸放至安装平台示意图

3. 管片拼装

（1）管片拼装采取自下而上的原则，由下部开始，先装底部标准块（或邻接块），再对称拼装标准块和邻接块，最后拼装封顶块，封顶块拼装时，先径向搭接 2/3，径向推上，然后纵向插入。

（2）拼好的一环管片从盾尾脱出时，受到自重和压力的作用产生变形，当变形量过大，既成环和拼装环高低不平，影响到安装纵向螺栓时，用真圆保持器对管片进行临时整圆。

（3）管片在防水处理前必须对管片进行清理，然后再进行密封的粘贴。

（4）拼装过程中彻底清除盾壳部位的垃圾和积水，同时必须注意管片的定位精确，尤其第一环要做到居中安放。

（5）用管片拼装机将管片吊起，沿吊机梁移动到盾尾位置。

（6）拼装时千斤顶交替收回，即拼装哪段管片收回哪段相对应的千斤顶，其余千斤顶仍顶紧。

（7）管片拼装把握好管片环面的平整度，环面的超前量以及椭圆度，还有用水平尺将第一块管片与上一环管片精确找平。

（8）第二块管片与上一环管片和第一环管片大致对准后，先纵向压紧环向止水条，再环向压紧纵向止水条，并微调对准螺栓孔。

（9）边拼装管片边拧紧纵、环向连接螺栓。在整环管片脱出盾尾后，再次按规定扭矩拧紧全部连接螺栓。

（10）管片在拼装前仍要进行一次检查，再确认管片种类正确、质量完好无缺和密封垫粘结无脱落，管片的吊装孔预埋位置正确，逆止阀、封堵盖完好无损，以及其他主要预埋件和混凝土的握裹牢固，管片接头使用的螺栓、螺母、垫圈、螺栓防水用密封垫等附件准备齐全后，才允许拼装。每环管片拼装结束后要及时拧紧各个方向的螺栓，且在该环脱出盾尾后再次拧紧。

（11）对掘进过程中出现的管片裂缝和其他破损，要及时观察记录并提醒盾构机操作手注意，并要选择合适时间对管片进行修补。

（12）管片拼装是盾构法施工的重要环节，其拼装质量的好坏不仅直接关系到成洞的质量，而且对盾构机能否继续顺利推进有着直接的影响。

4. 盾构始发段管环拼装

（1）需要工具主要有：水平尺、钢板（2mm、4mm、5mm）、铜皮（0.5mm、1mm）、短螺栓、棘轮扳手、电焊机。

（2）首先要计算清楚始发部位的线路坡度，把第一环位置定准。拼装第一环时，要注意防护尾刷，拼环前先在尾刷和油脂腔上涂满油脂，如果盾构机是第一次始发，盾尾刷比较柔软，容易压弯，拼环时管片就可以直接压上去，管片靠紧盾尾刷时，管片只能后退，不能前进，否则尾刷的钢压板将被破坏。

（3）若盾构机是过站始发，尾刷没有得到很好的清理维护，弹性比较差，不易压弯，管片不能直接向上压，在盾尾没有尾刷的部位把管片先定好位（在盾壳上铺垫 1m 长、70mm 的木条来协助拼装机定位），盾尾间隙调整到接近理论尺寸（75mm）时，用油缸配合拼装机把管片缓缓推到尾刷部位。

（4）盾尾油脂是易燃产品，在烧焊反力架和钢管片时，小心引燃油脂。盾尾要预备灭火器。

5. 联络通道位置处的管片拼装

区间隧道的联络通道与正线隧道相接处采用钢管片或特殊管片，中间预留开孔处，以通缝形式拼装。拼装方法与一般管片拼装相同，由于联络通道处的钢管片的拼装点位已定好，因此在拼装前最少 5 环应做出合理的管片选型及排版，保证普通管片与钢管片或特殊管片不通缝拼装。

17.3　施工中常见问题及处理方法

17.3.1　管片选型错误

由于盾尾间隙不均匀，管片选型不当，造成间隙过小，使得在掘进过程中造成管片外壁被损坏导致止水条漏水。因此，管片的选型要适应盾构机姿态，保证推进油缸行程差及盾尾间隙满足掘进要求，兼顾其他相应的影响因素。

17.3.2 管片拼装错误

因拼装引起管片开裂主要原因是拼装不平整。管片拼装不平整时，油缸靴子与管片端面、管片与管片之间接触面不平整、或者使管片切在盾壳上，形成集中应力，易使管片开裂。

采取的对策：一是管片选型时，人选和机选相结合，以免出现错误，通过调整点位后也不能满足楔形量的管片，运出隧道替换；二是注意管片拼装平整，每一环的第一块，需要与上一环找顺；三是拼装管片前，清理盾壳泥砂，清洗环面杂物。

17.3.3 管片破裂

由于管片的选型与盾构机的姿态不匹配造成管片拼装质量不好，导致管片所受推力不均匀，造成管片的破损。一是应加强对盾尾间隙及盾构姿态的检查，做出最合适的管片选型；二是加强盾构姿态、管片拼装和同步注浆等环节的质量控制，以及遵循缓慢纠偏的原则，减少开裂产生的环节和因素；三是对已拼装好的管片出现的破损处和超过一定宽度的裂缝及所有渗水裂缝，都要进行修补处理。

17.3.4 管片旋转

因为管片的拼装长时间向一个方向顺序进行拼装所造成的，虽然不作为隧道质量验收项目，但管片旋转过多时，会引起油缸靴子对管片纵缝接触面不对撑，容易破坏管片。管片拼装顺序坚持从下到上的原则，避免长期顺时针或逆时针拼装，否则会引起管片旋转。如果管片出现旋转，拼管片时要有意识地反转，一环转 2mm，很快就把管片旋转回原位。

17.4 生产效率

管片安装施工综合工时：30～40min/环。

17.5 质量控制标准与控制要点

1. 控制标准

（1）成环环面控制：环面不平整度应小于 5mm。相邻环高差控制在 4mm 以内。

（2）拼装成环后，在纵向螺栓拧紧前，进行衬砌环椭圆度测量。椭圆度应小于 5‰。

2. 管片拼装质量控制要点

（1）管片接头必须拧紧，为避免管片旋转过程中拼装头单独承受管片重量，应将四条压板均匀地接触管片，避免管片拼装过程中螺栓头被拔出。

（2）管片拼装过程中，第一块管片的位置尤为重要，它决定了本环其他管片的位置及拼缝的宽窄。管片高于相邻块，将会导致 F 块的位置不够；低于相邻块，纵缝过大，防水性降低。同时，第一块应平整，防止形成喇叭口。

（3）当拼装第五块时，应用尺子量出 F 块空位的宽度，并调整第五块，保证 48±1cm 或 95±1cm。

（4）拧紧螺栓应确保螺栓紧固，拧紧力矩要达到设计要求。

（5）同一环内各管片的相邻位置应符合设计图纸要求，不可互换。每环管片上有管片类型标记、环类型标记、纵缝对接标记，拼装管片时应认真查看这些标记，保证管片拼装正确；管片迎千斤顶面和背千斤顶面不同，方向不要错装。操作手在拼装管片时看到管片中心管片标识字符应是正确的，如果是倒置的，则管片朝向错误。

（6）管片 F 块拼装方法为先纵向搭接，然后拼装器径向推顶到预定位置再纵向插入。F 块及 L_1、L_2 与 F 块相邻面止水条，在拼装面应涂润滑剂。

（7）拼装时注意小心轻放，避免损坏管片和止水条。

（8）对掘进过程中出现的管片裂缝和其他破损，要及时观察记录并提醒盾构机操作手注意，并要选择合适时间对管片进行修补。

（9）每次根据需要拼装管片的位置，回缩相应位置的部分千斤顶，如果过多地千斤顶回缩是十分危险的，前面土体的支撑压力会使得盾构机后移，轻则导致盾构机姿态变样，重则引起安全事故。

（10）封顶块安装如遇阻碍应缓慢抽出后进行调整，严禁强行插入和上下大幅度调整，以免损坏或松动止水条。

17.6 安全管理要求

（1）管片拼装必须落实专人负责指挥，盾构机司机必须按照指挥人员的指令操作，严禁擅自转动拼装机，以免发生伤亡事故。

（2）管片安装进行时，非操作人员不得进入管片安装区域，管片安装人员也不得站立在管片安装机上，管片安装机操作司机在操作过程中随时关注管片安装区域内人员情况。

（3）工作过程中不得使用管片安装机进行非管片安装的拉、推、顶操作，避免损坏设备。

（4）管片安装过程中操作人员使用的工具在使用完后应立即放到稳妥的位置，避免工具从高处摔下损坏推进油缸等设备。

（5）举重臂旋转时，严禁施工人员进入举重臂活动半径内，拼装工在管片全部定位后，方可作业。

（6）拼装管片时，拼装工必须站在安全可靠的位置，严禁将手脚放在环缝和千斤顶的顶部，以防受到意外的伤害。

（7）举重臂必须在管片固定就位后，方可复位，封顶拼装就位未完毕时，人员严禁进入封顶块下方。

（8）举重臂旋转时，盾构司机必须看清旋转半径内的人员，并鸣号警示。

（9）举重臂拼装端头必须拧紧到位，并定期检查磨损情况，对内丝口损坏的管片必须采取可靠的措施方可使用。

18 盾构隧道同步注浆

【施工目的】

同步注浆是盾构法隧道施工重要的一道施工工序，同步注浆对保证盾构隧道安全顺利掘进、防止地层变形、控制成型隧道质量以及提高隧道防水效果、耐久性、耐腐蚀性有重要的意义，为保证在盾构掘进过程中控制好注浆量及注浆压力、快速解决注浆过程中遇到的问题，特编制本章。

【施工依据】

主要依据《地下防水工程质量验收规范》GB 50208—2011、《盾构法隧道施工及验收规范》GB 50446—2017、《地下铁道工程施工质量验收标准》GB 50299—2018 等国家现行有关施工及验收规范、质量技术标准。

18.1 施工准备

1. 施工机具配置

（1）搅拌站设置在盾构井附近，搅拌机配有自动上料和电子计量系统。搅拌时间25～30s，每小时拌浆量25m³，下浆管靠近储浆罐一侧安装阀门，运浆车到盾构机砂浆存储罐的上浆管采用$\phi100$的软管。

（2）盾构机自带自动注浆系统。

2. 劳动力配置

盾构机同步注浆劳动力配置见表18-1。

盾构机同步注浆每班次人员配置表　　　　　　　　表 18-1

搅拌站	电瓶车司机	注浆手	施工领班	土建技术员
3人	1人	2人	1人	1人

18.2 主要施工工艺、方法与技术措施

18.2.1 同步注浆施工工艺流程

同步注浆施工工艺流程如图18-1所示。

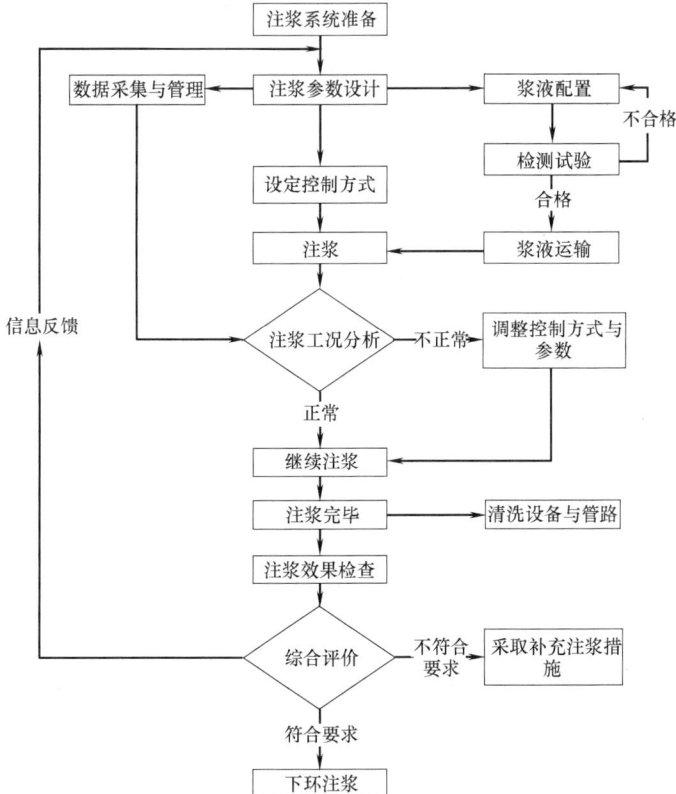

图 18-1 同步注浆工艺流程示意图

18.2.2　同步注浆目的

1. 由于盾构主机的外径大于管片直径，当盾构机外壳脱离管片后，管片与天然土体之间将存在一定的建筑空隙，这种空隙的存在，将导致以下不利后果：

(1) 天然土体坍塌从而引起地面下沉。

(2) 空隙积水增大管片间漏水的可能性。

(3) 管片在千斤顶作用下由于缺乏约束而变形错位。

(4) 隧道在硬岩段上浮。

2. 在盾构掘进过程中，采用同步注浆，及时填充建筑空隙，尽可能地减少隧道管片的上浮和对地面的影响，同时作为管片外防水和结构加强层。

18.2.3　同步注浆的原理

1. 同步注浆的基本原理为：将具有长期稳定性及流动性，并能保证适当初凝时间的浆液（流体），通过压力泵注入管片背后的建筑空隙，浆液在压力和自重作用下流向空隙各个部分并在一定时间内凝固，从而达到充填空隙，阻止土体塌落、管片上浮等。

2. 同步注浆采用盾尾壁后注浆方式，壁后注浆装置由注浆泵、清洗泵、储浆槽、管路、阀件等组成，安装在第一节台车上。当盾构掘进时，注浆泵将储浆槽中的浆液泵出，通过四条独立的输浆管道，通到盾尾壳体内的四根同步注浆管，对管片外表面的环行空隙（管片外表面与地层之间的间隙）中进行同步注浆，在每条输浆管道上都有一个压力传感器，在每个注浆点都有监控设备监视每环的注浆量和注浆压力。注浆量和注浆压力的大小可以实现自动控制和手动控制，手动控制可对每一条管道进行单个控制，而自动控制可实现对所有管道的同时控制。

3. 盾尾密封采用三道钢丝刷加注盾尾油脂密封，确保周边地基的土砂和地下水、衬背注浆材料、开挖面的水和泥土从外壳内表面和管片外周部之间缝隙不会流入盾构里，确保壁后注浆的顺利进行。盾尾管片外表面的环行空隙同步注浆如图 18-2 所示。

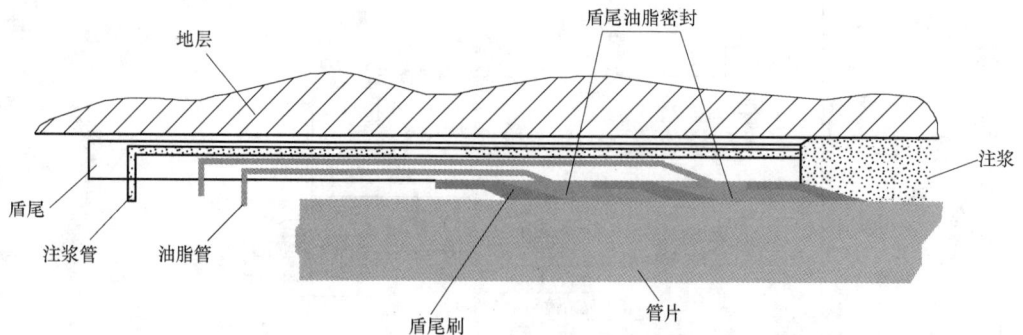

图 18-2　盾尾管片同步注浆示意图

18.2.4　注浆材料及配比设计

1. 注浆材料

同步注浆浆液一般为水泥砂浆，由水泥、粉煤灰、砂、膨润土、水和外加剂等组成，选材及进场检验符合现行标准、规范，配置好的浆液应具备以下性能：（1）良好的长期稳定性及流动性，并能保证适当的初凝时间，以适应盾构施工及远距离输送的要求；（2）良好的充填性能；（3）在满足浆液施工的前提下，尽可能早地获得高于地层的早期强度；（4）浆液在地下水环境中，不易产生离析现象；（5）浆液固结后体积收缩小，泌水率小；（6）浆液结石率高、结石体强度高、耐久性好和能防止地下水浸析的特点；（7）原材料来源丰富、经济，施工管理方便，并能满足施工自动化技术要求；（8）浆液无公害，价格便宜。

2. 浆液配比

根据盾构施工经验，同步注浆拟采用的配比详见下表。在施工中，根据地层条件、地下水情况及周边条件等，通过现场试验优化确定。

（1）硬岩掘进中的同步注浆浆液，应重点考虑增加浆液的流动性。因此浆液配比要在保证砂浆稠度、离析率、固结率、强度等指标的基础上延长凝结时间（控制在12～30h），以获得更为均匀的填充效果，注浆浆液配合比可见表18-2。

硬岩中浆液配合比参考值（单位：kg） 表18-2

水泥	粉煤灰	膨润土	砂	减水剂	水
250	200	70	840	2	400

（2）较软弱、自稳能力较差的岩层，注浆后应能尽快获得浆液固结体强度。因此，浆液配比要保证砂浆的固结率和强度，并将凝结时间适当缩短为5～7h，以便在较短的时间内加固地层，增强地层的稳定性，注浆浆液配合比可见表18-3。

不同地层浆液配合比参考值 表18-3

组别	水泥	粉煤灰	膨润土	砂	水	适用地层
1	40	461	56	779	463	软弱地层
2	80	421	56	779	464	软弱地层
3	120	381	54	779	465	硬岩地层
4	160	341	56	779	466	始发接收段

（3）富水地层要求浆液的保水性要好、不离析，凝结时间在5～6h。若同步注浆后还漏水，则应补注水泥——水玻璃双液浆，以固结堵水，注浆浆液配合比可见表18-4、表18-5。

同步注浆普通单液砂浆基准配合比参考表 表18-4

同步注浆普通单液砂浆基准配合比参数								
编号	水胶比	水泥/粉煤灰	胶砂比	水	水泥	粉煤灰（kg/m³）	砂	BE	砂浆密度（kg/m³）
0	0.7	20/80	1:3	315	90	361	1353	28	2147

同步注浆普通单液砂浆性能参考值 表18-5

稠度（cm）		流动度（cm×cm）		坍落度（cm）		泌水率	分层度	工作性能	强度（MPa）			抗渗等级
0h	2h	0h	2h	0h	2h	A	mm		3d	7d	28d	
11.7	11.3	21.5×21.0	18.5×18.5	4.5	4	3.09	5	优	0.75	1.95	6.5	P5

（4）在盾构始发和到达段，总体上要求缩短浆液凝结时间，以便在填充地层的同时能尽早获得浆液固结体强度，保证开挖面安全并防止从洞口处漏浆。因各始发和到达段的地质条件不同，注浆浆液配合比可见表18-6。

始发到达段同步注浆浆液基准配合比参考值（单位：kg）　　　　　　表 18-6

水泥	粉煤灰	膨润土	砂	减水剂	水
180	270	70	840	2	410

同步注浆材料受地质条件、地下水状况等多方面因素的影响，施工应在满足设计要求的前提下，有针对性地进行配合比设计，并根据现场实际情况进行调整，确保各项指标满足施工要求，且经济性良好。

18.2.5　同步注浆主要技术参数

1. 注浆压力

同步注浆压力要求压入口的压力要略大于该地层位置的静止水土压力及土压力之和，同时避免浆液进入盾构机的土仓中。在实际掘进中将不断优化。如果注浆压力过大，会导致地面隆起和管片变形，还易漏浆。如果注浆压力过小，则浆液填充速度赶不上空隙形成速度，又会引起地面沉陷。一般而言：

（1）前期注入压力＝地层阻力（＋0.1～0.2MPa）。

（2）后期注入压力＝地层阻力（＋0.1～0.2MPa)＋(0.05～0.1MPa)。

（3）地层阻力≤注入压力（0.1～0.3MPa)≤管片螺栓抗剪力（约0.4MPa)。

结合施工经验：一般同步注浆压力选择为0.25～0.4MPa，但在遇到隧道埋深、地层变化大，注浆压力一直不稳定时，应及时调整压力参数或采取有效措施。

2. 注浆量

根据刀盘开挖直径和管片外径，可以按下式经验公式计算出一环管片的理论注浆量V。

$$V＝\pi/4 \times K \times L \times (D_1^2 - D_2^2) \tag{18-1}$$

式中　V——一环理论注浆量（m³）；

　　L——管片长度（m）；

　　D_1——刀盘外径（m）；

　　D_2——管片外径（m）；

　　K——扩大系数取1.5～2。

根据上面经验公式计算，注浆量取环形间隙理论体积的1.5～2倍。注浆量须经计算确定，但由于盾构纠偏、浆液收缩、浆液流入地层裂隙等情况，实际注浆量一般比理论计算量要多，超注量要根据具体地层情况确定。

3. 注浆时间和速度

在不同的地层中根据需不同凝结时间的浆液及掘进速度来具体控制注浆时间的长短。做到"掘进、注浆同步，不注浆、不掘进"，通过控制同步注浆压力和注浆量双重标准来确定注浆时间。

注浆量和注浆压力达到设定值后停止注浆，否则仍需补浆。同步注浆速度与掘进速度匹配，按盾构完成一环掘进的时间内完成当环注浆量来确定其平均注浆速度。

4. 注浆结束标准及注浆效果检查

采用注浆压力和注浆量双指标控制标准，即当注浆压力达到设定值，注浆量达到设计值的 90% 以上时，即可认为达到了质量要求。

注浆效果检查主要采用分析法，即根据压力—注浆量—时间曲线，结合管片、地表及周围建筑物量测结果进行综合评价。

对拱顶部分采用超声波探测法通过频谱分析进行检查，对未满足要求的部位，进行补充注浆。

18.3　施工中常见问题及处理方法

1. 盾尾漏浆

（1）原因

产生盾尾漏浆的主要原因有：1）注浆过快，压力过高；2）盾尾密封刷磨损严重或已局部损坏；3）盾尾油脂压注不饱满；4）盾尾间隙不均匀，局部过大等方面。

（2）处理方法

防止盾尾漏浆的处理方法有：1）控制注浆参数；2）盾尾油脂压注及时、饱满；3）控制好盾构姿态和管片选型，使盾尾间隙均匀。

一旦发生盾尾漏浆：1）及时采用棉纱等进行封堵；2）加强盾尾油脂的压注；3）如果漏浆严重，有盾尾管片漏沙的风险，分析是由于尾刷损坏产生漏浆，一方面采用海绵条等材料封堵，另一方面对尾刷在隧道内进行更换。

2. 注浆管堵塞

（1）浆液方面

1）浆液方面原因：①砂浆太稀或太稠；②浆液里含有大石子和水泥块；③浆液中粉煤灰掺入量不足；④浆液初凝时间太短。

2）对策：①拌浆加水量的控制；②及时清理过滤网上的石子和水泥块；③严格按照配合比拌和；④及时清理注浆系统的下浆管路，运浆车、储浆罐，注浆泵，注浆管等部位。

（2）操作方面

1）原因：①未能准确分析注浆压力和冲程数，注浆压力过大，导致堵管；②未定期清理注浆管道；③清理管道时，由于水压不高，管里砂浆中的水泥和粉煤灰被水冲走，但砂子留在管道里，下次注浆，就易堵管；④连接注浆管的膨润土管未关死，膨润土稀释了储浆罐里砂浆，导致砂浆太稀，易于堵管；⑤注浆前未清洗干净浆罐下的阀门，凝固的水泥块被冲进管路。

2）对策：①使用泄压阀泄压处理，让浆液反流，再把反流的浆液注进盾尾；②使注浆泵的油缸慢缩快推；③关闭被堵塞注浆管同侧的另一个注浆管，使注浆空隙增大，调大注浆压力来疏通；④管子堵塞严重时，要打开清理，应准确判断堵塞位置，关闭盾壳注浆管处阀门后（防止返浆），打开注浆管，进行清洗；⑤在清洗盾尾里的注浆管时，用高压清洗泵逐段清洗，逐步疏通盾壳里的注浆管。

18.4　质量控制要点

1. 注重原材料进厂验收工作，确保原材料合格。

2. 做好注浆设备的维修保养，注浆材料供应，定时对注浆管路及设备进行清洗，保证注浆作业顺利连续不断进行。

3. 合理选用注浆管。合理选用注浆管有利于调整盾尾间隙以及盾构姿态。若要加大盾尾左侧间隙，可选择左侧注浆管，使管片外周单侧有压力，迫使衬砌向右移动，使得左侧盾尾内衬砌与盾壳间隙加大，从而加大了盾构向右纠偏的富余量，以此调整盾构推进轴线，保证施工质量。

4. 合理选择注浆流量。注浆流量根据注浆量和掘进速度等因素来确定。同步注浆起讫时间一般为：当前环管理行程 50mm 开始一直到当前环推进结束前 50mm 为止。在盾构掘进前，盾构司机应根据当前环指令规定的注浆量与掘进速度或者推进经验来确定注浆流量。

5. 注浆压力控制。盾构司机在开启同步注浆后，应经常关注注浆压力。注浆压力过低时，则应检查浆箱，注意其是否下浆。注浆压力过高时，说明注浆量瞬间饱和，应暂缓注浆，以防浆液穿过盾尾刷窜入隧道内；或者注浆管堵塞，需要清理。

6. 在开工前制定详细的注浆作业指导书，并进行详细的浆材配比试验，选定合适的注浆材料及浆液配比。

7. 制订详细的注浆施工设计和工艺流程及注浆质量控制程序，严格按要求实施注浆、检查、记录、分析，及时做出 P（注浆压力）$-Q$（注浆量）$-t$（时间）曲线，分析注浆速度与掘进速度的关系，评价注浆效果，反馈指导下次注浆。

8. 成立专业注浆作业组，由富有经验的注浆工程师负责现场注浆技术和管理工作。

9. 根据洞内管片衬砌变形和地面及周围建筑物变形监测结果，及时进行信息反馈，修正注浆参数和施工工艺，发现情况及时解决。

10. 做好注浆设备的维修保养，注浆材料供应，定时对注浆管路及设备进行清洗，保证注浆作业顺利连续不中断进行。

11. 每环掘进之前，都要确认注浆系统的工作状态处于正常，并且浆液储量足够，掘进中一旦注浆系统出现故障，立即停止掘进进行检查和修理。

12. 浆液从砂浆车转入盾构台车浆箱中时，不可为方便转驳而加水。

13. 不可在盾构停止状态下进行同步注浆。

14. 盾尾有漏浆迹象时应立即停止注浆。

15. 注浆管应定期清洗以防止浆液沉淀造成管路阻塞。

18.5　安全管理要求

1. 建立健全各种岗位责任制，严格执行现场交接制度。

2. 注浆泵及高压管路必须试运转，确认机械性能和各种阀门管路，压力表完好后，方准施工。

3. 每次注浆前，要认真检查安全阀、压力表的灵敏度，并调整到规定注浆压力位置。

4. 安装高压管路和泵头各部件时，各丝扣的连接必须拧紧，确保连接完好。

5. 注浆过程中，禁止现场人员在注浆孔附近停留，防止密封胶冲式阀门破裂伤人。

6. 注浆时不得随意停水停电，必要时必须事先通知，待注浆完成并冲洗后方可停水停电。

7. 注浆施工期间，必须有专门机电修理工，以便出现机械和电器故障时能及时处理。

8. 注浆现场操作人员必须佩戴安全帽、防护眼镜、口罩和手套等劳保用品，方可进行注浆施工。

19

盾构隧道二次注浆

【施工目的】

受不同地层中掘进参数、同步注浆装备及管理等因素影响，造成盾构隧道管片背后充填不密实，容易诱发工后管片错台、漏水、地面沉降超限等问题，应进行盾构隧道内二次注浆，以控制工后沉降，提高防水效果等。确保盾构法施工过程中二次注浆时人员准备及机具配置能及时到位、注浆过程能有条不紊地进行、确保注浆效果并能及时根据现场情况调整注浆部署。

【施工依据】

1. 盾构区间岩土工程勘察报告及盾构区间地质详细补充勘察报告。

2. 盾构区间沿线建筑物调查情况报告、施工防水设计资料。

3. 《盾构法隧道施工及验收规范》GB 50446—2017、《地下铁道工程施工质量验收标准》GB/T 50299—2018、《地下工程防水技术规范》GB 50108—2008、《地下防水工程质量验收规范》GB 50208—2011 等国家现行施工及验收规范、质量技术标准。

19.1 施工准备

19.1.1 技术准备

1. 二次注浆作业开工前组织技术人员认真审核施工设计图纸和沉降监测资料报表，提出注浆过程相关技术问题，熟悉二次注浆规范和技术标准，编制隧道二次注浆实施性施工专项方案，制定施工质量、安全保证措施，提出施工控制相关应急预案。

2. 浆液配比设计。根据实际工程地质情况、地表沉降变化规律确定的浆液的配比，主要考虑浆液的流动性、扩散性、初凝时间和固结强度。

3. 对所有施工人员进行岗前技术培训，作业前进行技术交底。

19.1.2 机具准备

配备工作性能良好的注浆泵以及拌浆设备（盾构机自带），标定注浆泵压力表，备足够长度的注浆管及配套阀门，配备打通和封堵注浆孔用的錾子、铁锤、压浆闷头等，水电路位置提前布设好。二次注浆作业主要施工机具见表 19-1，如图 19-1 所示。

<table>
<tr><td colspan="6">二次注浆作业主要施工机具表</td><td>表 19-1</td></tr>
<tr><th>序号</th><th>名称</th><th>规格</th><th>单位</th><th>数量</th><th colspan="2">备注</th></tr>
<tr><td>1</td><td>双液注浆泵</td><td>KBY/50/70</td><td>套</td><td>1</td><td colspan="2"></td></tr>
<tr><td>2</td><td>双层拌浆桶</td><td>1.2m³</td><td>个</td><td>1</td><td colspan="2">一次拌浆容量0.6m³</td></tr>
<tr><td>3</td><td>注浆管</td><td>φ40,14MPa</td><td>m</td><td>100</td><td colspan="2">满足50m注浆范围</td></tr>
<tr><td>4</td><td>电瓶车</td><td>18t</td><td>个</td><td>1</td><td colspan="2">洞内运送原材料</td></tr>
<tr><td>5</td><td>吊篮</td><td>1.5×2×1m</td><td>个</td><td>1</td><td colspan="2">垂直吊运材料用</td></tr>
<tr><td>6</td><td>注浆头、球阀、逆止阀</td><td></td><td>个</td><td>N</td><td colspan="2">数量根据现场情况调整</td></tr>
</table>

(a)　　　　　　　　　　　　　　　　*(b)*

图 19-1　二次注浆作业主要施工用具示意图（一）

（*a*）双液注浆泵；（*b*）双层拌浆桶

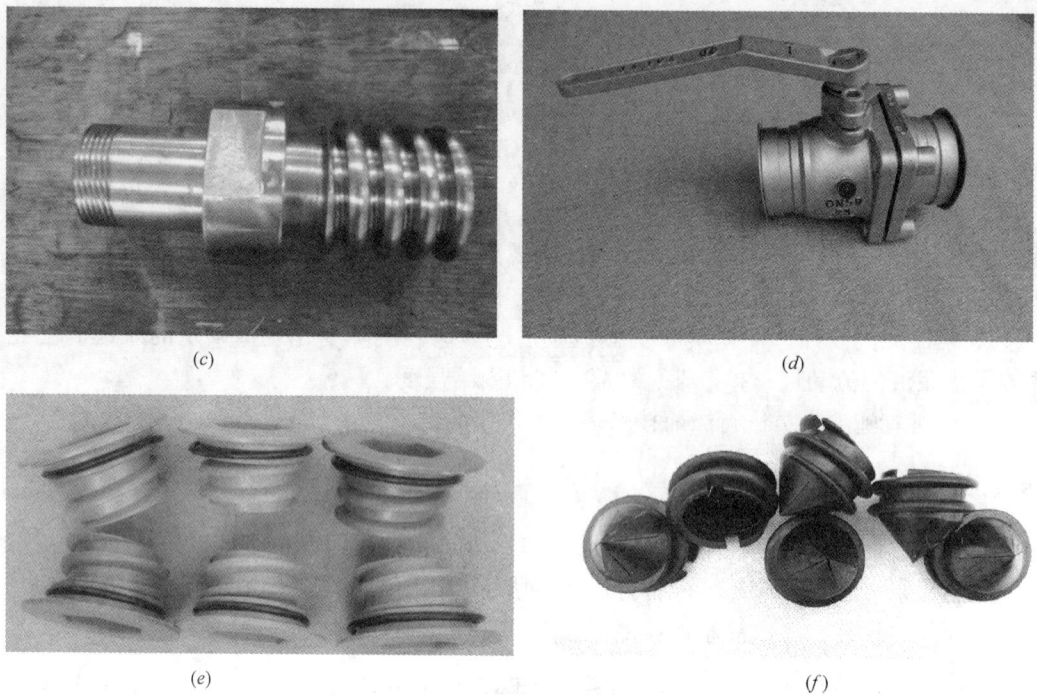

图 19-1　二次注浆作业主要施工用具示意图（二）

（*c*）注浆头；（*d*）注浆球阀；（*e*）螺旋盖；（*f*）逆止阀

19.1.3　材料准备

现场备足普通硅酸盐 42.5 水泥、水玻璃等注浆原材料。注浆材料选好后需提前进场，并做好使用前的检验。

材料要求。水泥：普通硅酸盐 42.5 水泥；水玻璃：模数 2.6～2.8，波美度 39～48；水：水源应符合《混凝土用水标准》JGJ 63—2006 的要求。

19.1.4　人员配置

每工班二次注浆人员配备见表 19-2。

二次注浆工班人员配备表　　　　　　　　　　表 19-2

序号	岗位	人数	备　注
1	土木工程师	1	专人负责
2	班长	1	具有高压二次注浆施工经验人员
3	接管工	2	
4	拌浆工	2	
5	泵操作工	1	
6	电瓶车司机	1	
7	电瓶车信号源	1	
8	门吊司机	1	

19.2　主要施工工艺、方法与技术措施

19.2.1　施工工艺流程

二次注浆分为单液注浆和双液注浆，其工艺流程如图 19-2 所示。

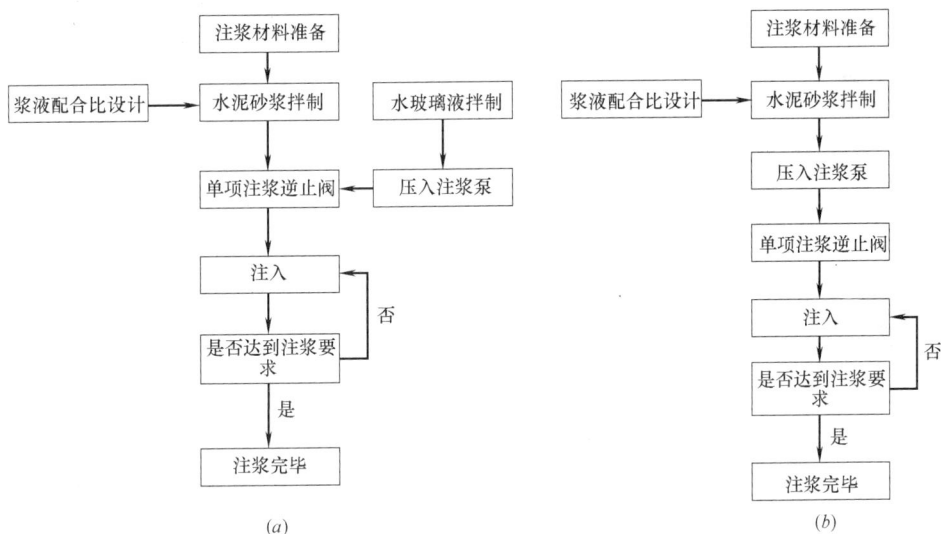

(a)　　　　　　　　　　　　　　*(b)*

图 19-2　双液注浆工艺流程图及单液注浆工艺流程图

（*a*）双液注浆工艺流程图；（*b*）单液注浆工艺流程图

19.2.2　二次注浆施工作业步骤

管片壁后二次注浆作业步骤（单液浆不用拌制水玻璃液）：

1. 首先进行水泥浆、水玻璃液的拌制。

2. 在管片预留注浆孔处安装逆浆球阀，用錾子打通注浆孔，若有喷气现象须先放气，然后关闭逆浆球阀门。

3. 将球阀门与注浆管连接好。然后打开逆浆球阀门，将两种（单液浆一种）浆液通过注浆泵压注，经注浆孔处的混合器混合注入管片壁后。

4. 浆液注完成后，关闭逆浆阀门并对管路放气卸压，最后拆除连接注浆管并用水清洗管路。

注意事项：注浆完成一个注浆孔后必须先关好泄浆阀，并在注浆泵处对注浆管路进行卸压，避免浆液逆流、反喷，最后再拆卸注浆管。

二次注浆作业步骤示意如图 19-3 所示。

19.2.3　二次注浆施工要求

1. 浆液配比选择

选择符合实际地层的浆液配比，并根据地层的改变进行及时调整，以满足地质条件需

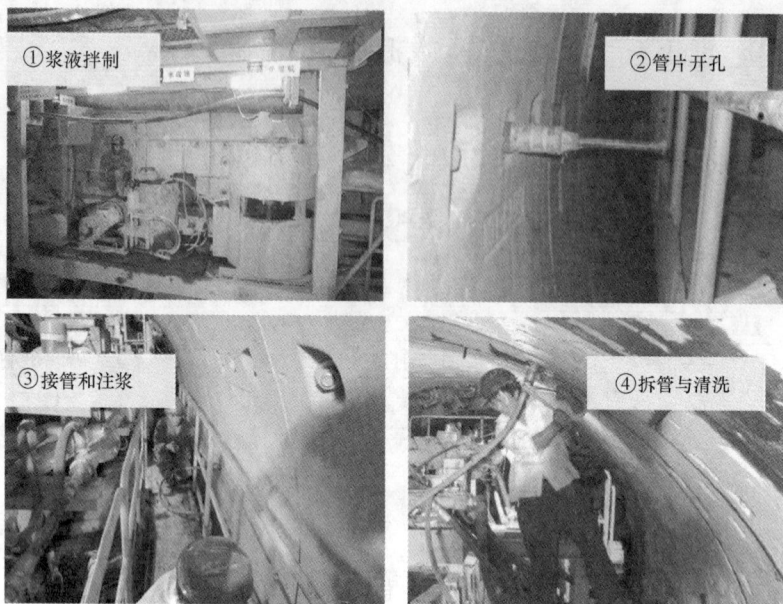

图 19-3　二次注浆作业步骤示意图

要，达到注浆效果。如：根据成都地区盾构二次注浆的施工经验：单液浆水灰比 1∶1；双液浆配比为水玻璃用水稀释 1∶3，水泥浆水灰比 1∶1，水泥浆与水玻璃稀释液体积比1∶1，浆液的凝胶时间为 30～60s。

2. 注浆主要技术参数

（1）注浆压力

双液浆注浆时，根据土压力与静水压力合算结果，确定注浆压力，以不损伤盾尾刷的压力值为基准，一般控制在 0.5～0.6MPa。

（2）注浆量

注浆量需要根据盾构穿越不同土层、曲线类型以及地面变形情况进行适时调整、优化。

（3）注浆位置

二次注浆必须于管片脱出盾尾 5 环后方能开始实施。

19.2.4　二次注浆浆液拌制

1. 浆液拌制

（1）首先按水灰比为 1∶1 在拌浆筒内配制好水泥浆，水玻璃则用体积大于 1m³ 筒按1∶3 用水稀释水玻璃配制（单液浆只需拌制水泥浆）。

（2）两种浆液配制好后，采用管道管径大小相同的注浆管分别接水泥浆筒和水玻璃筒（单液浆只需接水泥浆筒），开启注浆泵。

（3）水泥浆和水玻璃经过注浆泵压注，在端头的浆液混合器充分混合后即可得到双液浆（单液浆不需要混合器）。

2. 拌浆操作注意事项

（1）拌浆桶中先加入配比中水的 3/4 量，搅拌下加入水泥等材料，再均匀加入剩余的

1/4 水，压浆浆液必须按配合比拌浆，不得任意更改。

（2）保证浆液拌制充分，期间搅拌机宜正反交替拌浆，不留死角。待浆液满足施工要求后方可放入过滤桶。

（3）及时清理过滤筛上的水泥碴质，防止掉入过滤桶内引起堵管。

19.2.5　二次注浆作业顺序及注浆量

需要二次注浆的情况主要有：洞门封堵、管片上浮、管片漏水、盾构姿态调整，不同情况下二次注浆的注浆顺序及注浆量不同。

1. 洞门封堵

（1）注浆顺序

为了减少洞门渗漏风险，洞门封堵二次注浆的目的是快速封堵洞门，达到封堵密实防水的要求，一般在盾尾进入洞门 5 环后采用凝结时间较短的双液浆。注浆顺序一般为：$B_2 \to B_1 \to B_3 \to L_1 \to L_2 \to F$，注浆示意图如图 19-4 所示。

（2）注浆量

洞门封堵注浆量以管片与洞门预埋件之间空隙填充密实、洞门无漏水漏浆为要求。注浆过程如有双液浆漏出，则间断注入直至不漏浆，具体用量根据实际情况进行调整。

2. 管片上浮

管片上浮二次注浆是在管片出现上浮情况，且有超限可能或继续上浮趋势时采取的防止管片上浮措施，目的是在管片与开挖洞身间隙之间用浆液形成一个固定环，从而防止管片继续上浮或调整管片上浮量，一般采用双液浆。

注浆前在不同部位开孔观察管片壁后的积水情况，并在排出管片壁后积水后方可采取二次注浆作业。

（1）注浆顺序

管片上浮二次注浆是为了防止管片的继续上浮或降低管片上浮量，因此注浆顺序一般为自上而下：$F \to L_1 \to L_2 \to B_1 \to B_3 \to B_2$，注浆示意图如图 19-5 所示。

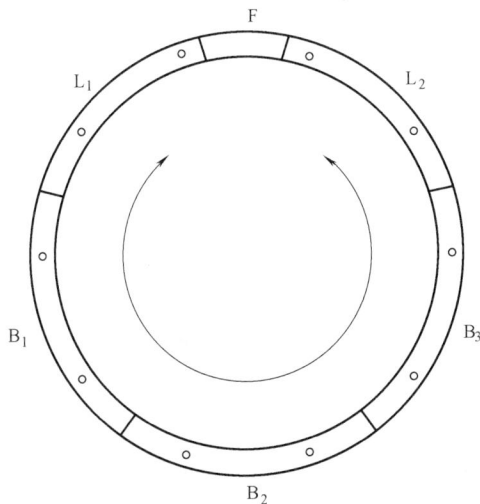

图 19-4　洞门封堵注浆顺序图　　图 19-5　管片上浮注浆顺序图

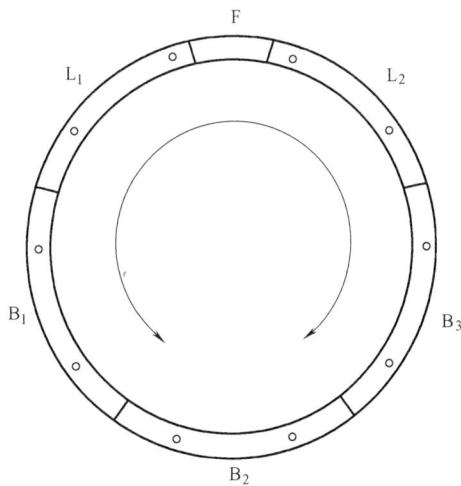

（2）注浆量

管片上浮二次注浆量以注浆压力达到要求为准，且保证管片与开挖洞身间隙之间形成一个浆液固定环，具体用量根据实际情况进行调整。

3. 管片漏水

管片漏水二次注浆是为了填充同步注浆未填充密实的空隙或封堵管片壁后漏水形成的水槽，从而达到止水的目的。为了达到更好的止水效果、增大浆液的扩散范围，应先使用单液浆进行二次注浆，当达到止水效果之后再用双液浆封堵注浆孔。

（1）注浆顺序

管片漏水二次注浆主要目的是止住管片漏水处的漏水情况，因此只在漏水管片接缝四周相邻管片注浆孔注浆，如果仍不能达到止水效果，则适当扩大注浆面。注浆顺序为：管片缝隙相邻管片，注浆示意图如图 19-6 所示。

（2）注浆量

管片漏水二次注浆量以达到止水效果为主，具体用量根据实际情况进行调整。

4. 盾构姿态调整

为了防止盾构机在调整姿态时不同区域油缸间推力的不同而导致的管片上下浮动、左右偏移，在推进前对盾尾 5 环进行二次注浆加强管片的稳定性，从而达到控制管片及调整盾构姿态的目的，一般采用双液浆。

（1）注浆顺序

根据盾构姿态调整二次注浆的目的，注浆顺序一般从调整姿态时管片可能发生偏移方向开始左右交替注浆，直至在管片壁后形成固定环为要求进行，以盾构姿态调整时管片上浮为例注浆顺序如图 19-7 所示。

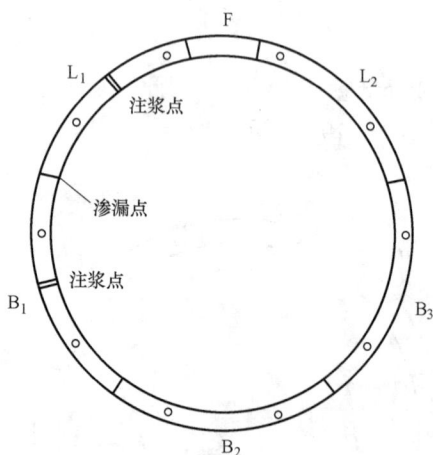

图 19-6 管片漏水注浆顺序图　　图 19-7 管片姿态调整注浆顺序图

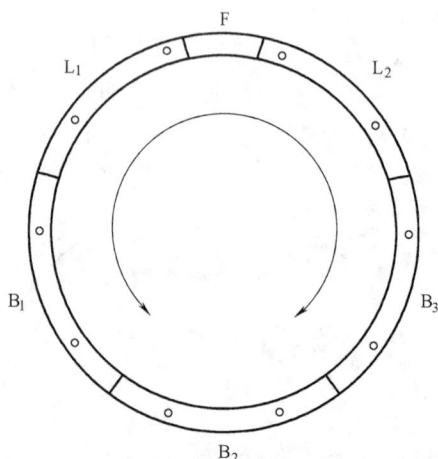

（2）注浆量

盾构姿态调整二次注浆量以管片壁后形成固定环为目的，根据实际情况进行调整。

19.2.6 注浆操作注意事项

1. 在每次二次注浆前，应检查注浆设备和压力表是否运转正常，不允许超压注浆。

2. 双液注浆按照设计的双液注浆程序施工。进浆量必须准确,严格控制双液注浆压力,双液注浆应由专人操作,当压力突然上升或从孔壁、地面溢浆以及跑浆时,立即停止双液注浆。

3. 做好注浆参数记录,二次注浆施工记录表可参照表 19-3。主要记录注浆位置、注浆压力、注浆时间和每环注浆量。

二次注浆施工记录表　　　　　　　　　　　　　　　　　　表 19-3

工程名称							地铁里程		
承包单位							监理单位		
施工日期	施工班组	环号	浆液类型	注浆孔数	压浆时间 始	压浆时间 终	注浆压力(MPa)	压浆量(m³)	备注

自检意见:

项目专业质量检查员:
日期:

监理意见:

监理工程师:
日期:

注浆孔位置图

4. 浆液压注完毕后,一定要对注浆管路先进行放气卸压,待卸压完成后才可进行拆卸工作。

5. 在注入过程中应严密监视压力情况,控制注浆压力在 0.3~0.5MPa 以内。

6. 在注入过程中出现压力过高但注入效果不明显的情况时应检查注浆泵及注浆管路是否有堵管现象,并立即进行清理。

7. 在注浆过程中出现任何的停机现象时均应对注浆泵及注浆管路进行清洗;在注浆完结后应做到"工完料洁",对所有的机具均应清理干净并归于原处。

8. 在注浆前应将同步注浆管路的所有球阀全部关闭。

9. 注浆前应查看盾尾油脂腔的压力,如果压力偏低,应适当注入盾尾油脂,以保证在注浆过程中有足够的压力避免盾尾漏浆;如果注入过程中盾尾出现漏浆现象,应停止注入 5～10min 后再重新注入。

10. 在注浆前应查看管片情况及土仓压力情况并在注浆过程中进行跟踪观察，如有异常情况应立即停止注浆，并上报。

11. 在注浆前应将注浆头打开放水直至浓浆流出再关闭注浆头。

12. 在一个孔注浆完结后应等待 5～10min 后将该注浆头打开疏通查看注入效果，如果水仍很大，应再次注入，至水较小时可终孔，拆除注浆头并用快速凝固型水泥砂浆对注浆孔进行封堵，带上塑料螺堵盖。

13. 在注一个孔时应备足水泥及水玻璃，严禁中途停止注入。

14. 必要时在注浆前往盾尾打入适量膨润土防止盾尾包结，在注浆过程中如果土仓压力有明显变化，可适当将盾构机向前推进 150mm 以内，避免盾构机被浆液包结。

15. 在注浆过程中出现任何的停机现象时均应对注浆泵及注浆管路进行清洗。

19.3 施工中常见问题及处理方法

1. 堵管

（1）水泥浆造成的堵管

解决方法：搅拌水泥浆时确保搅拌的均匀性，同时管口选用多层滤网过滤，确保入管浆液的可通畅性。每拌一次浆液注浆完毕后，对筒底沉淀物人工清理，杜绝大量积累。

（2）洗管不及时造成的堵塞

解决方法：双液浆注浆结束后，采用清水及时清洗注浆管路。

（3）由于突然停电、机械发生故障或人为的注浆停顿造成注浆设备不能正常运转，使浆液停留在管道内失去流动性而呈现早期强度，在管路中凝固堵管。

解决方法：尽量将管内浆液倒出，如果时间较长，则需拆下注浆软管，对注浆泵内管路清洗。

2. 漏浆或高压

（1）漏浆：主要表现在注浆量超出预计注浆量而压力表压力值达不到预计值，此时应停止对该孔位进行压浆作业。

（2）高压：表现为注浆开始不久，注浆量没有达到预计量就超出预计压力值，且压力值较高，此时也应停止该孔位注浆作业，避免压力过大压裂管片或导致地面隆起。

19.4 质量控制标准与控制要点

19.4.1 质量控制要点

1. 确保浆液配制的均匀性，注浆水泥采用袋装水泥，拌浆筒为圆筒形，体积比较好控制，能够根据水的体积、水泥包数，合理确定每拌水泥浆的合理配制，为控制水泥浆配比的达标，还应采用比重计对水泥浆进行比重检测。

2. 水玻璃的拌制则采用圆柱形油筒，配备尺子，以尺度量油筒内液体高度按 1：3 比例稀释水玻璃。

3. 注浆过程采用管径相同的注浆管，分别放入水泥浆拌筒和油筒内，然后开启注浆泵开始双液浆注浆作业。

4. 当二次注浆的注浆泵上压力表压力值达到 0.5MPa 时，停止对该孔位进行二次注浆操作，停止注浆 10min 左右，再次进行注浆，如此反复几次进行直到压力值或浆量达标。

5. 对注浆过程中发现管片出现错台、裂缝的，立即停止该部位注浆操作，并堵好注浆孔。双液注浆应由专人操作，当压力突然上升或从孔壁、地面溢浆以及跑浆时，立即停止双液注浆。

6. 二次注浆过程中对注浆位置对应地面进行不间断沉降监测，并派专人对地表情况进行巡查，当出现异常及时通知相关人员并立刻停止注浆。

19.4.2 注浆效果检查

1. 在注浆过程中主要通过观察压力表值，看指针波动情况。观察压力值是否过高、注浆量是否达到要求的注入量来判定注浆效果，这个过程主要靠现场技术人员及注浆操作人员控制，并及时做好注浆记录。

2. 通过注浆过程中做好各项注浆记录，及时了解注浆压力和注浆量变化情况，判断注浆效果是否满足要求。

3. 施工中如果发现单孔注入量超过要求时，即停止对该孔位注浆操作，对下一孔位进行注浆，确保各孔位注浆量的均匀。注入量低于预定注入量时，根据压力值的大小，确定是否再次压注，确保壁后空隙充填密实。

19.5 安全管理要求

1. 压浆泵应有专业人员负责操作。

2. 压浆泵及管道内的压力未降至零时，不得拆卸管路或松开管路接头，以免浆液喷出伤人。

3. 在拆除管路及压浆泵时，操作人员应戴防护眼镜，以免浆液溅入眼内。

4. 施工时，及时清理作业区的地面积水，做好防滑、防摔措施。

附录

引用标准名录

1 《通用硅酸盐水泥》GB 175—2007
2 《安全标志及其使用导则》GB 2894—2008
3 《高分子防水材料 第2部分：止水带》GB 18173.2—2014
4 《高分子防水材料 第4部分：盾构法隧道管片用橡胶密封垫》GB 18173.4—2010
5 《水泥基渗透结晶型防水材料》GB 18445—2012
6 《建筑地基基础设计规范》GB 50007—2011
7 《钢结构设计标准》GB 50017—2017
8 《岩土工程勘察规范》GB 50021—2001
9 《工程测量规范》GB 50026—2007
10 《地下工程防水技术规范》GB 50108—2008
11 《混凝土外加剂应用技术规范》GB 50119—2013
12 《混凝土质量控制标准》GB 50164—2011
13 《建筑地基工程施工质量验收标准》GB 50202—2018
14 《混凝土结构工程施工质量验收规范》GB 50204—2015
15 《钢结构工程施工质量验收规范》GB 50205—2001
16 《地下防水工程质量验收规范》GB 50208—2011
17 《城市轨道交通岩土工程勘察规范》GB 50307—2012
18 《城市轨道交通工程测量规范》GB 50308—2017
19 《混凝土结构加固设计规范》GB 50367—2013
20 《盾构法隧道施工及验收规范》GB 50446—2017
21 《建筑基坑工程监测技术规范》GB 50497—2009
22 《城市轨道交通地下工程建设风险管理规范》GB 50652—2011
23 《钢结构焊接规范》GB 50661—2011
24 《工程结构加固材料安全性鉴定技术规范》GB 50728—2011
25 《焊缝无损检测 超声检测 技术、检测等级和评定》GB/T 11345—2013

26　《国家一、二等水准测量规范》GB/T 12897—2006

27　《全球定位系统（GPS）测量规范》GB/T 18314—2009

28　《预制混凝土衬砌管片》GB/T 22082—2017

29　《混凝土强度检验评定标准》GB/T 50107—2010

30　《地下铁道工程施工质量验收标准》GB/T 50299—2018

31　《城市轨道交通工程测量规范》GB/T 50308—2017

32　《混凝土结构耐久性设计规范》GB/T 50476—2008

33　《城市地下水动态观测规程》CJJ 76—2012

34　《盾构法开仓及气压作业技术规范》CJJ 217—2014

35　《城市测量规范》CJJ/T 8—2011

36　《卫星定位城市测量技术规范》CJJ/T 73—2010

37　《盾构隧道管片质量检测技术标准》CJJ/T 164—2011

38　《建筑变形测量规范》JGJ 8—2016

39　《钢筋焊接及验收规程》JGJ 18—2012

40　《施工现场临时用电安全技术规范》JGJ 46—2005

41　《普通混凝土用砂、石质量及检验方法标准》JGJ 52—2006

42　《普通混凝土配合比设计规程》JGJ 55—2011

43　《建筑施工安全检查标准》JGJ 59—2011

44　《混凝土用水标准》JGJ 63—2006

45　《建筑施工高处作业安全技术规范》JGJ 80—2016

46　《钢结构高强度螺栓连接技术规程》JGJ 82—2011

47　《钢筋机械连接技术规程》JGJ 107—2016

48　《建筑施工扣件式钢管脚手架安全技术规范》JGJ 130—2011

49　《建筑工程施工现场环境与卫生标准》JGJ 146—2013

50　《建筑施工模板安全技术规范》JGJ 162—2008

51　《建筑施工碗扣式钢管脚手架安全技术规范》JGJ 166—2016

52　《铁路工程测量规范》TB 10101—2009

53　《铁路隧道工程施工安全技术规程》TB 10304—2009

54　《高强混凝土结构技术规程》CECS 104—1999

55　《隧道工程防水技术规范》CECS 370—2014

参 考 文 献

［1］ 李波，黄磊. 最新盾构机司机培训教程 ［M］. 北京：化学工业出版社，2015.

［2］ 陈馈，洪开荣，焦胜军. 国内外盾构法隧道施工实例 ［M］. 北京：人民交通出版社，2016.

［3］ 侯刚. 盾构隧道弯环管片在缓和曲线上的排版研究 ［J］. 隧道建设，2007，27（6）：24～25，38.